冬园漫笔

李之林

Asian American Publishing

序

作者李之林是我们交往了五十年的老朋友。几年前出了本小书，收集了他过去的一些文字。去年秋天他不幸离开了我们，人固有一死，但是老李的离去意味着世间不再有他和他那些犀利、明晰和富有思想的文字了。他曾经说过，我们这些人，都是寄生在文学上的人，终其一生都在试图用写作表达自己。由此可以得知，文字对于我们的存在多么重要。

于是，我们又做了一次努力，挖掘出他散落在人间的文字，在原来那部《回忆与散论》的基础上，做了这个增订本《冬园漫笔》。除了过去发表过的，还有他晚期的一些文章，有关于他自己的，如《我和抑郁症的故事》，有关于去世父亲以及和他之间的交流：《爸爸的最后三年》，《给爸爸的一封信》，也有关于朋友们的，如《我和双芹》等。其中比较重要的是一部过去未发表的《林中建日记》，这篇形式独特的死者日记可以视为他的生活方式和思想的结晶。

我们还搜集了他的一些诗句，很简短，也都是无心写下的。即不是作为诗，而是思想和感觉的瞬间记录。关于他唯一的一部小说，编者曾犹豫过是否放进这本书里。这是他对于写作禁区的一次尝试，以及对真实人性的理解和挖掘。这些没有任何功利目的，也不谋求发表的非主流文字，将来可能会是宝贵的资料。因此，作为他文字的一部分，也放在这里。最后一部分是朋友们写的回忆文章，希望能对读者理解李之林和他的文字有所帮助。

编者，2024 年 9 月

几点说明

《回忆与散论》自序

这本小册子所含的十多篇文章，除了《关于吴小彦的一些回忆》中的一，二，四部分写于1980外，其他的文字都是2011年后完成的。

我本不是一个写手，什么题目都能做出文章来。我的这些文字，可以说全部都是有感而发。

我的学历只是初中毕业，文化水平有限，只是对文字一直有很大的兴趣，也看过一些书。上个世纪八十年代，我曾经参加过自学高考，语文，哲学勉强过关，只有语言学概论考了 82 分，时至今日，想起来还有些得意。

十多篇文章中，关于顾城的就占了近一半，其实我和顾城素昧生平，只是因为喜欢他的小说《英儿》，加上我自己就是个“双向情感障碍”的患者，所以这组文章不过是借他人的酒杯，浇自己的块垒而已。

该说的都说了，就此打住。

李之林，2020年

目 录

我的故事

我生命中的第一位女神

可能是因为从小体弱多病，自卑心理很重，所以我一向热衷于偶像崇拜。上小学的时候，我的偶像是学校里的跳高冠军。上中学后，我非常崇拜我们学校的足球队长。他叫洪元硕，后来是北京足球队的队长，还加入过国家队。他的最后一个身份是北京国安队的主教练。那一年，北京国安队拿到了中超联赛的冠军。只可惜天不假年，六十多岁就因癌症去世了。

以上两位都是男性，再这样崇拜下去，我的性倾向恐怕就要出问题了。

所幸上天让我在十三岁的时候见到了我生命中的第一位女神——乒乓球运动员郑敏之。

1963 年，北京举办了一个“新兴力量运动会”。我在首都体育馆的看台上，第一次看到郑敏之打球，就不可救药地爱上了她。那一年，郑敏之 18 岁，我 13 岁。

在 1965 年第二十八届世界乒乓球锦标赛的团体赛上，中国女队一路过关斩将，杀入决赛。在决赛中，郑敏之和林慧卿以三比零战胜了日本队，首次取得女子团体冠军。

我开始收集报道乒乓球队的报纸杂志，只要看到有郑敏之的照片，就一律收藏起来。其中一本《人民画报》上，有一幅郑敏之和日本运动员关正子切磋技艺的照片，由于画面清晰，让我爱不释手。若干年后，我曾把这幅照片给张澎看，张澎说：“确实很美，长得特别细致。”这时我才想起宫小吉当年没追到手的一个姑娘，也属于“长得特别细致”的那一类。

1966 年秋，北京各大单位都敞开大门，让革命群众进去看大字报。国家体委也不例外。我不辞辛苦，几乎每天都骑车去远在天坛公园东边的国家体委看大字报。

当然，我的主要目的不是去看大字报，而是去看我的女神郑敏之。这里的大字报也很有意思，比如说，我知道了国家级的运动员每天的伙食标准是五块六毛钱，还有那些不知名的运动员对著名运动员的羡慕嫉妒恨……

体委大楼的一层有一个运动员食堂，我经常会在食堂门口见到郑敏之，在我眼里，她比照片上更美。那时候的她，也不过 21 岁，总是和另一个乒乓球运动员胡玉兰腻在一起。

二楼是运动员宿舍，男女运动员都是双人间，只是女宿舍自带卫生间，而男运动员却需要去楼道里的公共卫生间解决问题。

当时我每隔一两天就会去体委看郑敏之，这时我有经验了：十一点半，我就会在不远处盯着食堂门口，总会等来她和她的伙伴出入食堂，这时候，我的心里总是暖暖的。

到了 1966 年的秋天，体委里忽然不见了乒乓球队员们的身影，我仔细一打听，才知道他们去各个大专院校看大字报的同时，还举行巡回表演赛。我家住在北大，离多数大专院校都不远，于是我就骑着自行车在各个大学里乱转。功夫不负有心人，我一共碰到他们四次，分别是在民族学院，地质学院，北大和清华。我至今还记得在民族学院那一次，当天刚刚下过雨，天已经黑了，我挤到郑敏之身边，清晰地听到李富荣用上海话对她说："各额地朗相佛好坐额（这个地上不能坐的）。"

在乒乓球队的巡回表演赛结束之后，我就再也没有见到过我生命中的第一位女神郑敏之。

插 队

一

1968 年 12 月初，我和我的三个同班同学张宗璐，顾刚，林志安来到山西省榆次县插队。

左起 张宗璐、顾刚、李之林、林志安

数百年来，就有“金太谷银榆次”的说法。不过我们去的地方是榆次县石疙瘩公社高家山大队芦子岩生产队。一听这名字，就知道和金银没什么关系了。

芦子岩是一个位于榆次，寿阳，和顺三县交界处的一个小山村，只有二十来户八十多人。

这里离石疙瘩二十八里，离榆次县城八十里。公社和县城之间有时候会有一天一趟的公交车往来，只是没车的日子更多一些。

山西省 榆次县 石疙瘩公社 高家山大队 芦子岩村

由于交通不便，即使在八年抗战期间，日本鬼子也只来扫荡过一次，目的是要抢粮食。

这里农作物主要是谷子和玉米，麦田只有几十亩，还有莜麦和荞麦，再加上土豆和一些用来榨油的胡麻，就是村里全部的农作物了。

村中谷子地里还种了一百多棵苹果树，年终分红就靠卖苹果得来的现金了。果树都有大小年，大年每个工（十分）七毛钱，小年就只有三毛钱了。

年终上缴了公粮，剩下的谷子和玉米就按人头分。分不是白给，每个劳动力得把他一年挣的工分换算成人民币，支付家里人的粮款，如果工分挣的多，支付粮款后还可拿到一些现金。可是有的人工分挣得不少，但因为家里人口多，分到粮食后反倒会欠队里的钱。

至于小麦、莜麦、荞麦、胡麻油，因为产量少，则是按户分。年成好的时候，一户可以分到十斤小麦，若干莜麦和荞麦，还有半斤胡麻油。

说到吃肉，就有点儿惨了。一年只能吃到两次猪肉，四五次羊肉。之所以羊肉吃的比较多，是因为杀猪要上税，杀羊不用。

我们初到村里时，生活很不习惯。饭要自己做，水要自己挑，柴要自己砍，而且因为村子坐落在山顶上，一出门就下坡，很少有平路可走。

第一次挑水，我们四个人下到半山腰的泉眼边，好不容易才用扁担勾住桶，打上两桶水来。开始是六七米的平路，一个人还能勉强挑着走，随后就是四五十度的上坡路了。我们两个人拎一桶，边爬边喘，等到终于把水桶拎到我们住的窑洞前时，四个人不约而同地倒在了地上，头昏脑胀，气喘吁吁，浑身无力，就像煤气中毒了一样。

到村里没几天，我们就跟农民一起下地劳动了。因为是冬闲时期，地里也没有多少活儿，不过就是平整平整土地而已。对于我们四个人来说，这正是适应山区生活难得的机会。

其实，年轻人的适应能力是很强的。第一次挑水，四个人用了半个小时，还洒了一半儿。不到一个月，我们中的任何一个人都能用二十分钟就挑上一担八十斤的水来。后来我还创造过一个挑水纪录：只用了八分钟就把一担水挑到窑洞门口。

再有就是砍柴，担柴的扁担和挑水、挑土、挑粪的扁担不一样，长达两米，两头是尖的，去砍柴还要带上两条绳子和一把镢头（锄头）。往南走三里路，就来到一片荒山，山沟里长满了低矮的灌木，这就是我们要砍的柴。我们用镢头把灌木的枝条砍下来，再用绳子把柴捆成两捆，把扁担 的两头分别插进捆好的柴里，就可以担回村了。

随着时间的推移，砍柴要走的路越来越长，不到三年，就从三里延长到八里，这直接说明了人类生活对自然植被的破坏。

李之林挑水走在上坡小道上

因为我们去之前油已经分完了，队里就从仓库里拿出一块羊尾油给我们。我们把羊尾油炼出来，倒进一个瓦盆里。凝固的羊油硬邦邦的，就像一块大肥皂，吃的时候要用刀一点儿一点儿刮下来。除了土豆，没有任何其他东西可以当菜吃，不仅冬天是这样，一年到头都是这样。

羊油很膻，炒出的土豆片糊嘴。后来我们第一次回北京探亲，张宗璐带回来一大瓶熬好的猪油，里面还放了不少盐和花椒。用来炒土豆片就好吃多了。村里没有蔬菜，只是各家各户在自留地里种些萝卜，收获后切成条腌着吃。开始我们没有自留地，后来分到一小块，只有三四平米。我们不会种萝卜，只是种了一些葱。在自留地里干活儿的感觉特别好，跟在生产队里干活的感觉简直就有天壤之别。

村里没有电，仅有的电器就是我们带去的一个小半导体收音机和一个手电筒。千万不要小看了这个比巴掌大不了多少的半导体，因为地处远离城市的偏远山区，在这里收听“美国之音”非常清晰。所以我们就能在第一时间得知美国登月成功。也在第一时间听说了有一架中国飞机坠落在蒙古温都尔汗。

村里只有两个计时器，一个是张宗璐的手表，另一个就是喂牲口的成来栓的闹钟，因为牲口要吃夜草。不是有这么两句话吗？“人无横财不富，马无夜草不肥。”喂牲口的成来栓是大队的贫协主席，但总是偷队里喂牲口的玉米。我们来之前，曾有一年换了大四货去喂牲口，大四货为人正直，从来不会偷队里的东西，所以村里人才放心让他当仓库管理员。可喂牲口他不在行，一年下来，他喂的牲口不仅没长膘，反倒瘦了不少。所以第二年，只能再让成来栓去喂牲口。

一般来说，每个劳动力出一天工挣一天工分，最好的劳动力干一天可以挣十分（一个工），不过也有些人的工分是固定的。在我们村，大队长，喂牲口的，牲口把式，放羊的，都是一年五千分。

二

芦子岩生产队的队长是一个 1942 年入党的老党员，名叫成代胜，可是村里的晚辈都尊称他为“三货伯”。我插队之前，还从没有听说过人名字带有“货”字的，可是芦子岩一个村就有五个“货”：两个“三货”，两个“四货”，一个“二货”。为了区别同名的“货”，年纪大的叫“大三货”“大四货”，年龄小的叫“小三货”“小四货”。

在芦子岩，“成”是大姓，约占全村男性的百分之九十，还有几个姓宇，唯一一个例外是一个姓李的单身汉。

老队长（大三货成代胜）在整个高家山大队颇有威望，大队书记卢小儿是他的女婿，大队长成小俊是他的侄子。他为人刚直不阿，对当时的政治氛围非常不满。

有一次，我在他家和他聊天，他问我彭德怀到底犯了什么错误，我说彭德怀说大跃进人民公社搞错了。他听了在炕桌上猛击一掌，大声说：“彭德怀说的对！”

还有一次，大队部通知，第二天下午，大队下属的三个小队全部停工半天，能走动的都要去高家山大队部领取毛主席语录。第二天下午，能去的都去了，只有老队长拒绝前往。当大家手捧近百本毛主席语录回到村里时，老队长问：“你们去这半天就拿回来这点儿东西？”小三货举起手里的毛主席像说：“还有四张毛主席像呢。”老队长冷笑了一声：“哈，原来还有四个毛主席呢。”

可以这么说，在那个“以阶级斗争为纲”的年代，我们有幸来到了一个远离政治中心的小山村里。

三

我们村里有七八个光棍汉，一个年近五十，已经完全没有娶妻的可能了。还有两个年近四十的，也基本上没多大希望了。不过其中之一成丙儿在村里有个相好（有夫之妇），另一个宇大俊跟我关系不错，经常对我说起当年榆次城里那些"一毛钱就能关一次门"的场所。我听了有些纳闷：哪儿有那么便宜的妓院？难道那时候就有专门为穷人服务的性交易场所？

不光是芦子岩，整个石疙瘩公社所辖的各个村落里光棍儿都很多。原因很简单：平原上的姑娘没有一个愿意嫁到山里来，山里的姑娘又都盼着嫁到平原上去，所以山里的光棍儿就越来越多，多到当时的县领导不得不出台了一条政策：凡是关押在县城监狱里的女囚，只要没杀过人，只要愿意嫁给山里人，而山里人也愿意娶她，那么在两个人登记结婚后，女囚就可以当场获得释放。高家山就有这么一位，还是个北京人，三十不到，平头正脸，身材苗条，因诈骗入狱。娶她的是一个五十出头的老光棍儿。一进家门，那女的就说："结婚的时候我没告诉你，我有病。"老头儿问："你有什么病？""脏病。"老头儿吓得魂飞天外，立刻把她赶出门外。她自己在村里找了一孔空窑洞住下来，开始了自食其力的生活。虽然头上还戴着一顶"坏分子"的帽子，可毕竟已是自由身了。

村里的两个年纪不到三十的光棍儿骏马和正恒则另辟蹊径，去了黄河边的临县，在那里，两个人都找到了媳妇。之所以能如愿以偿，和临县的穷是密不可分的。临县的穷在整个山西省都是出了名的，把女儿嫁给外乡人是普遍现象。同时他们嫁女儿也是有条件的，那就是必须把他们全家都迁到未来女婿的家乡才能成婚。这可不是什么人都能做到的。然而我门村里的这两个光棍儿也非等闲之辈：骏马是大队长的堂弟；正恒是复员军人，大队的民兵连长。所以，不仅两个光棍儿很快脱了单，随之而来的还有秦，纪两户临县人家。

不久，又有一户白姓昔阳人家因为不堪忍受村干部的欺压，投奔亲戚来到村里。就这样，原来只有八十多人的芦子岩，在不长的时间里，就增加到一百多人。

公社干部到芦子岩村检查工作，
一排左2大队长成小俊
二排左2小队长成代胜

四

在我们四个人当中，我是家境最好的一个，也是最懒最脏的一个。我出工的天数最少，每年都欠队里的口粮钱；我总是第一个长虱子，我去了没半年，就学会了抽烟，一抽就是五十多年。他们三个始终都不抽烟，让我不得不佩服他们的意志力。现在都说，抽烟有百害而无一利。当时可不是这样。我由于抽烟，和村里人的关系混得最好。村里的男人，个个都抽烟，连十来岁的男孩儿也不例外。上了年纪的抽烟袋，年纪轻的自己卷烟抽，有时候兜里有了闲钱，也会买一毛三一包的“风竹”牌纸烟来换换口味。我没有烟袋，也不大会卷烟，所以，《风竹》牌纸烟一买就是两条。不仅自己抽，还会散给周围的随便什么人，我和村里人的良好关系，就是这么来的。要说关系好，有时候也是真好，有一次，他们三个人都回家探亲去了，有两个村里的年轻人桂生和春洛找上门来，要跟我拜把子，当时把我吓了一跳，因为我实在觉得我和他们的关系远没有好到要义结金兰的地步。最后总算是敷衍了事。

我们刚到村里时，村里人叫我们“插队生”，后来朝夕相处，越走越近，就叫我们“老插”了，我们也觉得这个称呼不错，从此就一直延用下去了。

我们下地劳动，每天挣六七个工分，和参加劳动的妇女差不多。山区本来没有妇女下地干活的习俗，后来毛主席号召“农业学大寨”，妇女们就在家待不住了，每天也得下地干活，年老体弱的除外，家里孩子多的除外。

我们村里也开始实行“大寨记工法”，就是只记你一年劳动的天数，到年终结算的时候，再根据你一年来的劳动表现划分等级，比如说你劳动表现好，就可以划为一级，一天十分，差一点儿的，就是二级，一天九分，以此类推。然而那些拿固定工分的，不在此例。这样的办法跟过去唯一的区别就在于一个劳动力未来一年的温饱都紧紧地攥在领导手里。他说你好，你就是一级，他说你差，你就是二级三级四级。你好自为之吧。

有一年我回北京探亲，遇到一位北农大的老师，他说他秋天刚去过大寨参观，地里的庄稼的确长得好，而且好得不一般。不过他很快就明白了其中的道理。他说，每年去大寨参观学习的人数以万计，吃喝都是公款，大寨一分钱也不用出。然而那些人的排泄物却留在了大寨，这就等于由国家花钱买了上百吨的农家肥白白送给了大寨，所以，大寨的庄稼能长得不好吗？

他的话让我茅塞顿开的同时，也让我想起了村里的一件糗事。

李之林在知青居住的窑洞前

挑粪恐怕是村里最脏的活儿了。所有的男性劳力都要轮流干。这里所说的粪可不是牛粪马粪羊粪，而是人粪，说白了就是人的屎尿。村里家家户户都有自己的厕所，而且设计得相当合理：首先在自家窑洞旁边打一个洞，长宽高大约都是一米半左右，然后在地上挖一个大坑，放进一口大缸，上面再铺上两快石板，两块石板间距二十公分，这就是简单实用的厕所了。而且“肥水不流外人田”。最后这一点很重要，因为无论这一年一个工能值多少钱，一担屎尿卖给队里都是五毛钱。有个别人会往里面注水，不过都是乡里乡亲的，睁一只眼闭一只眼也就过去了。

至于我们几个人，则是简简单单地在隔壁的一孔空窑洞里挖了个大坑，就算是厕所了。

挑粪的工具是一根扁担（挑水的那种），两个方形的木桶，再加上一个长柄的粪勺。挑粪必须格外小心，挑水时水溅到身上并无大碍，要是粪溅到身上可就不那么美妙了。我们村里还有挑粪下坡时不慎滑倒，屎尿泼了一身的先例。

轮到我挑粪的那天，我特意穿了一套最破的衣裤，开始一家一家地掏粪挑粪送到地里。到了第三家时，他们家的一块石板不平，粪桶放不稳，我就在粪桶下面垫了一块小石头，等到粪桶掏满了，我小心翼翼地弯下腰，用扁担勾住粪桶的横梁，慢慢站起身来，不料粪桶刚离开石板，那块小石头就滑落到粪坑里，溅起了星星点点的粪花，其中一滴正好溅到我的嘴唇上。当时我真是欲哭无泪，只想到那两句俗语：狼走天下吃肉，狗走天下吃屎。

林志安是我们四个人当中家境最差的一个。他是家里六兄弟中的老三，他还有一兄一弟也在外地插队，他们兄弟间的往来信件都是夹在杂志里传递的。原因很简单：寄一封信邮资八分钱，寄一件印刷品邮资四分钱。

有一天傍晚，我们正在窑洞里吃晚饭：小米饭，羊油炒土豆片，忽然听到外面不远处传来“砰”的一声，过了不到十分钟，三个农民走进我们的窑洞，其中有一个是我们村的。一个外村人手里提着一只嘴角流着鲜血的狐狸。我们问村里人这是怎么回事，那人说，这只狐狸是用“药弹”炸死的，扒下皮可以卖十块钱。我们问“药弹”是什么，他一边说一边比划，最后我们总算是明白了个大概。原来“药弹”

就是一个简单的爆炸装置：两块弧形铁皮中间放进一些火药，再夹上一小块火石，然后抹上羊油，在各个村落收工以后，就把药弹放在路边，这时如果有狐狸经过，闻到羊油的味道。就会上去咬一口，药弹在狐狸嘴里爆炸，把狐狸炸死，就可以得到一张完整的狐狸皮。

林志安心动了，问："哪儿能买到药弹？多少钱一个？"，"李庄就有，三块钱一个。"

林志安第二天就去了李庄，花九块钱买回来三个药弹。每天晚饭后出去放置药弹，早上天刚亮就得去把药弹拿回来。

左林志安 右李之林劳动期间在场上休息

一天清晨，天还没亮，就听见不远处"砰"的一声响，林志安一下子就从炕上蹦起来，穿上衣服冲出门去。我对张宗璐说："这下子林志安要发财了。"没过多久，林志安垂头丧气地走进窑洞，两手空空。我问他："你的狐狸呢？"他沮丧地摇摇头："我把李庄的狗炸死了。"

这麻烦可就大了，那条狗是李庄的牧羊犬。林志安不仅要照价赔偿，而且按照山里的规矩，在李庄买来新狗之前，林志安还要去李庄充当牧羊犬放羊。所幸山里人生性淳朴，心地善良，再加上老队长出面求情，林志安才没有赔钱，当狗放羊的事也免了。

五

在村里，一年三百六十五天，除了正月初一到十五，余下的时间是没有休息日的，下雨天除外——这是山里人的“特权”，因为雨天路滑，上下坡很有容易发生意外。

村里对我们几个“老插”的要求并不十分严格，我们有许多借口可以请假不出工：生病了，要砍柴，洗衣服，甚至去五里外的高家山供销社买东西也可以请半天假。我们四个人当中就数我请假的次数最多。有时候，我请了假，哪儿都不去，而是把自己反锁在窑洞里看书。我是带了两套书来到芦子岩的。一套是十卷本的《鲁迅全集》，另外一套是四卷本的《战争与和平》。对于我喜欢的书，我会反复阅读，《鲁迅全集》就是这样的书，我不仅精读了鲁迅的全部小说诗文，并且通读了书中所有的注解。

每年过了清明节，地里的活儿就越来越多，并且开始出早工。天刚蒙蒙亮就会被小队副丙儿呼叫下地干活儿的喊声惊醒，呼叫声中，还安排了干活儿的地点和所需的工具。出早工的都是有家室的劳动力，光棍儿们是不出早工的，因为他们（还有我们）需要自己做早饭，饭后还要把各家各户为出早工的人们做的早饭挑到地里去。

在地里的活计当中，最让“老插”们头大就是五月间的“数谷”了。“数谷”翻译成北京话就是“间苗”，“数谷”要蹲在地上用一把短锄（类似花锄）给谷子间苗，一蹲就是一天，“老插”们哪里有这般“蹲功”，所以就只能变蹲为跪，说白了就是双膝着地，一点一点向前爬行。用不了两天膝盖就磨破了，只好在膝盖部位裹上两条毛巾，继续坚持下去。村里人的蹲功可真是了得，他们在地里留下的脚印就如同加长的麦穗图案。老插们最不忿的是那些数谷高手在田间休息时，还蹲在地头抽烟！真是“宁可蹲着死，也不站着活”。

山里的季节大约要比平原晚一个月。七月初开始麦收，村里麦田不多，十天左右就能完成麦收的全过程。 别看时间不长，却是一年中最忙最累的十天。先是割麦子，天不亮就下地，看清了麦子就开始割，边割边捆，割完了这块地再去割下一块。

我喜欢山区的原因之一，就是这里的地块都不大，我们村里最大的一块地只有十亩，还不是麦地。我在上中学的时候，曾经去北京郊区割过麦子。那里的麦田一块就是几百亩，一眼看不到头。每个人割两垅，手快的不用多长时间就把手慢的远远抛在了后面。孰优孰劣，一望便知。手慢的人会有很大的心理压力。而山区就不一样了。地块小，手快的三五分钟就能割到地头，再返回身来割另外两垅，时不时地就会跟手慢的碰个对头。地里的人参差不齐，压根儿就看不出来谁快谁慢。

村里的麦子都割完了，下一步就是要把捆在地里的麦子担回到场院上。也是天不亮就起身，一趟又一趟，一直担到天黑。担麦子的扁担就是担柴的那种，秋收时担谷子用的也是它。肩上担着一百多斤的麦子爬四五十度的陡坡也不是一件简单的事，不过在村里所有的活计中，挑担是我的强项。有一次，我担着一担柴走了八里路，回到村里一称，正好一百五十斤。没过几天，林志安也担回一担柴，也是一百五十斤，我们俩算是杀了个平手。

麦子全部担到场院后，就该脱粒了，我们把麦子平铺在场院上，牲口把式拉上一头骡子，后面拖着一个大石碾子，来回碾压场院上的麦子，我们则手持木叉，把碾过的麦子重新铺开，以便再次碾压，最终使麦粒与麦秸分开。随后就是扬场了，我们村里有一部木制搧车，这东西显然有年头了，上面还有一个民国初年五色国旗的图案。搧车虽旧，但是仍然很好用。搧车内有一个大风扇，两个人一边一个，用力摇动风扇两边的铁制把手，一个人站在上面用簸箕把麦粒麦秸一起撒下来，通过风口，较重的麦粒与较轻的麦秸落地时就会自然地分开，搧车对面的人用一把木铲把麦秸拨到一边，搧车下面的麦粒越积越多，多到一定程度，搧车就会停下来，让人把麦粒装进麻袋里，也让摇把手的人喘口气，然后继续工作。

春天修整土地，劳动期间休息
最后一排左 1 李之林 左 3 林志安

当麦粒全部装进麻袋后，我们就要把整个场院打扫干净，再把麻袋里的麦子重新倒出来，平铺在场院上，因为刚刚割下的麦子里含有些许水分，必须要彻底晒干，才能入库。晒麦子最怕的就是下雨，一看天色不对，丙儿一声喊，所有的劳力都会立刻集中到场院上，争分夺秒地把麦子装进麻袋，扛进库里。就这么早出晚归，辛辛苦苦干上十天，到年终每户最多也只能分到十斤麦子。

村民使用搧车将麦粒与麦秸分离

收完麦子，就有一个多月的农闲期老插们可以利用这一个月回北京探亲，也可以随处闲逛，到其他的知青点去串门。我们对串门没多大兴趣，我和张宗璐会一起回北京，顾刚的家在石家庄，离这里更近。不过在走了二十八里到达石疙瘩时，常常会被告知：今天公交车没来。我们就不得不再步行五十多里路赶到榆次县火车站，这里下午五点钟有一列开往北京的慢车，到北京的车票是八块钱，到石家庄就更便宜了。慢车就是慢，不到五百公里的路程要走十个多小时，到达北京右安门火车站时，已经是早晨四点多了。我们下火车后，登上最早的一班公交车，顾不上回家，先在市区下车，找一家早点部，一人买上十个糖油饼大快朵颐。

在北京的日子总是过得很快，转眼间，又要回山西了。

我们回到村里时，秋收还没有开始。苹果却要收获了。

山区的苹果只有两个品种：国光和红元帅。在苹果收获前一个月，队里就会派一个劳动力，专门负责看苹果，以防有人偷盗。收苹果的那几天，全村的男女劳动力全部出工，一边摘，一边吃，摘苹果的时候吃苹果，是被允许的，不过老队长（他是村里种苹果的专家）给大家立了两条规矩：尽量挑被鸟叼过的苹果吃，因为这样的苹果是卖不出去的，而且很容易烂掉；摘苹果时不能损坏了花头。我也看不出哪里是花头，只知道花头关系到第二年苹果的收获，摘苹果的时候只要手轻一点儿就行了。被鸟叼过的苹果比没有被叼过的甜，只可惜为数不多，不够吃，所以大家就开始吃完好无损的苹果。挂在树上的红元帅比国光好吃，我曾有过一天吃八个红元帅的纪录。红元帅在摘下后三天内都很好吃，酥脆可口，然而过了三天，口感就迅速下滑，越来越面，而国光则始终是脆的。

等到苹果全部下了树，装进筐里后，任何人都不能白吃了。想吃就得买，村里人哪个也不富裕，谁还舍得买三毛多钱一斤的苹果吃。

收获的苹果只有两条销路，一是卖给大队供销社，由供销社再卖给国家。不过供销社给出的价格很低，没有多少利润可赚。二就是卖给专门的苹果贩子，他们给出的价格要比供销社高出两到三成，但是他们要求把苹果挑到距离石疙瘩五里的袁家峪才能成交。这样，村里的男劳力就得一人挑着两筐苹果走二十多里山路来到袁家峪，有几辆大车会等在那里，把苹果过称装车后，苹果贩子付了钱，交易就算完成了。

七

村里的男女之事比较乱，不仅副队长丙儿有个情人，就是未婚的青年男女也有私下里约会的，所谓约会，其实就是野合。大队长成小俊的女儿才十六岁，就和要跟我拜把子的春洛私下里往来密切。要说大队长的女儿世代贫农，父亲还是共产党员；而春洛的父亲是村里唯一的一个上中农，门不当，户不对，暗中却成了一对野鸳鸯。大队长不是不知道，就是不在乎。也许在他看来，两情相悦和结婚成家本来就是两回事。他自己就率先垂范。

自从昔阳白家搬来村里，小俊就跟白老汉俊俏的儿媳妇眉来眼去，白家本来就是因为在昔阳不堪忍受村干部的欺压才迁来芦子岩的，如今看见这般情景，无论白老汉还是他的儿子白小儿，都知道小俊是惹不得的，只能睁一只眼，闭一只眼，权当看不见。小俊却得寸进尺，最终还是把那女人睡了。并且还一而再，再而三，没完没了。

没过多久，这事就传到了小俊的老婆娥妮耳朵里。一天，全村的劳力都在村里最大的那块谷子地里数谷，田间休息后，娥妮突然破口大骂，因为她是寿阳人，口音和榆次人不大一样，所以我们几个老插听不太懂她在骂谁。可是地里其他人都把目光集中在小俊身上。开始小俊还忍着，但是身为大队长，当着全村劳力被老婆如此痛骂，小俊终于忍无可忍，站起身来，冲到娥妮跟前，一把揪住她的头发，拳脚相加，不一会儿，就把娥妮打倒在地，昏死过去。众人都围了上去，只见小俊一只手托起娥妮的头，用另一只手的拇指掐她的人中，娥妮慢慢睁开眼睛，看到小俊近在眼前，张口就咬住小俊的手，小俊忍着疼，用另一只手在娥妮头上猛击一掌，娥妮再次昏了过去。

后来还是丙儿劝走了小俊，娥妮也慢慢苏醒过来，被几个在地里劳动的妇女搀扶着回了家。经过娥妮的这一番大闹，小俊不得不和白小儿的媳妇断绝了往来。小俊这么做，并不是因为怕娥妮，也不是怕村里人议论，而是怕事情传到公社领导耳朵里，那对自己可就太不利了。那时候，对于基层干部的生活作风要求还是比较严格的。石疙瘩有一个中学老师就因为把一个女学生睡大了肚子，被学校开除。不过因为他是本地人，所以并未受到进一步的追究，并且还留在公社当了一个小干部。

村里的年轻人

一排左 2 骏马 3 桂生 4 成小俊 5 丙儿 6 春洛

八

有一天夜里，我们村的牲口棚子遭猛兽袭击，一头牛的喉部被咬伤，不能进食。所以队里决定，把这头牛杀了，把牛肉卖给大家。

在农民心目中，杀牛是伤天害理的事，因为牛跟猪羊不同，猪羊除了吃喝就是睡觉，杀了吃肉理所当然。而牛就不一样了；除了吃喝，每日还需辛苦劳作。最终要杀了吃肉，既对不起牛，也会得罪上天。只不过这头牛情况有些特殊：喉部受伤，不能进食，杀了是死，不杀也是死，杀了还可以卖肉，生产队也可以多一笔收入。

虽然决定要杀，却没有人敢下手。于是生产队就悬赏：谁杀牛，牛头就归谁，不要钱，白给。“重赏之下，必有勇夫”。两个人报名，一个是五十岁的光棍汉成千寿，估计他觉得自己反正是断子绝孙了，老天爷还能怎么惩罚我？另一个就是顾刚，他从小受的就是无神论的教育，根本就不信“天罚”。可是后来他又退缩了，因为他听人说：杀牛会溅上一身血，洗都洗不干净，而且牛死的时候还会流眼泪。我觉得既然身为老插，说话就该算数，不能出尔反尔，于是就说：“你不去我去。”听说老插要杀牛，千寿也就不争了。

杀牛的地点设在村边的一块梯田里，那头牛的四个蹄子已经被捆住，躺倒在地，头伸出梯田外。有人递给我一把杀羊刀，我问：“怎么杀？”递刀的人伸手指指牛颈部的一个凹陷处“从这里割开就行了。”我听了他的话，一只手抓住牛角，另一只手持刀从凹陷处割了进去，一方面是刀磨得快，一方面也是那人指点得当，不过几秒钟的功夫，我就非常顺利地割下了牛头，既没有溅上一身血，也没有看到牛流眼泪。

我提着牛头回到窑洞把牛头扔到外边的柴堆上，然后把案板和菜刀拿出来，把牛头放在案板上，想把牛头的皮完整地剥下来，然后把完整的牛皮钉在墙上，就像西方猎手会把鹿头钉在墙上一样。不成想剥皮比杀牛要难上百倍。最终我是刀砍斧剁，费尽九牛二虎之力，才把皮剥了下来，这时候的牛皮，早已碎成了几十片。

不过牛头还是很好吃的，因为那头牛本来就不大，牛头加上骨头，也不过四五斤，勉强够我们几个人吃一顿。煮牛头很简单，放进清水里煮熟就行了，不用加任何调味料——我们也没有任何调味料。牛头肉蘸着盐吃，美味无比。其中最好吃的部位就是牛舌，牛两腮上的肉，特别是牛眼睛周围的用来牵动眼球转动的那几缕肌肉，又香又嫩。

平时，小米饭土豆片吃腻了，也可以买村里人家的鸡蛋，七毛钱一斤。煎炒烹炸，怎么做都好吃。不过听村里人说，前几年鸡蛋只能卖给供销社，六毛九一斤。不仅不许卖给他人，自家也不许吃，有时候给孩子煮几个鸡蛋吃，还得挖个坑，把剥下来的鸡蛋壳埋起来，就如毁尸灭迹一般。这时我才知道，那时候城里人一个月吃到的那几个鸡蛋，就是这么从农民口中一个一个抠出来的。

九

我们到村里的第二年，公社要在袁家峪修一座石桥，以便从石疙瘩到李庄可以让大车通行。

主持修桥工作的是公社的一个小干部，名叫胡克安，就是那个曾经把女学生肚子搞大的中学教师。修桥的民工来自公社所辖的八个大队，每个大队出一个人。有的大队的民工是短工，一个月一换，比如高家山，有的大队派出的是长工，比如李庄。

李庄的长工原名郝上万，可是在榆次人口中，“郝”“黑”不分，所以就给他改了姓，还起了个外号叫他“黑狼”。黑狼原来是临县人，她姐姐嫁给了李庄的一个单身汉，一家人也迁到了李庄。这样的外来户我们村也有，前面已经说过了。

工地上的活儿就是打眼放炮扛石头。这是我第一次见到黄色炸药，雷管，导火索。

山区里修桥的方式相当简单：先用直径约十公分左右的长木头加上钢管搭成一座桥架，在桥架上依次铺上木板，干草和泥巴，然后在上面放置一块一块尽可能整齐的石头，中间的缝隙用泥巴填充，形成桥面，最后从下面拆掉桥架，一座单孔石桥就完工了。

我去当民工的那一个月，桥架早就搭好了，桥面的石块也铺了近二分之一，剩下的工作已经不多了。

我虽然不怕挑担子，但是扛起石头来还是有些紧张。扛石头的时候，我得先蹲下来，低下头，另外两个人一边一个，把一块一百多斤的石块放在我肩上，随着一声喊："起！"，三个人同时站起身来，等我站稳了，旁边两个人就松了手，我自己一步步向前走去，到了桥面上，肩膀一歪，石头就落地了。刚开始扛石头的时候，腿还会打颤，不过很快就习惯了。扛着石头可以径直走向桥面，丢下石头再走回去扛下一块。

要论扛石头，谁也比不上黑狼，在我肩上放石头，两个人就行，在黑狼肩上放石头，却得四个人抬。有一天不知是临时起意还是早有预谋，四个人抬起一块约四百斤重的大石头放在了黑狼肩上，当黑狼站起身来，四个人便松了手。只见黑狼双手扶住肩上的石头，站了片刻，就开始一步一步向桥面走去。我看着黑狼的背影，觉得地面仿佛都随着他艰难的步伐在颤动。

黑狼终于走上了桥面，扔下石头，转过身来，默默地看着大家，两道鲜血从他的鼻孔中慢慢流淌下来……

不久，石头桥面铺好了。只要拆掉下边的桥架，就算基本上完工了。

在搭桥架的时候，已经在木头和木头之间预设了四块一寸多厚的木楔子，现在只要用大锤打掉这四块木楔子，桥架就会下落一寸多，这样，拆卸起来就会非常容易。打掉木楔子可是个力气活儿，胡克安指名要黑狼来干。黑狼往手心里吐了两口吐沫，抡起大锤就砸，砸了七八下，桥架开始晃动，砸到十四五下，第一块木楔子飞了出去，整个桥架轰然倒塌，幸亏几根被砸断的木柱支撑在一起，形成一个狭小的空间，黑狼恰恰就蹲在其中。

大家都吓得目瞪口呆，半天才缓过劲儿来，胡克安看到黑狼还待在原地不动，上前一把就把他拉了出来，一边破口大骂，一边拳打脚踢，黑狼忍无可忍，跳起来狠狠地揍了胡克安一拳，这一拳把胡克安打出两米开外，倒在了地上。黑狼随即转过身，向李庄方向走去。

这次事故总算没有死伤，胡克安虽然挨了黑狼一拳，但还是一颗心落了地，万一工地上死了人，他就吃不了兜着走了。

至于事故的原因，则是由于石头桥面铺的不合格，石头与石头间的缝隙过大，没有能真正挤在一起。导致了桥面和桥架同时倒塌。

十

1972 年初，晋中地区的几个工厂开始在北京知青们当中招工，三月，顾刚被阳泉铝氧厂招收，成为一名工人。六月，张宗璐和我被阳泉钢铁厂招收。当时我正在北京和一帮新认识的朋友们玩儿得兴高采烈，张宗璐打电报给我，告诉我分配的消息，我想都没想就回电说我不去。

我在北京玩儿了两年，直到 1974 年初，我办成了“病退”。我在榆次县知青办迁了户口，然后又回到芦子岩拿行李，那时候林志安正在北京探亲，我和村里人一一告别。我只在村里住了一个晚上，第二天一早，生产队派出一个牲口把式赶着一头骡子，驮着我的两个箱子一直送到石疙瘩。在那里我上了开往县城的公交车，当天晚上就登上前往北京的列车。

《插队》后记（1）

顾刚于 1979 年 6 月转回石家庄，在一家电动工具厂上班，十八年间换了数个岗位，直至 1997 年因工厂效益不佳下岗自谋生路，2010 年退休。

张宗璐于 1985 年 9 月在山西经济管理干部学院上了两年大学，毕业后再次回到阳泉钢铁厂。1992 年 1 月调回北京，在朝阳区亚运村街道办事处工作，2009 年退休。

林志安因为家里有海外关系，父亲一直戴着一顶“特嫌”的帽子，始终得不到分配。无奈之下，只能在他大哥的帮助下冒险服用了一种升压药物，才在榆次晋中医院开出“高血压，不适宜体力劳动”的证明，病退回北京。不久就被分配到西郊冷库工作。曾被派往当时的西德参观学习。回国后不久，却因为“擅离职守”被单位开除。之后一直在各个电话公司打工，2010 年退休。

我于 1974 年 10 月被分配到海淀区电器厂当测试工，1995 年自动离职。2010 年退休。

2018 年 12 月 10 日——顾刚特意从石家庄赶到北京，和我，张宗璐，林志安共同纪念我们到达芦子岩 50 周年。

2018 年 12 月 10 日张宗璐、顾刚、李之林、林志安聚会，纪念插队 50 周年

《插队》后记（2）

2011 年 9 月，我的一个同班同学陈仲建听说我心情一直不太好，就主动提出，要开车带我回榆次芦子岩看一看。而且他已经上网查了一下，小轿车可以一直可以开到芦子岩山下的永红沟。他的提议让我非常高兴。于是，9月下旬的一天早上，我们出发了。下午就到了晋中市——也就是当年的榆次县城。我们住进了晋中市唯一的一家三星级酒店。第二天吃过早饭就出发了。九点半，就到了长凝镇，这时，原来石疙瘩公社所有村落都隶属长凝镇政府了。

再往前开，就到了石疙瘩村，当年的公社所在地如今冷冷清清。接下来就经过袁家峪，李庄一直到了永红沟，袁家峪那座曾经倒塌差一点儿砸死黑狼的桥，现在修得整齐漂亮。我们把车停在永红沟，就开始爬山，不到一小时就到了芦子岩村口，走进村里，才发现十窑九空，原来一百多人的村庄只剩下不到十个人。我见到了小三货的哥哥成二货，老光棍成千寿，他已经八十二岁了，镇政府每年发给他两千元生活费。村里的一块谷子地里谷子长势喜人，然而地里的苹果树却早已死去很长时间了，连树皮都没有了。我问二货小三货现在在哪儿，二货说小三货前些年就死了，死于皮肤癌。

村里没有青壮年，没有儿童，只剩下不到十个老弱病残。

2017 年，还是陈仲建，开车带着张宗璐和林志安，再一次去了芦子岩。这一次，村里只剩下三个人了：小三货八十多岁的老娘、他有智障的弟弟、再加上他弟弟有智障的儿子……。

2020 年 8 月 11 日

2011 年 9 月 19 日陈仲建开车陪李之林
回到芦子岩村看望

2017 年 5 月 11 日陈仲建开车陪林志安、张宗璐
回到芦子岩村看望

我和抑郁症的故事

我是从 1997 年开始服用抗抑郁药物的。经过近一年的摸索，我和医生一起找到了比较适合我的药：盐酸帕罗西汀（国产的简称乐友，合资的简称赛乐特，我基本上一直服用的是后者）。每天睡觉前再加上两片舒乐安定，基本上能保存我白天精神上的稳定和晚上的睡眠。大约是在 2002 年，第二代安眠药中最有效的氯硝西泮在国内上市，我就开始把舒乐安定换成了氯硝西泮。当时我一直在六院看病拿药，一个月去一次。六院拿药有个规定：前一月拿的药至少要吃到 27 天，才能拿下个月的药，于是我总是在 27 天或 28 天去拿下个月的药，这样我每个月就能省下四到六片氯硝西泮，一年就是七十片左右。为了防止药物过期，我每次拿药回来都在药盒上标明失效期，留下新的，先吃旧的，这样，我积攒下来的氯硝西泮都是在有效之内的。

鲁迅说过：真的猛士，敢于面对惨淡的人生。我不是猛士，而在我眼里，我的人生就是惨淡的。我在十岁之前，因为体弱多病，常常不能到学校去上课。孤独的生活，使我在不知不觉中变成了一个悲观主义者，觉得自己不适应人间，不适应社会，而且这一切，都是我的错。

在我十四岁那年，我们班转来了一个新同学，名叫宫小吉。他是我人生中的第一个救星。他对同学们说，这个社会有很大的问题，需要改变。我心中悄悄地松了一口气：原来不是我一个人的错。

两年后，文革开始了，我好像被彻底解放了。就连困扰我十三年的哮喘病也痊愈了（后来我在书中看到，儿时的哮喘往往会在青春期自愈）。

我在文革中并没有太多痛苦的经历。家被抄，父亲挨斗，对我来说并不是什么可怕的灾难，因为几乎家家如此。后来去山西插队，虽然吃了一些苦，对年轻的我来说，也能扛过去。而且在插队时，我开始读书。在此之前我只看过《三国》《水浒》。我带了两套书到山西，一套十卷本的《鲁迅全集》，一套四卷本的《战争与和平》，从此养成了我的读书特别是精读习惯。

1971 年底，我认识了我人生中第二个救星：薛蛮子。他让我明白了自己的价值，还和他的哥哥陈必久，他的朋友徐晓天一起，让我体会到真挚的友谊。也是在他家里，我第一次读到了影响我一生作家卡夫卡。现在回想起来，我觉得卡夫卡也是个抑郁症患者，但是他敢于直面惨淡的人生，并把自己的感觉付诸笔端，从而跻身伟大作家的行列。

差不多也是那时候，我认识了于小康，开始几年，我们并没有过多的交往，直到 1975 年底，我们两人的灵魂才碰撞到了一起。当时，在朋友们中间，和我有灵魂交流的只有她一人。文革结束后，她考上了中科院数学所的研究生，就住在林学院的一座宿舍楼里，离我家很近。我常常晚饭后去找她聊天。1980 年夏，她离开北京去了美国。从此，我们除了通信，就没有其他交流渠道了，而两个灵魂的交流，是很难付诸文字的。于是，我又成为形而上的孤家寡人。

大概从七六、七七年开始，因为睡眠质量不好，我开始吃安眠药。那时候的安眠药有安宁，安定，安眠酮，其中安眠酮效果最好，然而不久，医学界就发现安眠酮有一些毒副作用，于是就禁用了。

八十年代中期，我买到一本小册子《自杀与文化》，作者是一位日本精神病学教授。在书里，描述了自杀与抑郁症的联系：在抑郁症患者当中，有百分之十尝试过自杀，而有百分之一成功了。在书中所列出的抑郁症患者的症状中，我全部都有，只是轻重程度不同而已。特别是"经常想到自杀与死亡"一条，我三十岁前就已经具备了。

接下来的十多年里，我的身体一年不如一年，情绪也日益低落。全靠酒和安眠药支撑着。再有就是我的朋友们，他们是我人生中除家人以外最大的一笔财富了。

1997 年 3 月，我终于支持不了，走进了北京第六医院的大门。一年中，换了几种不同的药，效果时好时坏，最后，1998 年初，一位名叫王祖新的老教授建议我试试盐酸帕罗西汀，这一次他终于帮助我找到了支撑我之后二十多年的药物。甚至使我能连续三年和朋友们一起出游。

我记得我是从 1976 年开始喝酒。最初时断时续，进入八十年代，就不可一日无酒了。不过我喝酒有一个比较好的习惯：只在晚上喝，白天基本上不碰酒。

我的酒量不大，每天晚上最多也就能喝三瓶啤酒或半斤白酒。如果有条件的话，一瓶红酒对我正合适。按照医嘱，抑郁症患者在服药期间是不能饮酒的，可我二十多年也就这么喝下来了，并没有出现特别不适的症状。

2010 年初，我的背部总有些痛感，看医生拍片子也看不出什么来，只能每天在家照周林频谱仪，也没有什么效果。有一天洗衣服，我端着一大盆湿衣服准备往洗衣机里倒，背部发出轻轻的一声脆响，结果，衣服倒进了洗衣机，我也倒在床上起不来了。第二天我的老婆小刘和儿子李小舟，拨打了120，他们两个加上我姐夫和一个保安，四个人用担架把我抬下了三楼。120把我送到了北医三院，照了核磁共振，小刘又托她的一个朋友请来一位专家，诊断为“压缩性骨折”。专家说：这样的情况没有什么好办法，只能回家躺三个月，等骨折处自愈。就这样，我在家老老实实躺了三个月，才下了床。下床后的那一年，我一直比较小心，因为大夫对我说过，像我这样的情况，两年内复发的可能性是百分之四十。

然而到了 2012 年初春，我的性情大变，当时我已经 61 岁了，可是在心里，觉得自己只有 16 岁。放开眼界，到处都是希望，我想做许多过去没有做过的事。第一件就是要做手写的文化衫，也确实做了几件。但是没几天又想写作了。当时有个朋友把我八十年代初写的《关于吴小彦的一些回忆》给李银河博士看了，她看完后放在了她的博客上。

为此我和双芹还专门去社科院拜访了李银河，成为朋友。在那之后，我写了一篇《我对顾城事件的解读》发给李银河，她又放在了她的博客上。引来六百多条评论。我从来没有受到过那么多人的关注，一时兴起，连续写了四篇回应文章，发给李银河。在这之后，我又写了一篇近十万字的情色小说发给了李银河和我其他几个朋友，获得了好评。一时间，我觉得自己处于有生以来最好的时期。

这一时期，我的体力也格外充沛。我买了一个计步器，几乎每天都要走上万步，至少有四五次，我一天行走超过了两万步。

大约三个月后的一天，我照例去六院拿药。大夫问到我的近况，我说我近来特别能走路。大夫从柜子中取出一张表格，要我填写。表格中绝大部分是一些问题，问你近来感觉自己都有哪些变化。我如实填写完，大夫接过去，仔细地看了两遍。然后对我说，你现在的情况不好，已经从过去单纯的抑郁症变成“双向情感障碍”了。我吓了一跳，说自己走路时感觉非常愉快。大夫说这是你精神上的错觉，实际上你的体力在严重透支，照这样走下去，你很快就会累倒，再次出现更严重的抑郁状态。大夫要我回家注意休息，尽量不要使自己过于兴奋，并且给我调整了药物，除了氯硝西泮，其他两种药都是我没见过的。

新药对我的效果并不好，而且还使我添了个新毛病：晚上睡觉时尿床。我想起电视上曾看到过对秦怡的采访，她就说过她的精神病儿子半夜里经常会尿床。大夫该不会把我当精神分裂症治了吧？于是没过几天，我又去了六院，找到那个大夫，要求换药。这次我得到的是一种进口药。我回去吃了一个星期，状态确实变化很大，整日里浑浑噩噩，脑子里什么想法也没有，整个人就像一具行尸走肉。这种状态绝不是我想要的，我要找回我对痛苦的感觉！最后在我的坚决要求下，大夫不得不重新给我开了盐酸帕罗西汀，同时还加了一种“情感稳定剂”：德巴金。

2018 年 5 月，我积攒的氯硝西泮终于达到了我预期数量：五十盒（一千片）。我觉得该吃了。5 月 20 号，是个星期天。朋友们多年来形成了一个习惯，每个星期天下午在真武庙铁四区鲁家聚会，晚上再到外面吃顿饭，小酌几杯。

那天早上起床后，我背着小刘把那一千片药从锡箔包装中掰出来，装进一个大药瓶。这项工作花费了我近一个小时。我决定，如果晚上回到家我还没有改变主意，我就把这些药吃下去。

当天晚上回到家，又喝了两杯啤酒，心里很平静，就把那些药都用啤酒送了下去，上床睡觉了。

这一夜，我睡得极不安稳，翻来覆去，一阵一阵的冒冷汗，身体也越来越难受。到了早上六点多，我的身体难受到了极点，我把小刘叫起来，告诉她我要跳楼，她一把抓住我，一面把李小舟叫醒，小刘让李小舟看住我，她去穿衣服，李小舟双手抓住我的胳膊，对我说："要是难受你就喊吧。"我歇斯底里地喊了几声，身体上的痛苦才觉得稍微缓解了一点儿。小刘穿好衣服，给我穿衣服的同时，也让李小舟去穿衣服。随后三个人一起，驾车前往北医三院。进了急诊室，接诊的护士听说我吃了一千片氯硝西泮，似乎有些不大相信，她找来一个年轻女大夫，大夫仔细地询问我服药的时间，数量，以及是否呕吐过。"现在用催吐剂已经晚了，"大夫说，"只能输液了。"在输液之前，还抽了我的一小管静脉血，让小刘送到某一家部队医院去，大夫说，这是北京唯一一家可以测量血液中毒素的医院。

我活了六十八年，从来没有输过液。这是第一次，第一次就从5月21号上午九点一直输到5月22号下午三点，加起来一共三十个小时。小刘和小舟轮流陪伴着我。在那间只能容纳二十个人的输液室里，我是待的时间最长的一个。下午四点多回到家，我自己洗了个澡，接下来睡了一个四十多年没有睡过的好觉。第二天，我又去六院，对大夫说我想换安眠药，大夫给我开了两种新药：思诺思和佐匹克隆片。这两种药加在一起吃，每个晚上能让我睡六个小时。

过了一个多星期，一天下午，晓天来看我，我们聊起往事，都非常兴奋。晓天走后，小刘发现我躺在床上，浑身抽搐。马上和小舟一起再次把我送到北医三院急诊室，一量血压，高压二百。于是又开始输液，这次输了多长时间我自己已经不记得了。

这次抽搐发作的原因被六院的一位年轻女大夫破解了。她说你吃了这么多年氯硝西泮，突然停药，肯定会有反应的，更何况氯硝西泮本身就有抗癫痫的作用。她给我开了氯硝西泮让我继续吃。从此一切风平浪静。

至于为什么一千片氯硝西泮没能对我起作用，那是因为我在过去十六年里一共吃了一万一千多片氯硝西泮，身体对这种药物已经有了很强的抗药性，所以这一千片才没吃死我。

另外，还有一件事让我感到后怕：如果这次我真死了，我们家 2012 年才买的这个房子难免不被某些人视为“凶宅”而大大贬值，这对李小舟可绝不是一件好事。阿弥陀佛，我没死成，我还活着。

那件事过去差不多五年。想是想明白了，然而死亡至今对我还有着巨大的诱惑力。所以这次疫情，我不仅不害怕，甚至还给我带来某种希望，因此我没有打疫苗。但是我和绝大多数人一样，活过来了。至于将来的事，只能走一步说一步了。

早在六七年前，我就为自己写下了挽联：

上联：蹒跚足下疑无路，

下联：怅惘心中似有情。

几年来，一直没有找到合适的横批，现在有了，横批：吐半口血。

2023 年 4 月 8 日

爸爸的最后三年

本来这篇短文的题目为《爸爸的晚年》。可是翻开词典，却发现不对了：词典“晚年”条：指人年老的时候。现在要说谁“年老”，不是“耆耋”，也是“古稀”，而这篇短文所写的时期，却是爸爸五十七岁到六十岁这三年，故改“晚年”为“最后三年”。

一九七二年底，爸爸从河北干校调到位于北京北郊的中央五七艺术大学教绘画。在校一年多，一直住在学校宿舍里，只有星期天才能回到北大燕东园的家中，直到一九七四年早春查出患直肠癌。那时距离他五十八岁的生日还差半年多一点。

七四年四月中旬，爸爸在北京积水潭医院动手术，切除了病灶和肛门，另在腹部造一人工瘘管，取代肛门排便，术后又做了几次化疗。此后一年多基本是在家养病，身体状况也还算不错。他还汲取过来人的经验，学会每天固定时间用自制的简易灌肠器灌肠排便，这样就不用总是身系那个十分麻烦的大便袋了，行动也方便许多。

七五年秋天，爸爸术后的伤口处发生溃疡，并形成一个经久不愈的窦道，需每天换药，还会时时疼痛。

七七年初，爸爸自己在肝部摸到一个肿块，住进北京人民医院，经诊断为癌转移。医生本来计划手术切除一半肝叶，但打开胸腔后发现，另一半肝叶上也有癌细胞扩散。只好简单缝合伤口后用药物治疗，而所有这些情况爸爸自己都是十分清楚的。

从人民医院出来，爸爸住进北京广安门中医院，当时他的身体已经十分虚弱，无法承受化疗，因此只能服用中药对抗来势汹汹的病魔。

一个多月后，爸爸出院回家，一九七七年五月二十四日，爸爸离开了这个世界，时年六十岁又七个月。

看过上一段文字，人们或许认为爸爸最后三年的生活是十分痛苦的。

其实并不尽然。

癌症固然是可怕的，但给爸爸带来的却不都是痛苦。原因说来也很简单：一九七四年，正值文化大革命的胶着期，政治斗争十分严酷，“苛政猛于虎”。爸爸恰恰是由于癌症而脱离了当时的政治体制，反而能够相对自由地按照自己的意愿去生活——尽管不时地受到病痛的侵袭。

记得我曾问过妈妈，当年为什么会嫁给在同一所中学里教书的爸爸。妈妈说那时她看到一些同事（包括爸爸的四哥，我的四伯父）经常拿爸爸开玩笑，而爸爸却从不生气，总是乐呵呵的，于是妈妈感到：“这是个好人”。我想这或许可以算作是爸爸为人一生的写照。

爸爸生性乐观开朗，即使身处逆境，也很难看到他愁眉苦脸、闷闷不乐。相反，他始终热爱生活，好美食、好美景、尤其好朋友。他的朋友多，面也广，从大师级人物如沈从文，到当初野外写生时认识的一位菜农，无不待为上宾。

最后那三年里，家中每每人来人往，爸爸喜欢“高谈阔论”（妈妈的贬义评语）。虽然没有什么深刻高明的见解，然而他的热情却似乎总能感染每一位来访者。

谈到爸爸的朋友，就不能不说说江丰伯伯。五十年代前期，爸爸初识江丰伯伯，便一见倾心，引为知已。此后同兴同废、同甘同苦；甚至到了文化大革命期间，爸爸自已被关到牛棚里，失去人身自由，仍不忘“为江丰翻案”，真可谓“死心塌地”；也难怪爸爸离世时，平时喜怒不形于色的江丰伯伯，竟然泣不成声。

在学校里，爸爸虽身为“摘帽右派”，“反动权威”，可多数同事仍然只拿他当朋友看待（一九九七年五月二十四日，在爸爸去世二十周年那天，他的同事还到家中来看望妈妈。其中六位老师占当年电影学院美术系老师的一多半）。而爸爸也不自外于人，凡同事、朋友有困难，他总是尽力相助。就在他因癌症在积水潭医院住院手术时，江青的走卒在学校里办了“李宗津黑画展”，把他那幅吸烟的自画像，说成是“目露凶光，仇恨文化大革命”。而好心的同事们硬是把这个消息压下来了，没有告诉病中的爸爸。

那三年里，诸多来访者中，还有一些喜欢绘画的年轻人。爸爸不论其身份背景，有教无类，一视同仁。总是认真地看他们带来的画，并耐心地指出画中的问题和不足，使那些年轻人都能有所收获而去。

爸爸一生与画结缘，即使在身患癌症的最后岁月里，也不曾离开他那些心爱的画具。

74 年大病初愈，在燕东园住所的后院里，爸爸在同一位置画了两幅《庭院》（后称燕东园风景），一清晨，一傍晚，十分精彩。

一九七五年春，爸爸到南方探亲访友，住在上海姑姑家里，随身还带着一个小画箱。他专门去看望了四十多年前的老师、当年苏州美专校长颜文樑老先生，并为其画了一幅肖像。

在南方，爸爸不仅为一些亲朋好友画像，还拖着病体外出写生，十几幅《江南小风景》，就是那时成画的。

爸爸的强项是肖像，一生画肖像数以百计，其中的上品当数癌症术后所画的《江丰像》和《俞云阶像》。

爸爸还画过一系列《自画像》，最后的一幅完成于一九七三年，就是之后受到批判的，所谓“目露凶光”的吸烟像。不知为什么，此后他再也没有画过自画像。

在最后那三年里，爸爸曾数次不无得意地对我讲，徐悲鸿曾称他是“中国第一肖像画家”，不过他对别人的长处却也是十分服气的。比如他就对我说过：论素描功夫，他是好的，但他不如董希文。

记得有一次，之前完全陌生的军旅画家董辰生来访，爸爸是在看了他带来的厚厚一本人物速写后，就象好古董的人见到了极品，爱不释手，硬是要人家把本子留下一个月，以便他仔细琢磨、欣赏。当客人提及四十年代后期曾报考于北平艺专而未被录取时，爸爸不好意思地笑答：我就是那有眼无珠的考官啊。

……

最后，我想借姑父程应镠在爸爸离世后所作的两首挽诗代结此文。

挽宗津诗

一

送君客岁秋将尽，长去人间夏始来。
剩有招魂赋楚些，不堪清泪望燕台。
难收覆水伤肝肾，敢谓投珠是祸胎。
遗作可能共晨曦，阴霾未去有余哀。

二

忆昨挥毫妙如神，亦缘情重写形真。
携来西子千山秀，占尽江南九十春。
远意甚豪欣有托，旧诗重诵转沉吟。
何年更得丹青手，画出风流此代人。

给爸爸的一封信

爸爸:

我们分别已经四十四年了。每次想到现在我居然比你多活了十多年，心里总会有一种怪怪的感觉。

妈妈是 2006 年 2 月 10 号离开我们的，距离她九十岁生日只差两个月零两天。她因为心律失常于 2 月 9 号上午 11 点住进了北医三院，当时精神还好，午饭和晚饭都吃得不错。开始只有我一个人在她身边，后来，小刘和姐姐都来了。晚上我们给她找了一个护工，陪她过了一夜。第二天早上我和小刘到三院，姐姐已经来了，还给妈妈带了早饭。上午做什么几项检查，并且把本来定在三天后做的“超声心动”提前到当天下午两点。中午我到医院对面的麦当劳买了一个她喜欢吃的双层吉士汉堡，她都吃了。

午饭后，她睡了一会儿，醒过来就说胸口难受，这时到了该去做“超声心动”了，我和姐姐用轮椅推着她去检查室，一路上她反复说难受，到了检查室，门口有十多个人在排队等候，但是医生还是让妈妈先进去了，并且说只能有一名家属陪同，我进去了，姐姐等在外面。检查过程中，妈妈始终说难受，我也没办法，只能握住她的手说:“妈妈，我在这儿。”

检查做完了，要半个小时才能出结果。于是姐姐先把妈妈推回病房，我在原地等结果。

结果出来了，是一张我完全看不懂的表格，我快步赶回病房，只见姐姐和小刘眼泪汪汪就地站在病房门口，姐姐说:“下病危通知书了。”

这时一个大夫从病房里走出来，说:“病人已经昏迷了。”我把检查结果递给他，他看了一下:“你母亲的心脏瓣膜钙化非常严重，现在唯一的办法就是上呼吸机。不过这需要你们家属签字才行。”我问:“为什么要我们签字？”因为上呼吸机是有危险的。“什么危险？”最常见的就是会出现房颤。“出现房颤怎么办？”除颤有两种办法，一是按压胸部，这样可能压断患者的肋骨，二是电击，这样可能会灼伤患者的皮肤。”我考虑了片刻，说:“我跟我姐姐商量一下吧。”

我把大夫的话转述给姐姐和小刘，她们问我的意见，我说:“要我决定，就不上呼吸机。”无论是压断肋骨，还是灼伤皮肤，都会给妈妈增加痛苦，何况她都快九十岁了，这时候让她走了，未尝不是一件好事。”经我反复劝说，她们同意了我的决定。

晚上 7 点 15 分妈妈走了。

妈妈若干年前就在姐姐陪伴下，去公证处做了身后把遗体捐献给医学院校供解剖教学使用的公证，所以在 2 月 12 号上午在北京医学院新联的遗体告别室里举行了简单的告别仪式，哀乐是李海平从莫扎特的《葬礼奏鸣曲》中选用的一节循环播放，因为时间太仓促，来的只有三十多个人。其中有妈妈同事学生，有三舅的几个子孙，还有李明瑞和鲍妍光，程念祖和张伍英，再有就是我的六七个朋友了。

告别仪式结束后，工作人员就把妈妈的遗体推走了。

北京市红十字会为了表彰自愿捐献遗体的人，专门在朝阳区长春园墓园立了一座纪念碑，旁边的十几块大理石上按年代镌刻着捐献人名字，姐姐还在那里买了一块小小的墓地，把你的骨灰和妈妈生前用过的一条纱巾，两个发卡一同葬在一块墓碑下面。自此以后，我们每年清明节都会来看你们。同时也看望三舅和三舅妈，还有程念祖兄弟为他们的叔叔立的衣冠冢。

在你走后中国发生了天翻地覆的变化。

这一变化被称为“改革开放”。

我作为一个普通老百姓，说不出什么大道理来，只能对你讲讲我耳闻目睹的新鲜事。

首先就是平反冤假错案。主持这件事的人是组织部长胡耀邦。几十万右派分子得到改正，其中就包括了当年的“江丰反党集团”。江丰伯伯官复原职，重新成为美协主席兼党组书记。后经美院学生强烈要求，又兼任了美院院长、党委书记。

八十年代初，华国锋主席先后辞去了他的所有职务，胡耀邦成为党中央主席，邓小平任中央军委主席，赵紫阳任国务院总理。在这三个人的推动下，改革开放加快了步伐。

八十年代初，还有一件大事，就是出国潮，大批大学生研究生前往美国留学。在我的朋友中，最先赴美的就有胡小平、薛必群和于小康。后来张祥保阿姨的两个儿子王汝杰和王汝烨，唐有祺伯伯的一双儿女张昭达和唐昭华也先后去了美国。

前几天，我看到一个数据，自八十年代初至 2016 年，中国赴美的留学生已达 30 万人，这些人有百分之九十以上在毕业后留在美国，他们婚后在美国出生的孩子自然而然就成了美国人。此外，现在还有许多中国富人，在国内怀孕后专程去美国生孩子，这样，他们的孩子一出生就有了美国国籍。

自从 1987 年第一家肯德基在前门大街开张后，外国的各种餐饮产品纷至沓来，肯德基、麦当劳、必胜客，都受到国人的欢迎。开始几年，还常常在这些店里看到或许是中国独有的景象：一个孩子坐在桌边大快朵颐，桌子对面的家长跟前没有任何食物，却幸福满满地看着自己的孩子。

国外的产品越来越多地出现国内市场上，据说中国的轻工业产品也源源不断地流向国外，改革开放这四十多年，中国的对外经贸一直是顺差。国外的企业也在中国建立了许多工厂，雇佣了大批国内的年轻工人，这些工人基本上都是来自贫困的农村。而在农村，从改革开放伊始，就实行了包产到户（就像六十年代的三自一包），农民的劳动积极性空前高涨，粮食产量也大幅度提升。几乎所有人都看到了中国光明的未来。

1984 年 10 月 1 号，天安门广场举行了盛大群众游行，当北京大学的队伍通过天安门前时，学生们突然打出了一条简陋的横幅，上面用墨笔写着四个大字"小平您好！"

当时最受人们爱戴的还有胡耀邦。一次我去上海，和猫咪一起去李加耀徐明家（你认识他们的）。电视上正在播胡耀邦出访的新闻，李家耀连声说:"好！这个人好！"当电视中出现身材矮小的胡耀邦与一个身高近两米的外国领导人握手时，李家耀又大声喝彩:"好！晏子使楚！"

然而，就是这样一位受人爱戴的领导人，在 1987 年初党中央的一次会议上，以"反对资产阶级自由化不力"为由，被迫辞去了总书记的职务。

追悼大会后，大学生们并未散去，他们要求与政府高官对话，讨论他们的政治诉求。几天后，政府派出三名中级官员与学生代表对话，其间，一名官员劝导学生们不要被坏人利用——"那些长着胡子的人"。第二天我就在北大三角地听到广播喇叭里传出邢其毅伯伯愤怒的声音："我就是长胡子的人，而且是长白胡子的人！"

其实官员说的“坏人”即“长胡子的人”并不是指邢伯伯这样的人，而是暗指那些 1987 年反资产阶级自由化运动中被开除了党籍的几个人。为首的就是北大物理系教授方励之。他和他的妻子李淑娴也确实与大学生中的活跃分子关系密切。

针对官办的学生会，北京一些大学生中的活跃分子成立了“北京高等院校学生自治联合会”，简称“高自联”。并号召全市大学生罢课。当时北京的十五万大学生，有一半响应了这一号召。高自联宣布参加上一次对话的学生和官员都没有代表性，他们要求与李鹏直接对话。对此，政府迟迟不予答复，反而在 4 月 26 日由《人民日报》发表社论《旗帜鲜明地反对动乱》，指这十多天来的学生运动是搞“动乱”。

学生们如何咽得下这口气，他们每隔几天就会游行到天安门广场，要求对话，要求为他们的爱国行动正名，反对强加在他们头上“动乱”的帽子。游行一次接一次，还有学生数次在新华门前静坐示威。

大学生们这边游行示威不断，政府那边则是一拖再拖静观其变。

大学生们终于失去了耐心，高自联宣布，从 5 月 13 日起三千名大学生开始在天安门广场绝食。北京的市民也纷纷给大学生捐款，就连香港各界人士也给北京大学生捐赠了大批款项，用来买帐篷为大学生遮阳挡雨。

5 月 15 日，苏联共产党总书的戈尔巴乔夫正式访华，原来计划在人民大会堂前举行的欢迎仪式不得不改在机场举行，连进城的车队也只能绕道而行。

邓小平会见了戈尔巴乔夫，两人共同宣布:中苏两党关系正常化。

赵紫阳在会见戈尔巴乔夫时，透露了中共中央的一个秘密文件，这个文件规定:凡党和国家的重要问题，都将由邓小平作最后决定。

这个消息一见报，大学生们大哗，喊出了:“不要垂帘听政！”的口号。5 月 18 日上午李鹏等高层领导人在人民大会堂会见了绝食学生的代表。李鹏刚说了几句话，就被一名学生代表打断，并提出了学生们的两个要求：1，肯定这次学生运动是你们的爱国运动，而不是“动乱”。2，尽快对话，并现场直播。

李鹏在答复学生时首先希望在他讲话时不要打断他，

接着他说我们从来没有说同学们在搞“动乱”，希望你们能以生命为重，结束绝食，回到学校去，等等。

会见结束后，高自联发表“第一号声明”，除了再次提出他们过去的几项要求外，还有一个新的要求：中央政治局，人大常委会，立即召开非常会议，结束个人独裁。

5 月 19 日 4 点 45 分赵紫阳、李鹏来到天安门广场看望绝食的大学生。李鹏只是作关心状问学生“你几岁啦？你是哪个学校的？”而赵紫阳却动了真情，他说：“我们老了，无所谓了，同学们，你们还年轻啊……”说到这里，潸然泪下。

当天下午，有人向”天安门广场学生绝食指挥部”透露了政府将要调动军队，在北京部分地区实行戒严的消息。

当晚 21 点 15 分，“天安门广场学生绝食指挥部”宣布停止绝食，改为静坐。

晚 22 点，中共中央，国务院在一个军队院校的大礼堂召开干部大会，李鹏、杨尚昆等先后发表讲话，宣布将调动军队进京维持秩序。

5 月 20 日上午 10 点，国务院宣布在北京部分地区实行戒严。

赵紫阳没有出席 5 月 19 日晚的大会。

各路进京的军队被北京市民和农民围堵在城外。同时，学生们的怒火开始集中在李鹏、李锡铭（北京市委书记）、陈希同（北京市长）身上，认为是他们误导了邓小平，才导致邓作出了“动乱”的错误判断。

从宣布戒严到6月2日，政府和学生双方处于相持阶段，期间，党内也有人发出了不同的声音，包括杨得志、张爱萍在内的七位上将向中央上书，建议军队不要进城。

而当时的 38 军长也以没有接到书面命令为由，拒绝率领军队前往北京。

6月3日凌晨，军队开始向北京城内推进，遭到学生和市民的围堵，双方发生了肢体冲突。军队向东西南三个方向推进，与阻挡他们前进的学生和市民冲突不断，双方都有人受伤。中午，由于争夺一辆军车，武装警察部队发射了催泪弹，冲突进一步升级。下午六点，北京市政府，戒严部队指挥部发出《紧急通告》，称“北京发生了严重的反革命暴乱，戒严部队将坚决反击”。

当晚十点左右，军队对天鸣枪，试图驱散人群，但是没有效果，于是就直接问人群开枪，冲向天安门广场。

天安门广场被军队包围，广场上的学生们与军队谈判后，军队让开一条通道，让学生们安全撤离。

自此，这一长达五十天的政治风波才基本结束。

事后，戒严部队指挥部发出通缉令，通缉高自联成员和方励之夫妇，不过，除极少数人投案自首外，绝大多数高自联成员在某些人的帮助下，都经香港逃到海外。方励之夫妇得到美国大使馆的庇护，并于数月后经政府同意前往美国“治病”。

6月9日下午，邓小平在中南海怀仁堂接见了戒严部队军以上干部，并讲了话，等于对这次戒严行动承担了全部责任。

根据官方发布的数字，在平暴过程中，老百姓死亡二百余人，其中包括二十几名大学生，而军队方面则死亡二十余人。

中国归于沉寂。但是几个月后，东欧却发生了巨变，八个社会主义国家的共产党先后在选举中失去了政权，其中在德国，隔绝了东西方德国人往来的柏林墙，存在了28年之后，一夜之间被推倒，两个德国开始了统一的进程。

东欧剧变中，唯一发生暴力事件的地方在罗马尼亚，总统齐奥塞斯库下令军队向市民开枪，军队拒绝了他的命令，并在他试图逃跑时逮捕了他，经过审判，他被抢毙了。

1991年，苏联宣布解体，成为15个独立的国家，而原来由苏联掌控的华沙条约组织和经互会也随之消失。

东欧剧变和苏联解体后，世界上只剩下四个社会主义国家:中国，越南，朝鲜和古巴。

现在该说说我和姐姐，亲戚朋友和身边的事了。

1997年5月24日正是你20年忌日，那天上午，葛维墨、李勇兴、蒋采凡、何宝通等七八个美术系的老师约齐了一起来看妈妈，这么多年了，他们还想着你，让我们深受感动。

江丰伯伯是1982年在一次会议上心脏病突发去世的。

四伯伯在80年代患了老年痴呆症。因为他的小女儿（阿皮）一家都在加拿大，他就和四伯母移民去了加拿大，最终病逝于养老院。

十多年前，四伯母和阿皮一家来北京旅游，四伯母特别提出想看看她的母校燕京大学，我，小刘和姐姐带着她们到北大的燕京部分转了一圈，四伯母非常满意。回加拿大几年后，她就因癌症去世了。之后，在香港的四舅和四舅妈也相继去世。三舅在 1991 年去世，他和三舅妈的合葬墓就在长青园，离你和妈妈的墓志铭，只有二十多米。

姑父是 1994 年去世的。之前已经病了七年，多亏小姑姑和猫咪的精心照料，他在病中才没有受太多罪。小姑姑是 2020 年去世的，当时离她一百岁生日只差几天。她是李家老一辈人中最长寿的一个。现在李家人年龄最长的就是姐姐了。因为许国林长时间酗酒，姐姐跟他离了婚。姐姐现在的丈夫叫程序，是姐姐在农大的同学，而且是她在射击队的队友。他们结婚已经十多年了，相处得还不错。在我看来，程序唯一的缺点就是有些自以为是。但是他确实有自以为是的资本：他当过农业部科技司的司长，当过农业大学的副校长，还进过中南海，给政治局委员们讲过课。

他和姐姐一起，走了全国不少地方，查阅了许多有关周诒春的资料，出版了《周诒春年表》，并且在安徽省休宁县政府的帮助下，修建了《周诒春纪念馆》。李家这边，小妹（李维华）也在做类似的事，纪念大伯伯李宗恩。

接下来就该说说我的朋友们了。1978 年 9 月 30 日我和小刘结婚了。

过了一两年，马珊嫁给了鲁燕生，鲁燕生的妹妹鲁双芹嫁给了张仃的小儿子张寥寥。

徐晓天娶的是马珊介绍给他，比他小 12 岁的年轻护士卢明。宫小吉结婚最晚，他的太太叫汪伯菁，是我的朋友圈里脾气最好，同时也是最能干的一个。

1981 年底，咱们家从燕东园搬回中关园，不是老房子，而是新楼房，三室一厅，面积不大，70 平米。妈妈很满意。不过新家里的桌椅板凳她都坚持要能折叠的，好像是为了二次文革搬家做好准备。我们家在 42 号楼，王岷源伯伯和唐有祺伯伯住在 43 号楼。

我们家有一位特殊的邻居，北大数学系教授丁石孙，我们住 406，他住 407，1984 年至 1988 年，他成为北京大学唯一的民选校长。他的夫人桂琳琳是北大化学系的教授，曾是唐伯伯的学生。我们家和他们家没有什么往来，只是在楼道里碰到时打个招呼，偶尔妈妈也会跟他们聊几句。丁石孙离开北大后进入高层，先后任民盟副主席、主席、全国人大常务委员会副委员长，于 2019 年逝世。被北大师生誉为”在北大历史上唯一一个可以与蔡元培比肩的校长。”

你留下来的画在香港办过一次展览，并卖出几幅。考虑到家里没有存放的条件，我和姐姐商量后，就把余下的画打包卖给了广州一家名为”华艺廊”的艺术品公司，只保留了你的两幅自画像和所有家人的画像。卖画的钱我和姐姐一人一半。

2011 年 8 月，华艺廊和中央美术学院美术馆联合举办了《李宗津画展》。对你来说，可算是迟来的哀容。

举办单位还出版了一本厚厚的画册，题为《凝固的激情　李宗津》。

这封信就写到这儿吧，我还有不少事没跟你说，下次吧。

祝好

李之林

2021 年 9 月

我 的 朋 友 们

我和蛮子

初次见到薛蛮子是一九七一年初的一个夜晚，在北京火车站的站台上。我和我的同班同学商全去送我们的另一个同学钟解放回陕西。一同去送行的还有两个陌生的小伙子。

直到七一年底，还是钟解放，带我去了二龙路一个不大的宅院里，再次见到了这两个人。他们是亲兄弟，哥哥叫陈必久，外号老九；弟弟叫薛必群，外号蛮子。之所以兄弟俩不同姓，是因为蛮子从小就过继给了他的小姨和小姨夫。

看上去他们和钟解放是老朋友了，对我也非常热情。

那时候正值林彪事件发生后不久，不少年轻人都开始思考、探讨国家的命运。我和蛮子、老九、钟解放的友情就始于这种思考和探讨之中。很快又有一个朋友加入进来，他叫徐晓天，是蛮子在三十一中的同学。徐晓天还有一个大名鼎鼎的姐姐徐浩渊，曾是人大附中红卫兵的领袖。不过因为她为人行事比较霸道，我们一般都对她敬而远之。

那一年，我和钟解放、老九都是22岁，晓天21岁，蛮子19岁。我们五个人几乎天天聚在一起，地点就在蛮子和老九家后院的车库里，那也是他们兄弟俩的住处。

几个小伙子的聚会，当然不会总是谈政治，我们也聊文学，聊女人。还有一件乐事就是下馆子。

当时我，蛮子和钟解放都有家长给钱，老九是因为工伤在北京休养，东北兵团每个月发给他四十多块钱的工资，只有晓天比较拮据，他爸爸和蛮子的爸爸一样，都关在监狱里，妈妈在外地干校劳动，还被扣着工资。蛮子的妈妈也在外地干校，可工资还是照发。

那个年代朋友们一起下饭馆还没有 AA 制一说，都是赶上谁有钱谁请客。那时候物价也低，二龙路附近就有一家小饭馆“玉山居”，一个溜肉片才两毛五，配菜还得是黄瓜。我们几乎吃遍了北京所有的饭馆。

除了口腹之欲，我们还有精神需求，在那个年代，能满足这方面需求的就只有书了。蛮子、晓天认识几个社科院的子弟，借来一批内部出版的黄皮书（文学类）和灰皮书（政经类）。

文学类中最震撼我的莫过于卡夫卡的小说了。虽然我还不能真正理解卡夫卡作品内含的深意，但我却认定他就是我心目中最伟大的作家。

若干年后我读到一篇小说，里面讲到一个来自农村的士兵，每天都把《毛主席语录》捧在手里。后来人们才发现他根本就不识字。他说：“这是毛主席为我们写的书，捧在手上心里就暖洋洋的。”

我觉得自己就是那个士兵，虽然我看不懂卡夫卡的作品，但是我知道，他的书就是为我这种人写的。

直到我步入中年，我才意识到自己的错误：卡夫卡的书并不是为我这种人写的，他的书写的就是我这种人。

在灰皮书中最重要的大概就是《新阶级》了，作者德热拉斯原是南斯拉夫共产党的领袖之一，也是铁托的战友。后来他背弃了对共产主义的信仰，写出了《新阶级》，用马克思主义的理论批判了社会主义制度。

当时我们看的书还有另外一个来源。

我们家隔壁住着一位清华大学无线电系青年教师，他虽然是教无线电的，却酷爱文学，特别是西方文学。在他家的一个壁橱里，有两千多本书，都是从旧书店里淘来的，基本上都是二十世纪上半叶出版的西方文学作品。

我借来的第一本书是雷马克的《凯旋门》。这本书不仅我们几个看了，大概还在北京的读书青年中转了一大圈，等到回到我们这里时，一本书已经变成两本了——在传看的过程中，这本出版了三十多年的书终于支撑不住，彻底裂成了两半，又被一位心灵手巧的读者装订成了两册。

七二年除夕夜，大家是在我家里度过的，除了我们五个人，还有蛮子姐姐陈必尹的男朋友梅山和我的同学商全。当时我爸爸在河北干校，妈妈在北京郊区。蛮子还带来一瓶茅台酒，我们七个人竟然没有喝完。

七二年发生了许多事：李海平加入到我们中间。

晓天的姐姐徐浩渊带着一个叫于小康的女孩子来到二龙路，她是于光远的女儿，只有十六岁，却已经在读相对论了。

四月里，我们认识了鲁燕生、鲁双芹兄妹，认识了岳重、栗世征两位诗人。还见到了吴小彦、吴彰姐弟和他们的邻居刘敏。

儿时的蛮子，住在西单附近的头发胡同一个三进的的大院子里，里边分别住着法学家张友渔，历史学家吴晗，统战部副部长薛子正（蛮子的爸爸）。这三个家庭有一个共同点：孩子都不是亲生的。张友渔的儿子张小渔和吴晗的一双儿女吴彰和吴小彦都来自孤儿院，蛮子的来历前面已经说过了。

吴小彦后来告诉我，他们小时候，三位父亲都有一些公务出国的机会，每位父亲回国时，都会带回同样款式的玩具分送给几个孩子。而这些玩具的下场每次都是一样：首先损毁玩具的总是张小渔，接下来就是吴小彦，而蛮子的玩具则始终保存完好。这似乎也预示了三个孩子日后的命运。

蛮子和我，1972 年夏摄于颐和园

长大后的蛮子，书成为他的最爱。他不仅喜欢读书，还喜欢偷书。为了便于蛮子偷书，陈必尹专门在蛮子的一件棉大衣的衬里上缝了一个大口袋，之后蛮子每次去书店，总是有所斩获。但是天气热了，这招就没用了。于是蛮子拉上老九干了一票大的。他们夜袭了二龙路附近一个单位的图书馆，卷回来上百本书。那时候，图书馆大概是一个单位最不重要的部门了，所以事后也没有听说有什么人在追究。

我是个胆小如鼠的人，所以从来不敢参与这一类的活动。

七三年一月十号，晓天去了一个轻易回不来的地方。春节过后，钟解放和老九分别回了陕西和东北，曾经的“我们五个人”就剩下我和蛮子两个人了。

蛮子开始自学英语。他的学习能力惊人，第一个月就背了两千多个单词。他还隔三差五地来我家，向我妈妈请教英语方面的问题。

那期间，我和蛮子经常去各处下馆子。当时的北京，食客多，餐厅少，“拼桌”是常事。所谓“拼桌”，就是你不得不和陌生人在同一张桌子上各吃各的饭菜。每当碰到这种情况，蛮子都会和我低声耳语，猜测同桌的陌生人相互之间是什么关系。

有一次，我们俩来到四川饭店的小吃部吃凉面。可能因为是下午，食客不多。我们刚坐下，就发现距离我们不远一张桌子旁边，坐着一对身着军装的青年男女，小伙子相貌平平，可那姑娘却是国色天香，美得令人心碎。我和蛮子都看呆了，完全忘了自己身在何处。过了一会儿，那一对男女站起身走出大门，我和蛮子不约而同跟了出去，只见那两人各自骑上一辆当时极其少见的摩托车，绝尘而去。

呆了半晌，我问蛮子：“想什么呢？”

“《洛神赋》。”蛮子说，“你呢？”

“车走雷声语未通。”

那时候，我和蛮子几乎无话不谈，他甚至对我讲了他的初恋。

蛮子算得上是个美男子，一米七六的个头，齿白唇红，不过他不属于那种硬线条的“好汉型”（比如诗人岳重），而是类似时下流行的“小鲜肉”，但是他绝无娘娘相娘娘腔，而是会让人联想到明末清初的美男子冒辟疆。当时的我，不知哪儿来的自信，竟然要与他比美，于是“我与北城徐公孰美”就成了我们之间的一句玩笑话。

蛮子的确招女孩儿喜欢，有些胆子大的会主动对他示好，但总是被他一两句玩笑话就打发掉了。

不过凡事都有例外。

一天，我和蛮子正在二龙路的车库里聊天，一位名叫杨百泉（音）的姑娘闯了进来，声色俱厉地质问蛮子："薛蛮子，你凭什么对别人说我想跟你好？我根本就不喜欢你！"言罢，拂袖而去，搞得蛮子十分尴尬。事后，我和蛮子的话语中又多了一个词："女中豪杰杨百泉"。

其实，蛮子跟我不同，既不滥情亦非无情（这两种毛病我都有）。他一直对一个女孩儿情有独钟。那个女孩儿甜美可人，西单照相馆的橱窗里就摆放着她的一张照片。认识她的人都叫她小四毛。对小四毛，蛮子并不是像有人以为的那样是单相思。两个人见过，约会过，至于有没有上过床，以我对蛮子的了解，应该是没有。否则，他也不会至今都对小四毛念念不忘。

大约是 1974 年，蛮子的妈妈从干校回到北京，单位在劈柴胡同的一个院子里分给她一间十多平米的小屋，蛮子就从二龙路搬过去跟他妈妈住在一起了。同时，二龙路的院子也进行了改建，原来的大门和通往后院的过道都堵死了，东墙上开了一扇小门，大门洞则改造成为一个房间。老九从东北兵团回到北京后就住在里边，一住就是二十多年。车库和车库里的聚会从此不复存在。

这时，蛮子的英语学习已经取得了很大的成绩，能读能说能写。有一次，我们去东安市场南边的和平餐厅吃冰激凌，邻桌坐着几个金发碧眼的姑娘。连我都没想到，蛮子竟然用英语和其中一个姑娘搭起话来。这在当时，可是犯了大忌的。很快，就有一个中年男子在附近一张桌子边坐下来，胳膊下面夹着一个黑皮包，不吃不喝不说话，只是死死地盯着蛮子。

最后，我们总算是平安无事地离开了餐厅。

我在香港有个舅舅，一次，他给我寄来一个索尼牌的录音机和一盒磁带。当时，这样的东西在国内的市场上还见不到。结果，蛮子在我家看到了，喜欢得不行，希望我卖给他。我想他在学英语，确实也需要有个录音机，就卖给他了，成交价一百块钱。过了几天，我们俩在外面吃饭，他悄悄地告诉我，那个录音机，他在他妈妈那儿报销了六百块钱。

这是我第一次领教了薛蛮子赚钱的本领。

1975 年，蛮子的爸爸薛子正终于放出来了，还补发了工资。一家人搬到了景山东街 8 号。

蛮子很有女人缘，但是在朋友圈之外的男人们，却有许多人不喜欢他，视他为一个言语刻薄，拈花惹草的恶少。在他搬进景山东街后不久，就有一位姓范的"好汉"约上几个伙计，冒充警察，摆了他一道。这件事很快在北京的江湖上传开了，乐坏了不少人。我就曾亲眼目睹一个还算是蛮子朋友的人说起这件事，笑得在床上打跌。

1976 年，中国发生了几件大事：周，朱，毛相继离世；唐山大地震；"四人帮"倒台。

我们中间也发生一些事情，最重要的就是当时和海平在一起同居的吴小彦自杀身亡，时年 22 岁。不过因为她患精神分裂症已经三年，之前曾数次自杀未遂，所以她的死并不让我们太意外。

76 年初，于小康带着一个漂亮姑娘来到景山东街，那姑娘名叫胡小平，是于小康的朋友。很快，胡小平就跟蛮子同居了，正式成为蛮子有名有实的女朋友。

1976 年底的一天，我从景山东街 8 号出来，蛮子和小平送我到门口，突然，小平板起面孔，非常严肃地对我说："李之林，以后你不要再来找蛮子了，这里不欢迎你。”惊诧之余，我看看蛮子，只见他站在一旁，面无表情，一言不发。

其实，胡小平对我和蛮子的关系早就有所不满，还迁怒于于小康。她不止一次说过：“你们三个人（我，蛮子，于小康）就会欺负老实人。”

不去就不去，反正我还有更重要的事情。

我爸爸 74 年春天查出直肠癌，在积水潭医院做了切除手术。术后两年多，身体状况还算不错。然而不久前，他在自己的肝部摸到了一个肿物，经过检查，诊断为癌症扩散。妈妈托朋友找到人民医院外科主任黄大夫。黄大夫说可以做一个剖腹探查，如果扩散范围不大，可以切除一部分有病灶的肝脏。

于是，1977 年一月，爸爸住进了人民医院，春节后做了剖腹探查的手术。可是打开胸腔后，发现扩散的范围超出了原来的预测，只好又重新缝合了胸腔……

三月里的一天下午，我正坐在爸爸床边，蛮子忽然走进病房，问候了爸爸之后，他把我拉出病房，要我送他到医院大门口。在我们并肩走向医院门口那十多分钟的时间里，谁也没有说话。

1977 年 5 月 24 日，爸爸去世了。我的朋友们——包括蛮子和小平——都参加了追悼会。

1977 夏天，离开了四年半的徐晓天终于回来了。似乎是因为他的归来，我与蛮子小平也和好了。

晓天回来后不久，一个他素未谋面的姑娘找到他，主动向他示爱。晓天有些不知所措，就让蛮子和小平帮他拿主意。蛮子打电话要我到他家去，我到了他家，晓天也在。

我对晓天说，那个姑娘我见过，确实漂亮，人也聪明，但是她的精神有问题。海平和小彦的悲剧殷鉴不远，以你徐晓天的身体状况，绝对招架不住。

蛮子对我的意见很反感，说："你什么时候变得这么无情无义了？"

我说："你别忘了，我跟吴小彦也一起待过三个月，深知精神疾病的杀伤力。"

最后，晓天总算是全身而退。

有一天，我在蛮子的书柜里发现了一本《愤怒的回顾》，这是五十年代英国文学流派"愤怒青年"的代表作。也是我们当年非常喜欢的一本书。我随意地翻了翻这本书，发现这本薄薄的印刷品中，竟然有三页是手抄的。我问蛮子是怎么回事，蛮子说，他好不容易在一家旧书店里找到这本书，买回来却发现其中缺了三页。于是他从图书馆借来一本不缺页的，让薛子正拿来三张白纸，对照着完整本把那缺失的三页用钢笔抄下来。儿子的话就是圣旨，老头儿一边抄，一边嘟囔："这都是什么乱七八糟的。"

1977 年恢复高考，胡小平考上了外语学院英语系。1978 年恢复考研，蛮子考上了社科院历史所中西交流史专业，于小康考上了中科院计算所数理逻辑专业。

从考上大学和研究生开始，小平和蛮子就计划去美国留学。他们结识了一位美籍华裔姑娘周嘉禾，放下身段一味地讨好这位周小姐，估计还动用了薛子正的各种关系，胡小平终于在 1979 年去了美国，成为最早赴美留学的中国学生之一。

初到美国时，胡小平住在周嘉禾家里。有一天我去蛮子家，他拿出一封小平从美国写给他的信让我看，信写得悲悲戚戚，主要是讲述她初到美国后生活的艰辛和对蛮子的想念，还说到周嘉禾脾气不好，小平不时会受她的气，但是也只能忍着。

我看完信对蛮子说："刚到异国他乡，有这样的心情也是正常的。"

我的本意是想安慰蛮子，不料他却恼了，对我说："你这小子怎么越来越没同情心了？"

1980 年初，蛮子也去了美国。临行前，我们俩在动物园门口碰了个头，我把吴作人送给我爸爸的一幅牦牛图交给他，我之所以样做，主要是想他到美国后，万一时运不济，这幅画也能换点儿钱。现在想来，我当时真是小看蛮子了。

蛮子去美国后不久，薛子正就去世了，享年 75 岁。

蛮子离开中国后，开始不时有信给我和晓天，讲一些在美国的生活和感受。还曾经寄过一盘录音带来，说到他对未来的想法。听上去那时候他就已经准备弃学从商了。后来他还托人带给我们一本书和一封信，信中说这是他近些年来看过的最好的一本书。

那本书就是胡兰成的《今生今世》。

渐渐的，蛮子的信越来越少，之后就基本上没有了。我们只是听人说，他在美国发了大财。

1990 年，蛮子回了中国一趟，住在景山东街。当年的冒辟疆，如今变成了既不会唱歌也没有胡子的帕瓦罗蒂。他跟我们在一起聊天时总是有些心不在焉。

后来（不记得是哪一年了）蛮子和一个名叫陆宏亮的台湾商人合伙开办了一家公司，办公室就设在白石桥附近的奥林匹克饭店（那个饭店现在已经改名子了）。冬天，蛮子经常穿着一件深棕色毛皮大衣出入饭店。那件大衣我看着很不顺眼，因为它总是让我联想起墨索里尼的女婿齐亚诺，他曾经这样评价穿着貂皮大衣的戈林："就像一个准备去看歌剧的高级妓女。"

那个公司存在了几年，我也搞不清楚，总之蛮子很快就消失在茫茫人海中。有时又会突然冒出来，和小平一起请老朋友们吃顿饭。

2000 年左右，晓天告诉我，蛮子和胡小平离婚了。这让我多少感到有些意外。

他们两人是在美国结婚的。当时还有一些中国留学生笑话他们傻，说是如果两个人各自找一个美国人结婚，早就能拿到绿卡了。这也是当时在美国的中国留学生常有的做法。而蛮子和小平却是共同生活，共同奋斗，终获成功。用小平的话说："我们是兄妹开荒。"

晓天说，他们离婚的原因之一是胡小平不能生育，加上蛮子另有新欢，所以离婚就是顺理成章的事了。

离婚归离婚，两个人在见老朋友的时候，总是一块儿出现，俨然还是一对恩爱夫妻。

在美国蛮子却已经与新人成婚，不久便先后诞下一儿一女。儿子名"薛宽"，女儿名"薛容"，合二而一，即是"宽容"。房龙有一本书，就叫这个名字。

2011 年，我路过一个报亭，忽然看到一本名为《企业家》杂志的封面人物，竟是久违的薛蛮子。就买了一本。

回到家翻开一看，里面有一篇长达九页的文章，称蛮子为"天使投资第一人"。还附有六张蛮子的近照。通过这篇文章，我才知道，如今蛮子已经有了许多新朋友，大都是各行各业的风云人物。

不久，北京电视台又播出了一段对蛮子的专访，时长约 30 分钟。

蛮子还在网上开了微博，指点江山，扶危济困，一时间，成为风光无限的著名公知。

2013 年 2 月 18 日，是蛮子 60 岁生日，他包下了北京工人体育馆，举办了一个生日派对，来客达两千多人。

老朋友们听到这件事，无不摇头叹息。

2013 年 8 月 23 日蛮子因为嫖娼被抓，8 月 29 日，央视《新闻联播》用了整整三分钟播放了蛮子在看守所里回答警察问询的视频。有人开玩笑说：这够政治局委员的级别了。

在网上，人们议论纷纷，那些曾经受到过蛮子帮助的人都惊呼“不敢相信。”也有个别人提出质疑：薛蛮子那么有钱，为什么不包养小三小四小五，却偏偏去嫖娼？其实这个问题蛮子早就对我和晓天解释过了。

一次，蛮子请我和晓天吃饭，他说做爱是一种很好的锻炼身体的方式，于是我问他那你为什么不养个情妇，他说还是去找性工作者更道德，用钱买来的性是最干净的。

蛮子在里面关了七个月才以取保候审的名义获得释放。

蛮子出来后收敛了不少，微博上再也不发有关政治方面的议论，而是一门心思地搞他的投资。

2016 年 4 月，鲁双芹和几个朋友一起，举办了一个名为《七十年代》的展览，展品主要是一些七十年代的文字和照片，其中就有我和蛮子 1972 年的一张合影。

我和蛮子同一天来到展览地点，在四十四年前的合影下面再次合影。

注：下一页的照片是 2016 年 5 月的一天，在北京《七十年代》展览上在场所有人的合影。很可惜，那天我和蛮子两个人的合影现在找不到

了。

前排左起：我、栗世征、薛蛮子、李海平、戈毅
后排左起：成蹊、鲁晓芹、刘秋丽、鲁双芹、郭北玲、郭北阳

关于小彦的一些回忆

我和小彦

一

我认识小彦，是在 1972 年 8 月初的一天。

蛮子和老久约我到颐和园去玩儿。那时候，我们都在北京闲着，即没有户口也没有工作，经常一起出去玩儿。这一次，同去的还有其他几个人，其中就有小彦姐弟。

在这之前，蛮子和老久都曾对我说起过她。蛮子小时候就认识她，后来分开了，直到一个月前才又通过另一个儿时的朋友找到了她。当时，她在一个锯条厂当车工，还不满十八岁，父母都已经去世，家里只有一个正在上初中的弟弟和一个年逾七十的老保姆。

那是一个星期日——锯条厂的休息日。我在颐和园门口找到蛮子，小彦就站在离他不远的地方。她穿一件白衬衫，个子比一般女孩子稍高，皮肤微黑，眉目之间，有点儿像印度或是巴基斯坦那一带的人。她身边是她的弟弟吴彰，一个又瘦又小的男孩子。和他们在一起的还有一个我不认识的姑娘 L，穿着一条黑裙子，她是小彦的好朋友。

我们爬山，游泳，划船。小彦坐在船尾，用脚打着水，她显得活泼，开朗，大方。在她身上，似乎找不到任何苦难留下的痕迹。

我们玩儿了整整一天，临走，大家在谐趣园一起照了一张相。

前排左起：张小渔、L、老九、吴彰、吴小彦
后排左起：陈巧南、江尚南、蛮子、我

2

一星期后，又是星期日，我们聚在老久家玩牌，打乒乓球，讲故事。小彦、吴彰和 L 都去了。

小彦说，她和吴彰很快就要到太原去看他们的婶婶。

那天，我看得多，说得少，一直在注意 L，和小彦相比，她很沉静。而我心里，用契柯夫的话说："就像房子起了火"。

3

八月底，小彦从山西回到北京。在那一段时间里，我一直围着 L 转。终于，九月初的一天，在小彦家，L 答应了我。那天晚上，我骑着一辆破车，从丁家坑 2 号楼回到北京大学燕东园，只用了五十五分钟。而在这之前的几次和在这之后的许多次，我骑车走这段路所需要的时间从未少于过八十分钟。

4

十一月初的一天上午，我、老久、小彦、吴彰，一行四人，来到西郊八大处。我和老久的书包里装着小铁铲，小彦背着一个大书包，方方正正，里面是她妈妈的骨灰。

她要我们帮助她把骨灰埋掉。

我想找个僻静的角落。但是走到半山腰，小彦看到一块大石头上刻着一个斗大的"佛"字，就再也不肯往前走了，一定要把骨灰埋在石头跟前。

我们四个人轮流用两把掏炉灰的小铲子挖着，土很硬，里面至少有一半是大大小小的石头，所以进展很慢。

在不时有游人路过的地方，做这样一项工作，我有些不自在。不过在挖得出了一身汗之后，对于那些好奇的目光也就不大介意了。

接近完工的时候，我手里的铲子碰在一块坚硬的石头上，折断了，手上划了个口子。小彦用她的手绢给我包扎了一下。手绢是淡粉色的，上面还印着白兔子什么的。

最后，我们总算挖成了一个一尺见方，半尺多深的小坑。

小彦要我和老久下山去等他们。

我们向下走，到了看不见那块石头的地方就停了下来。这时候，上面隐隐约约传来低语和哭泣声——那是小彦和吴彰在向他们的妈妈告别。

5

大约十天以后，L 一去不返了，原因之一是小彦有一天忽然问我："如果我喜欢你，你怎么办？"

第一个回答这个问题的不是我而是 L，她走了。我敲破了一块玻璃，流了许多血。

面对小彦伸出的手，我曾想拒绝，也下过决心。一开始，我总把 L 的离去归咎于她。然而，每当我看到小彦那凄凉悲伤的神色，我的决心就消失了。

蛮子对我说，小彦受的苦太多了，她需要有一个人分担她精神上沉重的负担，不过蛮子并不认为小彦的选择很合适。

小彦对我说，她觉得我很稳。

蛮子是对的。

小彦错了。

而我自己，却想得很少。

L 走后一个月，我成了小彦第一个正式的男朋友。

我亲她，她很害怕。她说，在这之前，只有她爸爸亲过她。

二

我开始经常到小彦家去。

文化革命一开始，小彦一家就从北长街一所宽大的住宅里搬到了丁家坑 2 号楼，住在四楼上一个两间一套的单元里。

父母死后，小彦自己住一间，另一间住着吴彰和那个老保姆，吴彰和小彦都叫她康大娘。

康大娘在小彦小时候照看过她。在父母死后，小彦向市委负责管理他们的那个机关提出要求，经同意后，由市委出钱——她爸爸的钱—雇康大娘来照顾他们姐弟。康大娘每月拿三十块钱，吴彰的生活费是二十五元，小彦正在学徒期间，工资是十八或是二十一，不足二十五的部分由市委出钱补齐。

康大娘七十多岁了，样子很凶，会做很硬的米饭和粗粉条熬白菜，有时候，小彦从外面带回两毛钱素丸子，也熬在一起。

这样的饭菜，似乎只有我一个人吃不惯。

小彦告诉我，康大娘知道许多古怪的事。什么活人变鬼，死人显灵等等。而小彦在向我转述这些故事的时候，却总是十分认真的。

我开始明白她一定要把她妈妈的骨灰葬在佛字下面的原因了。

2

小彦对我讲起许多往事。

在认识我之前，她曾和P等一些人有过来往。

她讲起P，我才回忆起大约三年前，有一次我和宫小吉在P家，见到一个小女孩儿，她问P她明天还上不上学。

“那就是我，”小彦说，“那时候，他们那儿就我一个人在上学。”

她曾到P插队的地方去玩儿，半路上被扣住了，因为怕人知道她是吴晗的女儿，她用了一个假名字，可是当人们叫这个名字的时候，她总也反应不过来是在叫她。

回到北京以后，她在学校里受到批判，不过这对她来说，实在算不了什么。

在P的朋友们当中，有一个人很喜欢小彦，但是他也很坦白地告诉小彦，如果他们家里反对这件事，他很可能受不了那样的压力。

“所以我没和他好。”小彦说。

3

小彦讲的最多的是她的妈妈和爸爸。

文化革命刚开始不久，一天夜里，妈妈叫醒了她，流着眼泪告诉她，她和弟弟不是爸爸妈妈亲生的，都是从孤儿院里抱来的。本来，希望能让他们过上好日子，可没想到现在却害了他们。妈妈让小彦天亮以后带着吴彰到派出所去改户口，说明他们不是吴晗的亲生女儿。

还不满十二岁的小彦带着弟弟去了，派出所的人看看户口本，只说了一句："你们凑合着过吧。"就把他们打发出来。

后来，妈妈受到审查，关在机关里，小彦每天往返几十里去给患病的妈妈扎针。妈妈把小彦当作大人，对她说了许多对别人不能说的话。每次小彦离开妈妈的时候，妈妈总是在囚室的窗户里目送着她，一直到看不见为止。

吴晗袁震夫妇和儿时的小彦

最后妈妈病重，进了医院，临终的时候，小彦忽然觉得自己无论如何也不能在妈妈身边耽下去，她出去了。等她回到妈妈床前，妈妈已经死了，嘴张着，有人用一块白布把妈妈的脸兜起来。

小彦说，康大娘有一次在梦中看见了脸上兜着白布的妈妈。

“可是她从来没见过，怎么会梦见呢？”小彦问我。

4

小彦非常爱她的爸爸，爸爸生前也非常疼爱她。

小时候，每次爸爸回家晚了，总要把已经睡着的小彦弄醒，亲亲她，看着她笑。

文化革命开始以后，爸爸多次被揪斗，挨打，跪煤渣。小彦不止一次挺身而出，保护爸爸，不许那些围攻他的人打他。而确有几次，不知是因为同情，还是慑于这个十二三岁的小姑娘那不寻常的勇气，人们真的没有打她的爸爸。爸爸挨斗回来，高兴地说今天没有挨打，他称赞小彦：“还是我的女儿好。”

不久，爸爸被关进监狱。

在妈妈去世半年后的一天，市委派人来接小彦和吴彰。小彦以为是爸爸解放了，一路上不停地问接他们的人，“是不是我爸爸解放了？”

他们被带到医院。一间屋子里，站着七八个穿军装的人，为首的一个对他们说，吴晗昨天晚上死了，现在尸体就在隔壁房间里，允许他们去看。同时又说，吴晗很坏，要和他划清界线，否则……等等。

小彦没有去看爸爸，拉着弟弟走了。

就这样，两个从孤儿院里抱来的孩子重又成为孤儿。当时，小彦十五岁，吴彰十一岁。

5

小彦在对我讲那些往事的时候，没有眼泪，没有悲伤，只是显得很兴奋，说得又多又快，仿佛急于要把那些一直压在她心底的沉重的回忆倾泻出来，也许这样，她会感到轻松一些。

她有一个本子，断断续续地写着不多的几篇日记，在字里行间，我看到了我所没有听到的声音。

父母去世后，有一次小彦和同学们一起下乡劳动。

“今天，邮递员来了，给同学们带来了家信。只有我没有收到信，谁又会给我来信呢？双双（注：即吴彰）太小了，还不会写信。我只有熬着，熬着……”

在妈妈的问题有了结论后：

“今天，去八宝山，取妈妈的骨灰，我背着妈妈的骨灰盒走着。小时候，妈妈常常背我。现在，我长大了，能背妈妈了，背的却是妈妈的骨灰。我走着，走着，背上的骨灰盒好象越来越重，越来越重……”

……

甚至在日记里，小彦也不敢写到爸爸。

她给我看过一幅画，是她从前画的。画上是一个辫子上扎着蝴蝶结的小姑娘站在窗口，向窗外一个站在路上的人挥手，题为《告别》。

小彦说，原来这张画的题目叫《爸爸再见》，后来因为有人说，这表明她和她的反动爸爸划不清界线，因此才改成《告别》。

三

我和小彦在一起没有多久，就开始争吵。

先是小彦向我抱怨她的环境。她刚从锯条厂调到工艺美术厂。本来，这是她自己的愿望，市委法外施恩，特准她在学徒期间调动工作。可是到了新工厂，她又后悔了：工厂离家太远，又是集体所有制，最主要的是人不好，她断言：工艺美术厂的人不如锯条厂的人好。

我尽可能耐着性子给她解释，工厂都是一样的，工人也都差不多。可是她听不进去，仍旧是抱怨，我烦了，于是就争吵。不过后来我总算对她讲明白了：真正的原因不是环境变了，而是她自己变了。她长大了，已经不能像当初适应锯条厂一样去适应工艺美术厂了。

然而，即使她明白了这些，也不能让她释然。

很快，她又生我的气了。因为我没有把我们的事告诉家里，因为我不让她认识我的一些同学，因为我不和她一起去她三姨家。

我却认为这些都是不必要的，因为我是个“现代青年”，理应藐视一切繁文缛节。

小彦把我们的事写信告诉她在广州的大姨，大姨回信责备她不该和我这样的“无业青年”在一起。

小彦接到这封信，更忧郁了，她说到死。

2

当小彦第一次见到 H 的时候，就把心里想的一切都告诉了她。

在朋友们当中，远非每一个人都喜欢 H，但大多数人都或多或少对她怀有一种敬意，而她身上也确有值得尊敬的地方—我不光是指年龄和经历。

她安慰了小彦，又专门找我去，对我说，我应该告诉家里，应该让小彦认识我所有的同学，应该和她一起去她三姨家。此外，我还应该做许多事。因为，H 说，小彦需要过正常的生活。

我懂了，我试着去做。

妈妈听了我的话，有些不安，不知为什么，她担心小彦的精神会出毛病。不过她并没有表示反对。

我教小彦学英文，她学了几天，就不学了。

我给她借书，她看过几本，就不看了。

我们一起出去玩儿，但是玩的并不高兴。

当我认为我已经做了我所能做的一切，而小彦的情绪却越来越坏的时候，我失去了耐性，于是，又争吵。

3

73 年 1 月初的那几天，小彦的情绪似乎有些好转。7 号，她来我家玩了一天，我们比以往任何时候都和睦。晚饭后，我送她回家，一路上说说笑笑，一直送到丁家坑的路口。

分别的时候，她要我第二天别去找她，我问为什么，她只是笑笑，没有回答。

我回到家，铺床准备睡觉，拉开毯子，发现枕边有小彦的一块手绢，叠得整整齐齐。

就是那块淡粉色的，她曾用来给我包扎过手上的伤口。

我心里掠过一丝不详的阴影，但一瞬间也就过去了。

也许是她无意中失落的，我想，也许是她送给我的。我拉开抽屉，把手绢和前几天她用玻璃丝给我编的一朵小花放在一起——那是一朵很普通的花，几乎每个女孩子都要编几朵送人，或是栓在钥匙上。只是小彦编的这一朵颜色不太寻常——黑色。

那天晚上，我很快就睡着了。

4

尽管小彦说过要我别去找她，但是第二天晚上我还是去了，没有什么特别的理由，只是想看看她。

一进门，我就感到气氛不对。小彦躺在床上，沉睡着，屋里除了康大娘和吴彰，还有两个邻居家的女孩子，看见我来，她们都走了。

康大娘结结巴巴地告诉我，这天小彦直到中午还没起床，康大娘叫她，却怎么也叫不醒，老太太吓坏了，在几个邻居的帮助下，她和吴彰把小彦送进医院，检查结果，是吃了什么药，据医生说，没有危险，她自己会醒来的。

吴彰说，姐姐昨天晚上回来以后写了几封信，让他连夜投进邮筒。他只记得其中有给 H 的一封，其他的记不清了。

我什么都明白了。我告诉康大娘和吴彰我一会儿还回来，就马上去找 H。

H 还没有收到小彦的信。她说好第二天去看小彦。

我回到小彦家，让康大娘和吴彰去休息，自己守在小彦床边。

夜深了，小彦还没醒。我心里很乱，站在窗前，望着远处星星点点的灯火，一支接一支地抽烟。

这时，我才想起，我忘了给家里打个电话，告诉爸爸妈妈我不回去了。

我拉开书桌的抽屉，发现过去一直放在里面的许多信件和那个我看过的日记本都不见了。

我在一张沙发上度过了一个不眠之夜。

5

早上，小彦终于醒了。一开始，她似乎也不明白发生了什么事。随后，她看见我，笑了。

我尽可能温和地责备了她一通，她像一个小孩儿一样乖乖地听着。

我要康大娘照看小彦，自己去找蛮子和老久。

在西单附近，我迎面碰上了他们。他们看见我，都楞住了。

原来，他们一早收到了小彦的信，正准备去……去干什么，他们心里也没有底。

听到小彦的情况，他们放下了心，和我一起回到老久家。暂时，我们有比去看小彦更重要的问题要商量：如何才能防止小彦再寻短见。还有，小彦一时不可能去上班了，那么，如何去对付小彦的工厂和市委机关，也是一个急待解决的问题。

上午，我抽空给家里打了个电话，说我的一个同学住院了，我要去护理，可能几天不回家。

吃过午饭，我和蛮子老久一起回到小彦家，他们尽量给小彦开心，小彦听着，笑着，似乎什么也没想。

晚上，H 来了，安慰了小彦许久。小彦说，因为怕牵连别人，她把所有的信件和日记本，连同一本记着一些地址的通讯录都烧了。

谈话中，H 了解到，前几天，吴彰把大姨寄来的几十块钱丢了，于是她建议在和机关工厂打交道时，就以丢钱作为小彦吃药的理由。

小彦同意。我也觉得实在找不出比这更好的办法—我们必须为小彦的自杀寻找一个非政治性的理由。

我送 H 出来。H 说，她怀疑丢钱和康大娘有关。我本来就不喜欢康大娘，于是就接下去说了康大娘的许多坏处。H 听了，说出这样一个想法：不仅对机关工厂要提对康的怀疑，对小彦也要说，要使小彦觉得，之所以她活不好，完全因为康坏。而我们则要设法把康赶走。康一走，小彦就会对新的生活有所希望，从而不再产生自杀的念头。

我觉得 H 的话有道理，十分可行。

四

第二天一早，我让吴彰给小彦的工厂打电话，我自己则去市委机关，找一个姓范的人，据小彦说，范负责管理小彦和吴彰。

在传达室，我只说找范报告有关小彦的紧急情况。

很快，我就见到了范，这是一个四十多岁的军人，个子不高，人很精神。

根据统一好的口径，我向范讲了小彦吃药的大致经过，以及丢钱和对康的怀疑。

当我提到康是由机关出钱雇佣的时候，范连忙打断我，说雇康的时候他还没有来。

在详细地询问并记录了我的姓名住址，父母姓名及工作单位以后，范郑重其事地和我握手，对我提供的情况表示感谢，还说他过一两天就去看小彦。

回到小彦家，我把见范的经过讲了一遍，小彦似乎也产生了一些希望。

2

开始两天，大家都来看小彦，安慰她，给她开心。

我因为一时走不开，就让蛮子到我家去一趟，把这里的情况告诉爸爸妈妈，请他们放心。另外，再给我带点儿钱来。

蛮子回来的时候不仅带来了钱，还带来爸爸的一张字条和小彦给我的一封信。字条上说，因为着急，所以把小彦给你的信拆了，你要好好照顾她，尽早回家。

小彦的信写的很长，大意是说，她要去找她的爸爸妈妈了，她去以后，我要好好地生活，要向朋友们学习我没有的长处，信封里还装了几颗红豆。

我明白她的意思。她妈妈曾教她背过一些古诗，其中一首就是《红豆》：

红豆生南国，春来发几枝，
愿君多采撷，此物最相思。

3

1 月 10 日，H 家出事了，她很忙，不能来了。而机关工厂却迟迟不来人。

康大娘已经察觉到我们对她的怀疑，也变得颇为不安，一定要回家，我们认为她是急于要转移那几十块钱，但也没有办法，只好眼睁睁地看着她走了。她去了一天，回来的时候却已是喜气洋洋了，给小彦买了许多吃食，问她哪儿来的钱，她说家里卖了一口猪。

我和蛮子老久商量了一下，决定再去找范。

这一次，我在传达室等了半天，范才不慌不忙地走出来。

我问他为什么不去，他说正在等候指示。至于康，他表示，康是我们出钱雇的，但也是根据小彦自己的要求，这是个双方面的问题。

我想，再不精明的人也能听懂他的意思。他无非是说，如果康是好人，那是他们出钱雇的，如果康是坏人，那是根据小彦自己的要求。

我火了，范却不生气，他眯起眼睛看着我，微笑着，点起一支烟来。

4

就在找范的当天，小彦的自行车又丢了。

两天以后，范一行人及工艺美术工厂的一个书记终于来了。

他们和颜悦色地安慰了小彦一番，并表示，小彦这次去医院的药费和车费全部由工厂和机关负责报销。然后，他们又客客气气地请我回避，由他们先小彦后康大娘进行单独谈话。

他们走后，我问小彦他们都说些什么，小彦说，他们问我是否对她有过什么要求，比如户口，工作之类。

我怒不可遏，却无处发泄。

当晚，为了一点小事，我和小彦大吵了一架，一方面因为生气，另一方面也看到小彦一时不会再有什么危险的念头，于是，我回家去了。

在那张小沙发上，我睡了七个晚上。

5

我回家后没过几天，海淀派出所把我叫去，说是要我去报户口。可是到了那儿却问东问西，如果不是我碰巧知道他们在叫我去之前，曾经向邻居调查过我骑的是什么样的车，这种问法非把我问糊涂了不可。

他们怀疑我偷了小彦的钱和自行车。

毫无疑问，这是范做下的手脚，怪不得那天他看着我笑。不过平心而论，任何人处在他的地位上都会这样做的，而并非是他格外的坏。

就在派出所找我谈话的当天，小彦的车又找到了，所以，他们也就没有过多地麻烦我。

几天以后，小彦上班了。

五

小彦上班了，但我们的争吵并没有结束。

二月底，老久准备回东北，大家一起去吃饭，小彦就坐在我对面，大概是因为前几天刚吵过架，我心里很不痛快，喝了许多酒。

老久坐下午的车走。当时一张车票只能买两张站台票，而要去送行的人很多，所以，在老久走的那天上午，我说我先到北京站去想想办法。出乎意料，小彦要和我一起去，而在这之前，我们已经有好一阵谁也不理谁了。

在北京站，我们设法买到了几张站台票。

小彦要带我去坐地铁，那时候地铁刚开放不久，凭工作证买票，我连户口都没有，自然从未下去过。

我们从北京站一直坐到另一端的终点站，又从终点站坐回宣武门，中间还下过几次车，去看候车室。

在等车的时候，小彦一直站在月台边上。

送走老久后，我们和好了。这时，小彦才告诉我，她曾想在火车来的时候跳到铁轨上去。

“可是我害怕了。”

2

过了几天，我们又闹翻了，我有一星期没去找她，想到这样闹下去我无法忍受，如果她不改变，就随她去吧。

在家没事干，我就支起一块画板，临摹小彦的一张照片。

一天中午，她来了，看见照片，她说她以为我已经烧了。

看上去，她很不舒服。我让她去休息，她却从口袋里拿出一包烟来。

“你抽烟了？”我问。

她点点头，“你不是讲过吗？‘烟很善良，比朋友更好’？”

真见鬼。这是雷马克的《生死存亡的年代》中的一句话。曾经有一次，她劝我戒烟，我就随口讲给她听，没想到她却记住了。

她说到死。我要她活着，为了那些爱她的人和恨她的人活下去。

她说现在还有人爱她，有人恨她，到了谁也想不到她的时候再去死，就太晚了。

死的念头一直缠绕着她，她说了又说，最后，我说，要死，我们一起去死。

第二天上午，我们约好在蛮子家见面，一看到我，小彦就把我拉到外面去，问我：“你还想死吗？”

外面天气很好。

我说："我不想死了。"

她说："我也不想死了。"

从这以后一直到她最后离开我，她再也没有提到过死。

3

不死的人是要活的。

小彦责备我"不想将来"。

这话是我自己说的，并且附带着还有一套半生不熟的理论。

小彦说，不想将来，就没有将来，应该想，还应该做。

她劝我先回山西去。如果我转不回来，她可以转去。

她的话我一句也听不进去。

"不想将来"的官司打了近一个月，最后，三月底的一个晚上，我们在纪念碑后的街心公园里见了面，她还想说服我，不想将来是不行的。

我只是坚持我的想法。

她沉默了许久，塞给我一封信，要我回家再看。

她要我送她回家。

我不干。

她走了。

我拆开她的信。

信不长，她说，她不能再和我在一起了。

大姨说她不该和"无业青年"在一起，三姨责备她不好好工作，我又"不想将来"，叫她怎么办呢？

所以，我们必须分开。

"祝你幸福。"

4

小彦走后，我非常难受。

我写信给她，想再见她一面，她没有回信，也没有来。

那几天，我坐立不安，但又无处可去。

当我明白她再也不会回来的时候，我狠狠心，把她给我的照片、信件，连同那块淡粉色的手绢和那朵黑花，一起烧了。

5

大约三个月后的一天，我正在家里和一些朋友说说笑笑，宫小吉来了。

他在屋里默默地坐了很久，最后把我拉到一边，悄悄地告诉我从 H 那里听到的消息：

“小彦疯了。”

我的心被扎了一刀，却又流不出血来。

G 和小彦

一

从 73 年 3 月到 74 年夏初，一年多的时间里，我基本上没有见过小彦。仅在 73 年底或 74 年初，在蛮子家碰到过她一次。那时她已经从安定医院出院了。我们没有说话，她甚至没有看我。

然而半年之后，当我再次在蛮子家见到她时，使我多少感到意外的是，她对我十分亲热，而且非常自然，完全像对待一个老朋友一样。她甚至问我她住院的时候为什么不去看她。

她告诉我，她现在的男朋友是她师傅的弟弟，姓郭，在外地工作。说着还拿出一张照片给我看。照片很小，照片上的人更小，我根本看不出那个人长得什么样。不过听上去小彦对他非常满意。

当我们一起从蛮子家出来的时候，她问我：“我结婚的时候你来吗？”

结婚？她八月底生日，当时还不到二十岁。可她说这话的时候那认真的口气让人觉得仿佛她下个月，最迟是明年就能结婚似的。

2

在那以后，我不时能在蛮子或老久那里碰到她。对于我们过去在一起时的那些往事，她好象已经淡忘了，只是偶尔开玩笑似地提一提。

秋天，小彦突然不再说起那个姓郭的了，开始谈到J。

这个人我听说过，但从未见过面。

J是个军人，党员，大概还是个干部。据小彦说，他长得非常精神，很像当时正在上映的一部朝鲜电影中的一个什么人，为了这个——仅仅为了这个——这部电影小彦一连看了五遍。

那时候，我并不确切知道她和J之间到底是什么关系，总之时间不长，J就离开北京了。

没过多久，小彦就在老久家碰到了G。

二

G 是我的同班同学，当初，我就是通过他认识蛮子和老久的。那时候，我们几个人是很好的朋友，几乎天天在一起。

可是不久，G 就开始有意识地疏远大家。他曾不止一次地对我说过，他认为这些人都做不了什么大事，而他自己，则是想有所作为的。对他的这些话，我并不感到意外。远在文化革命前，他就表现出不同于一般人的志向与抱负。此外，他和我们几个人的性格，爱好也不大一样。所以，他对大家的疏远，我们也能谅解。本来，人各有志，分道扬镳也是十分自然的事情。

74 年，他想上大学，但是因为他爸爸还没有解放，未能如愿。回到北京以后，不知怎么又跟大家来往起来。

虽然他和我差不多同时认识小彦，但过去他和小彦一直不是很熟。可是这一次，他们却很快地相互接近了。

一天，G 告诉我，小彦想和他好。

2

G 有些犹豫不决，他征求大家的意见。

蛮子赞成。

老久不赞成，也不反对。

我反对。

我的理由很简单。我自以为了解小彦，也了解 G，我觉得他们在一起不会有什么好结果。另外，也应该估计到 G 的父母肯定是会反对的，而 G 相对我们来说，又是一个比较尊重父母意见的儿子。

很麻烦，我说。

G 同意我的意见，很麻烦，但他还是和小彦好了。也许他觉得，尽管是麻烦，却也是一个可爱的麻烦。也许他也像我当初一样，没有认真地考虑将来。

不论他开始怎么想，在和小彦好之后，他很快就表现出我在他身上从未见过的热烈的感情。

3

小彦和 G 好以后不久，她爸爸过去的一个警卫员 W 到北京出差，来到小彦家。W 在湖北的一所医院里工作，这次来京前曾受小彦在广州的大姨之托，来看望小彦和吴彰。

不知是 W 的到来还是小彦早有这个打算，小彦向 W 同时也向她大姨提出，要转到湖北 W 所在的医院去工作。和一年多以前一样，她仍旧认为工艺美术工厂不是个好地方。

小彦征求 G 的意见，G 似乎也没有主意。而这时，小彦的姑姑们却出来阻拦了，说吴家的人不能到袁家去（小彦的妈妈姓袁）。

这是我第一次知道小彦还有姑姑，并且不止一个，其中之一还是位副部长的夫人。而过去小彦和我在一起的时候，不但姑姑们从未出现过，就是小彦自己也没有对我说起过。那时候，我只知道所谓“吴家人”，只有小彦在山西的一个婶婶——这个婶婶在小彦患病后曾来北京住过一阵，后来不知因为什么，不欢而散……，此外就只有袁家的大姨和三姨了，而她们对小彦姐弟的帮助一直是很大的。

可是这一次，吴家的姑姑们却以不容忽视的姿态出现了。虽然当时吴晗还没有结论，但几万元的存款已经发还，正由姑姑之一负责代管。

最后，各方面：“吴家”、“袁家”、小彦、G、W 总算商定了一个折中的办法：让小彦先去湖北看看，回来后再做决定。

而 G 的父母是不在这“各方面”之中的，他们正因为儿子和小彦的关系而大发雷霆。

4

小彦曾去过 G 家，当面质问 G 的父母为什么反对她和 G 好，结果使二老十分尴尬，同时也更坚定了要把 G 和小彦拆散的决心。

应该说，他们的姿态是非常正常的—任何父母都很难接受一个有精神病的儿媳妇。至于是否还有其它原因，就不得而知了。

小彦去湖北后，G 的父母把我找去，要我帮助他们劝 G 马上回陕西以摆脱小彦。之所以找到我，是因为 G 曾告诉他们我的不同意见。于是，两位老人把我当作了同盟军，至少，也是一个在处理这件事上的有用之人。

我虽然开始反对过这件事，但其实也并无“立场”可言。然而 G 本人的动摇使我接受了他父母的委托，劝他回陕西—自然，我有我的劝法。

我对 G 说：我知道你对小彦有感情，但这种感情是否已经或者能够达到不顾一切的地步，你自己最清楚。所谓“一切”：即父母，家庭，大学以至前途等等，而这些，你应该比我考虑得多。你可以权衡一下，如果你的感情真的到了不顾一切的地步，那么，不仅我，大家都会支持你；如果并不，那么，你最好——我用了一个不大好听的字眼儿——溜，马上溜，趁小彦不在北京，悄悄地溜回陕西去。这样对你，对爹妈，对小彦都有好处。

G 听着我的话，默默不语，只是一支接一支地抽烟。良久，他终于扔掉了快要烧到手指的烟头，说：

“我想我先回陕西去也好。”

5

小彦从湖北回来后去了 G 父母的的新居，并且把专门带给他们的土产烟酒放在他们面前的桌上。

两位老人惊吓之余，唯一的安慰就是想到儿子总算走了，现在离这个疯疯癫癫的姑娘已有千里之遥。

然而他们做梦也没想到，这个距离在一天之后就消失了。G 回来了，据他说是因为大雪封山，公路不通，没能回去。

差不多有一个星期，他没敢回家，一直住在老久家。不过后来还是回去了，至于他父母见到他回来时是什么情景，他自己没说，我们也不知道。

6

面对父母越来越激烈的反对，G 仍旧每天和小彦在一起。但是除了小彦，谁都看得清清楚楚，他心里非常矛盾。而对于那个几乎是不可避免的选择，他在躲，在拖……

他有他的感情，同时也有他难言的苦衷。

三

海平的话几乎让所有的人感到意外。

他对大家——首先是对 G——说，他非常喜欢小彦。不过如果 G 确实真心实意想和小彦好下去，那他可以远远地走开；如果 G 并不十分认真，那么他准备自己对小彦说，让小彦去选择。

对这件事，蛮子、老久、和我又都发表了自己的意见，我仍旧是反对派。

然而海平和 G 不同，他不要听我们的意见，他所需要的只是 G 的一句话。

G 很为难，他只表示，如果海平一定要对小彦说，他不禁止。

不管是对海平还是小彦，G 的这一态度也就足以促成他们两人的结合。至于这中间的细节，也许已经没有人记得了，而我本来就不十分清楚。

2

海平和小彦好了，G 的一切矛盾也就迎刃而解了，可是他心里很不好受—无论如何，小彦毕竟是他第一个女朋友。

G 对我说，尽管他在和小彦好的时候有许多矛盾，但现在他只想到小彦的好处，“就像想到一个不在你身边的朋友一样。”

我明白他的意思。

而小彦却恨起G来，原因大概是海平把G对他说的一些话告诉了小彦。

一天，冤家路窄，小彦碰到了 G，当面就骂。我好容易才把小彦劝到一边。小彦哭了，哭得很伤心，她说如果海平也像 G 一样，她怎么办呢？我安慰她，对他说海平不仅和 G 不一样，而且也是我们之中最好的一个。至于 G，无论他如何不好，都已经是过去的事了。我劝他多想想海平，少想想G，好好过日子……

我说了许多，小彦才慢慢不哭了，她后来甚至还向G说了声“对不起”。

3

离开小彦以后，G 在很长一段时间内一直对小彦念念不忘。75年春天，当他听说小彦身体不好，经济也比较困难时，就悄悄拿出钱来，通过一个朋友给小彦订了牛奶。

他怀着这样的感情一直到75年夏末……

海平和小彦

一

小彦和海平很快就同居了。

海平是个胆大包天的好汉，他要是活在北宋，梁山好汉就不止108个了。不过他与宋江杨雄不同，一方面喜欢女色，另一方面喜欢读书学习。

他曾经请鲁燕生一起，把吴晗遗留的两千多册书籍整理了一遍。

前文说到的那个 J 曾经和两个朋友一起来找小彦，海平一见到 J，二话不说，从厨房里抄起一把菜刀冲了出来，那两个朋友连忙拦住了他，J 才得以全身而退。我问过海平，何以恨 J 到了要动刀的地步，海平这时才告诉了我其中的原委。J 在 G 之前，就曾进入过小彦的生活。J 长得很帅，小彦也很喜欢他。认识了没多久，小彦就把自己的第一次给了他。不料 J 见到小彦的血，竟然吓哭了。他对小彦说，他立志要在军队里发展，不想因为小彦而耽误前程。

J 回到部队后，小彦给他写信，一连几封信都没有回音。最后总算是回了一封信，信中说：小彦给他的信被领导发现了，要处分他，他求小彦不要再给他写信了。

海平认为 J 夺去了小彦的第一次，还不想负责，满口谎言，就是个大骗子，大混蛋。

二

1975 年初春，小彦怀孕了，狗胆包天的海平从海军医院偷了两支天花粉，给小彦注射了，当天就打下了一个已经成形的胎儿。所幸小彦身体底子好，才没出什么大事。休息了几天就好了。

可是朋友们看在眼里，总觉得这样下去不是办法，就劝他们两个去上班。本来他们也都有各自的工作单位：小彦还在工艺美术工厂，海平的单位是位于通县的冷冻机械厂。然而他们总是找出各种各样的借口不去上班。朋友们只能是再三劝说。

终于，8 月里的一天，海平打电话到我厂里，说他要去上班了，就是没钱买月票，要我把月票借给他。当时，每个员工都可以花 5 块钱买一张城郊通用月票，乘坐公共交通上下班，买月票的钱工厂报销。我是骑自行车上下班，月票一般用不着，我告诉他下班以后就给他送过去。

等到我下班到了小彦家，偏偏家里没人，我就写了一张纸条：海平，我的月票借人了，现在给你 5 块钱买月票，好好上班。我在纸条里夹了 5 块钱，塞进门缝里，就骑车走了。刚过永定门，海平就骑车追上了我，说他们刚才买菜去了，回家看到我留下的字条，就追了上来，要我回去跟他们一起吃饭。于是我们就一起回去了。

回到他们家，海平又炒了两个菜，饭菜都上了桌，我们还没来得及动筷子，就听见有人敲门，吴彰去开了门，一下子涌进来七八个身穿白制服的警察。

当时正值邓小平主政，凡事都要讲规矩。为首的一个从黑皮包里拿出三张纸，问："我们是崇文分局的，谁是吴小彦？"

小彦说："是我。"

"公安局传讯你！谁是李海平？"

海平说："是我。"

"公安局传讯你！谁是吴彰？"

吴彰说："是我。"

"我们奉命搜查你家！"

小彦和海平分别在传讯证上签了字，就被四个警察带走了。吴彰也在搜查证上签了字。

"你是谁？"那个警察问我。

"我是吴小彦和李海平的朋友。"

"你跟我下去一趟。"

我跟着那个警察下了楼，走进一个门口挂着《治安办公室》的房间。警察让我坐下，我就坐下，面对着一张办公桌，警察在桌子的另一边坐下，拿出一个笔记本和一支笔，先查看了我的工作证并且纪录在他的本子上，然后详细地询问了我父母的工作单位和职务。最后问了我一个问题："你觉得吴小彦生活作风怎么样？"

我说："我没有觉得有什么问题。"

他看了我一眼，就让我走了。

在回家的路上，我顺便去找了老九和 G，告诉他们刚刚发生的事，当时，老九在北京特种钢铁厂工作，G 则不久前被分配到北京图书馆。

过了十多天，两个中年警察骑着警用摩托车来到我们厂，找我问话。那天正好厂里着急全体班组长开会，因为没有会议室，二十多个班组长就坐在楼道里，他们身边就是警察找我问话的房间。

房间靠窗摆放着两张拼在一起的办公桌，两个警察分别坐在两边，我面向窗户坐在一把椅子上，我们三人正好形成一个等边三角形。

两个警察开始盘问我小彦和海平的事情，一个提问题，一个做笔录。我老老实实一一作答。随着时间的推移，我心里也越来越有底气，因为从他们的问题中，我能察觉出，小彦和海平在里面都没有胡说八道。警察的问题总是围绕着小彦的"生活作风"，我除了承认我知道小彦和海平是在同居之外，其他的问题一律回答"不知道。"那个提问题的警察情急之下，突然猛地拍了一下桌子，吼道："你知道什么？就知道和一群流氓鬼混！"我出于本能也拍了桌子，大声说："我就是不知道！"这时，一直在门外的车间书记连忙开门走进来，给我们一人倒了一杯水，这才缓解了室内紧张的气氛。警察把笔录让我看了一遍，我觉得没有多大出入，就签了字。

本来，警察来厂里找我，班组长们就在嘀咕，不知道我犯了什么事。后来听见我跟警察相互拍桌子，就明白我没事。这比我贴一张自证清白的大字报还管用。

过了两天，我去找老九，他告诉我警察也找过他，也没问出什么来。我又去找 G，警察也去找他了，而且还找了两次。他告诉我，警察问他为什么跟小彦分手，他说他和小彦性格不同，小彦不读书，他喜欢看书学习，小彦爱花钱，他艰苦朴素。我实在有些听不下去了，就说，小彦已经身陷囹圄，你再说这种话不太合适。G 默默无语，点起一支烟来。

三

过了二十多天，海平放出来了。他直接回到小彦家，开始为小彦写申诉，并且把一切责任都揽到自己身上。数封申诉信送到公安局，送到市委，都如同泥牛入海。于是，海平索性背上个铺盖卷，每天去崇文分局，要求把小彦放出来，把自己关进去。没人搭理他，他就坐在门口不走。一连七八天，才有一个警察悄悄地告诉他：小彦已经被送到安定医院去了。

海平知道他自己一时还不能去医院看小彦，就托我去一趟。

我第一次来到安定医院，精神病院的格局是这样的：病区的门是锁住的，钥匙由值班护士掌管。病区门外是接待室，接待室有有扇门通向就餐室，门旁边有一个分成许多小格子的大木柜，每一个小格子都有门有锁。这是病人的储物柜，钥匙在病人自己手里。

我对值班护士说，我是吴小彦的表哥，特意来看看她。

护士打开了病区的门，喊了一声："吴小彦，你表哥来看你了。"小彦很快就出来了，看见是我就笑着对护士说："他不是我表哥，他是李之林，我第一个男朋友。"那个护士看了我一眼，就回到自己的位置上织毛衣去了。我带了一些水果给小彦，她随手就放在了桌子上。我问她："你的柜子是哪一个，我帮你收起来。"小彦说："不用，一会儿吃饭的时候分给大家吃。我们这里都这样。"

"就没有自己锁在柜子里一个人慢慢吃的吗？"我问。

"也有，不过那样的很快就出院了。"小彦说。

我问她："你现在的情况怎么样？"

"我也不知道，要不你一会儿去问问谷大夫吧，她是我的主治医，我第一次住院就是她。"

我把小彦送回病房，就去找了谷大夫。谷大夫是一位三十多岁的端庄女性，和蔼可亲。她对我说，小彦得的是精神分裂症，很难根治，目前只能通过服药逐渐改善症状。

我把谷大夫说的告诉了海平和吴彰。后来每逢探视日，他们都会去看望小彦。

转眼间到了第二年一月，很多病情不是特别严重的病人都被家人接回去过春节了。海平也想接小彦回家，但是医院不同意，说小彦只有一个家人，就是吴彰，然而吴彰还是个未成年人，不能让他把小彦接走。所以医院只能本着谁送来谁接走的原则，让送小彦来的单位把她接走。

小彦是崇文分局送来的，但是这时候却说，小彦是工艺美术工厂的人，要接让他们接。而工厂说，人又不是我们送去的，我们不管。

就这样，两方面来回扯皮，小彦始终也出不了院。

海平急了，干脆在一个探视日，带上小彦的冬衣，把她偷回了家。

当天晚上，医院，工厂，公安局都来了人，海平就是不开门。他隔着门对那些人说："吴小彦已经吃了药睡着了。我不能给你们开门。”

“李海平！你再不开门我们就砸了！”听上去是分局的人。

海平说：“你们要砸就砸，反正我不开门。”

海平听见门外的人在商量，要不要砸门，最后还是不砸门的意见占了上风，随着一阵杂乱的脚步声，那些人下楼离去了。

四

就在海平把小彦偷出来后不久，北京市委的三个中年干部来我们工厂找我，还是在那个警察曾经询问我的房间，他们问我，对小彦和海平的事情有什么想法，我说我觉得最好能让他们结婚。虽然现在政府提倡晚婚，但是他们的情况特殊。三个干部没有发表什么意见就走了。

第二天晚上，我去了小彦家，把市委干部来找我以及我的意见都告诉了他们。

我注意到，平时爱说爱笑的小彦那天晚上基本上没怎么说话，人也是木呆呆的。

海平在送我下楼的时候告诉我，他昨天下班回到家，小彦已经睡了，他顺手拉开抽屉，看到一张纸，上面是小彦的字迹，抽屉里医院给小彦开的奋乃静全都不见了。海平连纸上的字都顾不上看，就扶起小彦，一杯接一杯给她灌凉开水，半个小时之后，小彦才苏醒过来。

小彦在大家的劝说下，她开始每天去上班。

一天，小彦回到了家，非常高兴，她拿出一张纸给海平看，这是工厂给她开的一张结婚证明。

第二天，小彦就和海平一起去照相馆拍了一张合影。

吴小彦在工厂给她开了结婚证明后和海平的合影

可是没过几天，小彦又出事了。

那天，海平下班回到家，小彦不在，只见卧室地上有一滩鲜血，桌子上，小彦给海平留下一张字条：海平，我回安定医院了。海平给我打了个电话，要我去安定医院看看，能不能见小彦一面。我去了，这一次谷大夫的态度和上一次完全不一样了，她板着脸冷冷地对我说："我不知道你们都干了些什么，反正我绝不会再让你见吴小彦。"

就这样，小彦一连两个月音讯全无。

当小彦终于在六月中出院时，大家都吓了一跳，原来体重只有一百一十多斤的她，如今长到了一百五十多斤，这大概是服用激素的结果……

结局

下面是一个女孩子对一件往事的回忆的片段：

一九七六年九月二十三日傍晚，我吃完晚饭，高高兴兴地骑车去小彦家…

就在几个月前的一天，我在家第一次见到小彦。她的天真、细心、和待人的热情、体贴入微，很快就赢得了我的好感。也许是出于女孩子心理上的一种不可理喻的共同之处，我非常想尽快成为她的朋友，也许还可以尽我的能力给她一些帮助。可不知怎么，大家都是那么谨慎，以至于我始终不能得到机会到和我的住处只隔一条河的她的家里去。直到一个星期前，在我的执意要求下，才和一个朋友一起到了她的家。我记得那次她坐在床上，天真地讲起她如何在左臂上划了一个口子，血又怎样流出来，仿佛她进行的是一个什么有趣的试验。当别人暗示她要正视现实的时候，她神情严肃地说："我相信我是有前途的。"就是这些，仅见了两次面，我就被她吸引住了。

在那条拐进她家的路上，我见到路边的人三三两两地议论着什么。我没在意。拐到楼前，老远就见到在小彦家的那个楼门口有一辆救护车，附近有很多人。我忽然觉得这可能和小彦有什么关系。我下了车，问两个女孩子到底出了什么事，她们注意地看了我一眼，小声说："听说是吴小彦，不知怎么搞的。"

我只觉得血一下子涌上了脑子，想到，不好，她出事了。很可能上边有警察，我上去凶吉莫测，可这是需要人的时候，也许我能干点什么。于是，在众目睽睽之下，我放好车，上了楼。楼梯上一个人也没有，单元门大开着，过道里放着一个有被子的担架，在小房间里有几个人。我挤了进去。

在床上，就是小彦上次坐着的那张大床，小彦仰面朝天地躺着，她穿着一条灰裤子，光着脚，上身穿一件淡兰色的短袖衬衣，胳臂伸在身体两侧……旁边站着一个北京市救护站的大夫。

吴彰靠着窗子站着，他的脸毫无表情，只是呆呆地看着他的姐姐。

在场的人们都尽量靠后站着，脸上都显得很痛心。看起来，他们都是邻居。一个五十岁左右的妇女不断地说着：“大夫，你们把她带走想想办法吧。”人们的目光都转向大夫。他身穿白大褂，胸前挂着一个听诊器，手插在口袋里，毫无所动。他此时只想说服大家相信小彦已经死了，“已经没有希望了，”他说着向上翻了一下小彦的眼皮，“你们看，她的瞳仁已经扩散，心跳呼吸已经停止……这种情况，即使抬走也无济于事。”

人们还是不甘心地向他恳求着。确实，要使大家相信一个上午还好好的活人已经没有了生命是多么困难啊。有人提出去找找亲属，那个妇女说：“海平怎么还没回来，平常这个时候，他该到家了。”“他一会儿就会回来的。”

人们就这样在恳求和讨论中耗费着时间……

我回到家，想到应该马上通知一下了解此事，能拿主意的人。我首先想到的就是N。我到传达室去打电话，偏偏N不在家。当时我真是走也走不得，坐也坐不下，只能怀着各种各样渺茫的希望在那斗室中徘徊。

大约九点半钟，终于在电话中听到了N的声音……

（以上就是那个女孩子的回忆的片段，我在引用时文字略有改动）

二

上文中所提到的N就是我。

放下电话，我走回家去。尽管电话里传来的消息多少有些含混不清，但我心里已经大致明白发生了什么事。

回到家里，妈妈问我这么晚打电话有什么急事，我小心地绕过那个来电话的人也同样谨慎地避免使用的字，告诉妈妈，小彦可能不行了。

妈妈摇摇头，叹了口气。

夜深了，我睡不着，想到小彦，想到吴彰和海平，想到第二天该做的事。

三

第二天一早，我向工厂请了假，先找到蛮子。当时他还没有工作，等在家里。其他人都在上班，一时找不到他们。

我们简单地交换了一下意见，决定由我去找 L，她和小彦同住一楼，应该知道得更多，也更确实。

我给 L 打了电话，约她在前门碰头。

我先到那里，L 还没来，我等着，偶然想起，三年前的一个晚上，我和小彦就是在这里分手的——因为我"不想将来"。

L 来了，她证实了小彦的死亡。

她告诉我，海平昨晚 7 点多回到家的时候，小彦已经死了。人们怕他会干出疯狂的事来，竭力劝说他先不要进屋去看小彦的尸体。他顺从了。没过多久，公安局的人就来封锁了现场，到现在还不许人出入。小彦到底是采用什么方式自杀——甚至到底是否肯定是自杀，众说纷纭，L 也不十分清楚。

中午，我找到前一天给我打电话的女孩子，她把当时的情况详细地讲了一遍。

下午，在去蛮子家的路上，我给老久和其他有关的人打了电话，要他们下班后马上到蛮子家来。我没说为什么，他们也没问。

在蛮子家，我和他等着大家。提起 G，认为暂时没有必要通知他——他患精神病已经快一年了。

在说到大家听到这个消息可能有什么反应的时候，我对蛮子说，我不想看到眼泪。

从前一天晚上，听到小彦的消息以来，我一滴眼泪也没有，甚至没有想哭的欲望。

傍晚，大家先后到了。

我把我知道的讲了。

没有眼泪，只有短暂的沉默。

我们谈到可能会发生的情况，主要是担心吴彰和海平的处境。大家一致认为，应该尽快找到他们。

大家认真地讨论每一种可能发生的麻烦，没有一个人有过任何感情的流露。

尽管当时还没有百分之百的把握，但大家都认为，基本上可以肯定小彦是自杀。而且，这一事件的发生虽然使每一个人都受到极大的震动，但也没有一个人对此感到意外。

晚上，我回到家，写下这样几个字：

小彦死了。

四

第二天，9 月 25 日，早上九点左右，我来到丁家坑 2 号楼 4 单元门口。

我锁好车，走上那道熟悉的楼梯。

这道楼梯我曾走过数百次，然而这一次，楼梯却好象比平时短得多，也静得多。

我还没有做好任何心理准备，就已经来到了 401 号门口。

我敲敲门。

开门的是海平。

看见我，他哭了。

我也哭了。

吴彰不在家，他去给什么人打电话去了。

从海平的口中，我又了解到一些。

23 日早上，吴彰和海平都上班去了。

下午三点钟左右，有人看见小彦下楼。事后据附近商店的售货员说，小彦在他们店里买了一瓶敌敌畏——他们认识她。

下午六点左右，吴彰下班回家，发现姐姐倒在卧室的地上。

据内行人说，喝了敌敌畏的人心中会有火烧般的感觉，因此往往会不自主地倒向冰冷的地上……

晚上，警察在勘察现场的过程中，在楼下垃圾箱里找到了一个空的敌敌畏瓶子。

海平告诉我，他没有看到小彦的尸体。开始，是一些好心人劝他不要看，他自己也不明白为什么他顺从了。后来，警察来了，他们把小彦尸体所在的房间封锁起来，不让任何人出入。半夜，来了一辆汽车，把小彦的尸体拉走了。

而现在，海平说，他最大的愿望就是想再看一看小彦，并为她办理后事。可是他担心，某些人会在办理小彦后事的过程中，想方设法把他排除在外。

我隐约地感到，他的担心是有一定道理的。

吴彰回来了。他对海平说，他要去找他三姨，海平让他快去快回。

吴彰走后，杨来了，他是海平的朋友。看到他，海平的眼泪又流了出来。

我转过身，走进另一个房间，第一眼看到的就是一张小彦和海平的合影……

我和杨陪着海平，在很长一段时间里，都是海平一个人在说话。他眼睛里含泪，说到小彦临死前还记得海平早上上班前的嘱咐：把花搬进屋里，把窗帘拉好，把屋子收拾干净……他讲了许多，有些事他一再重复……没有人打断他，也没有人能打断他。

他讲起小彦几个月前那次自杀。那一次，小彦把家里所有的奋乃静都吃了，并留下一份遗书，要海平把她和她妈妈葬在一起。那一次，海平硬是靠不停地给她灌水把她救了过来，可是这一次……

这一次她没有留一个字，而上次那份遗书也在前天晚上被警察抄走了……

有人敲门。

进来的是一个警察和两个工人民兵。

“李海平，你怎么还在这儿？”警察声色俱厉。

海平说，小彦的后事不办完，他决不离开。

“吴彰呢？”警察问。

“去他三姨家了。”

“他三姨家住在哪儿？”

海平给了他一个地址。

警察转向我和杨：“你们俩是干什么的？”

“我们是李海平和吴小彦的朋友。”

警察拿过我们的证件，走到桌边，在一张纸上记下了证件的内容。然后，没有把证件还给我们，却放进了他自己的口袋。

杨走过去向警察索取自己的证件，警察不给，眼看就是一场争吵，我和海平把杨劝开了。

警察狠狠扫了我们一眼，对海平说：“你立刻离开这儿，如果你不走，今天晚上我们就来清查你！”说完就和两个工人民兵扬长而去。

海平对我们说，刚才警察的话证实了他的担心，可是

“无论如何，我一定要最后看她一眼。”

五

杨要上中班，他走了。留下我继续陪伴着海平。

海平精神恍惚，不断地讲述着小彦生前的许多事。最后，他沉默了，一双泪眼凝视着窗外。

我望着他，找不到任何语言来安慰他。

屋里的气氛令人窒息。

我站起身，对海平说：“你已经一天多没吃没睡了，我去做点饭。”

海平无力地摇摇头，“我不想吃。”

我也不想吃，可是我仍旧走进厨房，淘米，洗菜，做了一顿没有任何人需要的午饭。

在做饭的过程中，我多少摆脱了那种极端压抑的感觉。

饭做好了，我吃了一点儿，也勉强海平吃了一点儿。

饭后不久，吴彰回来了，跟在他身后拥进十几个人，为首的一个三十多岁，头发剪得短短的，穿着一身干部服——后来我听说，这个人姓王，是工艺美术工厂保卫科的干部。其余的十几个人都是年青小伙子，大部分穿着油污的工作服，当时主席逝世才半个月，所有的人都还戴着黑纱，可是王和那十几个工人都把黑纱摘掉了。显然，这是派他们来的人特意吩咐的，下命令的人不想让人误解他们对小彦的死的态度。

吴彰对海平说："他们让我去看姐姐，不让你去。"说完就哭了。

海平问："到哪儿去看？"

吴彰摇摇头，"不知道。"

这时，王走上前来，催促吴彰快去收拾小彦的衣服。吴彰走到柜子跟前，还没有拉开抽屉，就一头扑在柜子上大哭起来。

海平问王："我去行不行？"

王回答："不行。"

"为什么？"

"你们没有合法关系。"

海平拿出工艺美术工厂不久前给小彦开的结婚证明，王连看都不看。

海平说："就算我们没有结婚，人死了，同学、朋友去看一看又为什么不行？"

"不行就是不行。"王冷冷地回答，"你不能去，这是我们和他们的亲戚协商的结果。"

他所说的"我们"，不言而喻，是指工厂、机关、还有公安局，在这样的压力下，吴彰的三姨还能说什么呢——显然，上午那个警察要了三姨的地址就是为了赶去"协商"一个草草了结小彦后事的办法的。

这时候，原来挤在过道里的工人们中有几个慢慢地走进屋来，在海平和王争执的时候，他们一直静静地听着。

很明显，王之所以带了这么多身强力壮的小伙子一起来，就是为了对付海平的，可是面对痛哭的吴彰和执意要去看小彦的海平，他们都沉默着，不少人的脸上流露出怜悯和同情。

而这些情感王是绝对没有的。他正不耐烦地催促着吴彰：

“吴彰，你怎么搞的？还不快点收拾。”

我把海平叫到一边，对他：“看来你是去不成了，你一定要去吗？”

海平茫然地看着我，也不知他是否听见了我的话。

必须打破这个僵局，我想。

我走到王面前，对他说：“如果除了不让海平去看小彦这一点之外，吴彰没有其他意见，那我可以说服海平不去。”

王看看我，没有回答，转身出去了。

不一会，他回来了，对海平说：“你不是一定要去吗？允许你去了。”

“真的吗？”海平有点儿不大相信。

王点点头，“我们请示了上级。”说着他转向我，“你呢？”

“让我去吗？”我问。

“你愿意就让你去。”

“我去。”

看来，这个突然的转变不仅使我们，也使那些工人感到意外。

几个工人走过来帮助海平和吴彰收拾东西。我插不上手，就站在一边看着。

海平突然问我：“你说，他们会不会把咱们骗到公安局抓起来？”

“不会，不会。”几个工人连忙安慰我们。

我笑了一下。不管王说的是不是真话，现在我们唯一能做的就是跟他去。

海平和吴彰开始从抽屉里把小彦生前喜爱的衣物一件件拿出

来，一个工人小声对海平说：“你不给她带点儿小玩意儿去？”

海平听了，转身到另外那间屋里拿来一个小熊和几个贝壳。

衣服整理好了，海平又拿了小彦平时盖的被子。

我们和那些工人及王一起下了楼。

楼下停着一辆吉普车和一辆北京 130 卡车。王钻进吉普车，我们和工人们上了那辆 130。吴彰和海平分别抱着小彦的衣物和被子。

六

两辆车一前一后，一直开进崇文分局的院子里，在一座楼门口停住了。

王跳下吉普车，走进楼里。片刻，他和早上收走我和杨的证件的那个警察一起走出来。

“李海平，还有你，”那个警察指指我，“下来！”

我们下了车。

“跟我走。”

他把我们带进传达室，指着靠墙放着的长凳，“坐下！”说完转身走出去了。

海平对我说：“我倒不怕他们把我抓起来，就怕看不到小彦。”

“别想这些了。”我说。

一会儿，那个警察又回来了。“李海平，跟我来。”

海平跟他去了，留下我一个人等在传达室里。

几分钟后，我从传达室的窗口看见那辆吉普车和那辆 130 开出去了。130 上面坐着吴彰和那些工人，海平不在上面。我们上当了。

我们上当了，但是我却一点也没有感到愤怒和恐惧，似乎我早就明白我们来就是为了上当的。反之，如果我们没有上当，他们真的让我们和吴彰一起去了，我也许倒会感到意外。

我一个人坐在长凳上，心里平静得异常，仿佛一切感觉都已经麻木。

屋里除了我，只有一个值班的警察坐在窗口，正在和小窗外一个五十多岁的老工人交谈。

老工人是来打听他儿子的消息的。几天前，他儿子被人打伤了，打人的人被抓了起来，他儿子也被抓了起来。

“既然你儿子是挨打的，怎么还抓他呢？”值班的警察不冷不热地问道。

小窗外，老工人陪着笑脸，“是……那正好赶上主席逝世期间，……所以……所以得调查调查……”

“你明白这个，那还问什么，回去等信儿吧！”警察呼的一声把小窗户关上了。

在主席逝世期间，政府明令禁止一切娱乐活动，打人自然是犯罪行为，然而挨打也有“娱乐活动”之嫌，这倒是我闻所未闻的。

这个小小的插曲使我的等待多少显得不那么枯燥了。

我拿出一支烟，可摸遍了全身，却没有找到火柴，正当我盘算着要不要向值班的警察借个火的时候，那个带海平的警察进来了。

他上午那种声色俱历的神态不见了，代之为一副坦然而淡漠的态度。

他对我说，吴小彦的死，是自杀是他杀还没有搞清楚，你们不要在这种时候裹进来添乱，这里没有你们的事，等等。

我老老实实地听着，心里明白了，他们在小彦死后所做的一切，都是以不扩大影响为原则的。他们阻止海平去看小彦也是出于同一原因。

他继续说下去：你是个工人吧。

我说是。

那就应该好好上班，少管闲事，明白吗?

我说明白。

他从口袋里拿出我的证件还给了我，随后站起身来，把我送出门外。

你要注意，他说，这几天不要再去丁家坑。

我说，可是我的自行车还在丁家坑。我必须去取。

你可以去，他说。

我问他我回丁家坑应该坐几路车，他告诉了我，并把车站指给我看。

就在这时候，他说了几句使我多少感到意外的话：

“我的意思你要明白，近几天不要去丁家坑，这并不是说我反对你以后再去找吴彰，但是你年龄比他大，应该给他好的影响，关心他，帮助他……”说到这儿，他扭过头，眼睛看着别处，“是啊，一家四口，如今只剩他一个人了……”

七

我回到丁家坑取了车，直接去找蛮子。我把当天的经过告诉了他，并要他转告其他人。

我自己已经筋疲力尽，只想赶快回家去睡一觉。

的确，两天来，我太累了，以至于都没有精力去想一想那个最应该想一想的问题：

小彦死了。

一个四年来一直生活在我们中间的人死了，不在了，没有了，

我的朋友们
消失了，

这到底是怎么回事?

八

就在我走出崇文分局大门几小时后，海平被他妈妈领回家去。

第二天一清早，海平骑上车，从家里赶到东郊火葬场，想最后看一眼小彦，可是，当他到那里的时候，小彦的尸体已经火化了。

九

最后，我想引用那个除了吴彰外唯一亲眼看到死去的小彦的女孩子的回忆来结束这篇文字。她看到了海平和我所没有看到的：

“一张毫无表情的脸，每块肌肉都恢复了原状。肤色惨白，白的透明，嘴唇青紫，紫的发黑。她的眼睛，那双平时比孩子还要天真的眼睛，此时微微张着，毫无生气地盯着天花板，这绝不是对人生的留恋，却仿佛在等待着什么。在整个脸上看不出丝毫的痛苦，忧愁和怨恨……她的嘴唇微微张开，似乎有什么没说完的话……”

关于双芹

一些记忆的碎片

我第一次见到鲁双芹，是 1972 年春天的一个下午。

我，蛮子和晓天漫无目的地走在西单大街上。路过西单商场南门时，晓天说了一句:“那是XXX的妹妹。”我回头看了一眼，只见两个女孩子站在商场门口的台阶上，其中一个穿着一件浅灰色的呢绒外衣，面容姣好。我没有停下脚步，心里却不由得想到一句古诗“吹面不寒杨柳风”。

几天以后，那两个女孩来到我们的聚会地点: 蛮子老九家后院的车库。两个女孩一个叫郭北阳，她姐姐和蛮子在同一个点儿插队，另一个叫鲁双芹，她还穿着那件浅灰色上衣，郭北阳说，她们想向我们学怎样打桥牌。

我记得那天我们并没有打桥牌，只是天南海北地扯闲篇儿，在谈话中，我发现比起打桥牌，鲁双芹对文学更有兴趣。

1972 年 4 月里的一天，老九对大家说，有人告诉他，京西妙峰山一侧的玫瑰谷，现在玫瑰花盛开，美不胜收。大家顿时兴奋起来。第二天便各自呼朋引类，一行二十多人，骑着自行车，杀向玫瑰谷，其中有三个女孩子:晓天的女朋友 景小兵，鲁双芹和郭北阳。

到了地方，大家把自行车停在山脚下，开始爬山，两个小时后，终于登上了山顶，眼前的山谷里，一层层梯田种满了玫瑰，不过枝头上只有星星点点的绿叶，一朵花也没有。大家楞了片刻，忍不住大笑起来。

我们在山顶铺开了一块塑料布，拿出各自带来食物，吃了一顿真正的野餐。

虽然没有看到玫瑰花，但在这些二十岁上下的年轻人心里，玫瑰花已经盛开。

六月初，我接到在山西一起插队的同学打来的电报，说我已经被阳泉钢铁厂招收为工人，这对每一个插队知青都是一件大好事，可我却犹豫不决。第二天，大家一起去游颐和园，在昆明湖边，我把这个消息告诉了双芹，她问我:“你去吗? ”我说:“不想去。”双芹回眸一笑，刹那间，我的决心就定了。

时隔近五十年，我依然记得那个或许改变了我一生命运的微笑。

我和双芹的生日都在六月，而且只差一星期，所以大家决定给我们俩共同过一个生日，地点就在铁道部第四宿舍区里的双芹家。这里需要说明一下，双芹家有五间房（加上储藏室），只有她和她哥哥鲁燕生两个人居住。她的姐姐鲁晓芹长年在北大荒，父母都在外地干校，这套房子能完整保留下来，没有外来户插入，纯属阴差阳错的偶然，却为我们这些既无户口又无工作的年轻人长期提供了一个聚会的场所。

过生日那天，来了二十多个人，几张桌子拼在一起，上面摆满当时能买到的各种吃食和酒类。一起去玫瑰谷的大部分人都来了，晓天的姐姐徐浩渊又带来了几位重量级人物: 她的女弟子，于光远的女儿于小康，才 16 岁，却已经在读相对论了，诗人栗世征（多多），诗人兼男低音歌唱家岳重（根子），其他几位，也都不是等闲之辈，一时间，就连平时风头最建的薛蛮子也失去了平日里的风光。

那之后不久，多多和根子就先后成为双芹的男朋友，但是这种关系，都没有维持多久。不过空窗期并不长，双芹一生中最重要的人物便出现在她面前，张寥寥来了。很快，天雷勾动地火，两人相爱了。

那时，我认识了一个女孩张澎，她很聪明，理解力尤其不一般，我们俩谈得很投机，我向她叙述了鲁双芹的种种，就是没有告诉她名字。后来她见到了鲁双芹，一眼就认出这正是我叙述的人。她对我说："鲁双芹是一个能让所有男人都会产生无穷幻想的姑娘"。

时至今日，我还没有找到另一句话可以超越张澎对双芹魅力的评价。

曾有一个女朋友问双芹: 你跟寥寥好是不是因为他是张仃的儿子? 双芹说: 寥寥是张仃的儿子是一个不可改变的事实，所以我没法回答你的问题，但是我爱寥寥，也是一个不可改变的事实。

不知为什么，在朋友们眼中，寥寥对双芹似乎没有双芹对寥寥那么好。

寥寥聪明，诗写得好，而且和根子多多相比，朋友们都更喜欢寥寥的诗，原因很简单，寥寥的诗大家都能看懂，而根子多多的诗在门外汉眼中，则完全不知所云。

一次，双芹给我看了她写的两句诗: 沉默吧，走开吧，我已无话可说。

我觉得这是冲我来的，于是就回了两句: 我可以沉默，但绝不走开！

说实话，我嫉妒寥寥，但又无法否认，他的确是一个天才或准天才。

寥寥的脑子极其敏捷。我还记得有一次张澎对他说:"我认识一个姑娘，长得很像双芹，你要不要见见？”寥寥的回答脱口而出：“豆包和肉包长得也很像，区别得吃了才知道。”

在我们认识他之前，寥寥喝酒应该有一段历史了，不过那时他还不喝白酒，只喝啤酒。

1977 年，双芹的姐姐晓芹回北京结婚，新郎牟敦白也是大家的老朋友。那个年代人们结婚，无非就是请一些朋友到家里来，摆上一些糖果杂食，大家说说笑笑，这个婚就算结了。那天晓芹和牟敦白还准备了一些瓶装和散打的啤酒。当时啤酒很难买到，一般的饭馆啤酒都不外卖，只能在饭馆里喝。偶尔也有外卖的散打啤酒，但是一扎啤酒必须搭上一盘凉菜。

婚礼还没进行到一半，寥寥就大闹起来，因为啤酒喝完了，而他还没喝够。这时他的哥哥张郎郎连忙上前好言相劝：“别闹别闹，一会儿咱们出去喝。”

我看在眼里，恼在心头。

寥寥酒德不好，也就罢了，你张郎郎作为他的哥哥，就应该拿出哥哥的款儿来，严辞怒斥，怎么还能说软话哄寥寥，这样的话说出来，仿佛倒真是晓芹和牟敦白的错了。

1981 年，双芹和寥寥结婚了。双芹穿了一件淡粉色的纱裙，艳惊四座，寥寥倒没有刻意打扮，不过温文尔雅，像极了一个幸福的新郎。

那时双芹的父亲已经去世，她的母亲对这段婚姻一直怀有顾虑，因为她觉得寥寥不是个过日子的人。而双芹对她妈妈说：“干嘛要过日子呀？有意思不就行了吗？”

28 岁的双芹不知道，为了“有意思”这三个字，她未来将付出多少痛苦的代价！

当时双芹的户口已经转回北京，分配在民族宫当服务员。然而她不是一个乐天知命的人。她和几个朋友一起，请了一位英语老师学英文，并且参加了北京市的自学高考。两年后拿到了英语的大专文凭，进入了外企服务总公司，分到一家澳大利亚公司当秘书，得到了较高的薪酬。

在此之前寥寥也曾有一次改变自己命运的机会，那就是北京电影学院招生，寥寥报考了导演专业，顺利地通过了初试复试，只差面试这最后一关了。如果这时候，他去托他爸爸张仃私下里找些关系，他上导演系应该是十拿九稳的事。可是不知道他是因为生性高傲，不屑于做这种事，还是他过于自信，总之，在最后的面试中，他败给了一个导演的儿子。朋友们都替他惋惜，他自己却没事人一样，大有“天生我材必有用，千金散尽还复来”的气魄。不过也有个别朋友私下里议论，如果寥寥真的当了导演，只怕他和双芹的婚姻难免会出现大问题。

那时，文化革命已经结束，朋友们各自回归体制，张澎考上了北大图书馆系，宫小吉进入了电影协会当编辑，鲁燕生考上了中央美院油画系的研究生，晓天在外企教中文，蛮子和于小康去了美国，只有我和寥寥，一个在电器厂当测试工，一个在工艺美院图书馆当馆员，更糟糕的是我们两个人都在酗酒，我比寥寥好一些，喝酒定时定量，他则是随时随地，见到酒就喝。曾经有一次，他跑到晓天家要酒喝，晓天不喝酒，家里也没有喝酒的人，自然家里也不会有酒，然而最终寥寥还是在厨房里找到多半瓶烧菜用的料酒，几口就喝光了。

就因为寥寥的酗酒，双芹不知跟他吵了多少次，然而越是吵，寥寥的酒就喝得越多。无奈之下，双芹和寥寥的哥哥姐姐一起商量，决定把寥寥送到日本去戒酒。（寥寥的姐姐嫁给了一个日本人，长期居住在日本）。在众人苦口婆心的劝说下，寥寥终于去了日本。

现在想来，幸亏那时候还没有智能手机，即不能微信，也不能视频。寥寥走了就是真的离开了双芹，两个人间的信息传递就只能靠书信往来了。

双芹开始了没有寥寥的生活。对她来说，这是一段难得的自由时光。每天下班之后。总会有这个或那个，这些或那些男女朋友陪伴她消磨时光。不知双芹是想让别人证明自己，还是想和别人分享快乐，她常常把她的嫂子带在身边。她的嫂子是复兴医院出了名的美人儿，比她小三岁，正是爱玩儿的年纪，再加上一些年轻男女，玩儿得很疯。一天，双芹和嫂子在外面玩儿到凌晨才回到家。鲁燕生已经把自己的房门锁了，嫂子只能在客厅里睡了一夜。

1988 年秋天，双芹拿到了赴日本探亲的签证。

到了日本之后，双芹发现寥寥并没有戒酒。他们两个人曾经一起在一家小酒馆打工，结果有一天寥寥竟然喝到休克，被救护车拉到医院抢救。可是谁也没有看见他是什么时候偷喝的酒。后来双芹换了一个工作，为一对美国夫妇照看他们的两个男孩儿。那个爸爸要求双芹对两个孩子严格一些，“不听话你可以打。”双芹眼看着小男孩吊着一支胳膊，就是被他哥哥打的，她实在不知道还能怎样更严格。一天，她带着两个孩子去附近的公园散步，那里有一条小河，河边有几只野鸭子，两个男孩捡起地上的石块，争先恐后地向鸭子砸过去……

三个月的时光一晃而过，双芹的签证到期了。她去续签，却被拒绝了。她只能打点行装准备回国。回国之前，她到那个曾经打工的小酒馆向老板老板娘辞行，老板娘告诉她，她在这里工作的那段时间，有一个住在附近的退休老警察每天晚上都到这里来，要一瓶啤酒一直喝到打烊。“就是为了看你这个漂亮的中国姑娘。”

双芹回国后不久，寥寥也回来了。

张郎郎在南池子胡同南口买了一个小四合院。

寥寥一边帮郎郎做些杂务，一边不停地喝酒。双芹下班后也会到小院来帮忙。

5 月 20 日，政府宣布在北京部分地区实行戒严。

那之后的事，我就不写了，因为人民永远不会忘记，而双芹也是人民中的一员。

南池子的小院被查封了，张郎郎已在五月底仓惶出逃。

后来双芹和寥寥在海淀稻香园住过几个月。

那里离我和宫小吉的家很近，我们经常去找他们，直到十一月小院解封。

他们刚回到小院时的日子很艰难，那里没有暖气，得靠生蜂窝煤炉子取暖。寥寥几乎什么也不管，整天裹着一件军大衣，怀里抱着一瓶二锅头，窝在床上。炉子原来就有，可是没有煤。双芹只能推着自行车，一次又一次往返于小院和煤场之间搬运煤饼，最后终于把炉子生起来了。不过由于经验不足，炉子常常会灭，再生就需要炭饼，而小院附近煤场的炭饼经常断供，于是我每次去小院，都会带十块炭饼过去。另外还有一个人也会给他们送炭饼，那就是他们在稻香园的邻居马立。她是张郎郎的老朋友，同时也是他的爱慕者。双芹和寥寥住在稻香园的时候，还给她过了 50 岁生日。马立是儿艺的舞蹈演员，是个才女，会翻译英文诗歌，自己也会写诗。只是婚姻不幸，离婚后一个人带着女儿，女儿长大后去了美国，留下她孤独地生活在故土。她近乎疯狂地爱着张郎郎，而张郎郎却一点儿也不爱她。这让她非常痛苦，但是她并没有因此自暴自弃。

虽然小院北屋里生了炉子，但是因为房间比较大，室内只有十度。尽管如此，几乎每天都有寥寥的各路朋友来找他喝酒。这时的寥寥，已经有了酒精中毒的迹象。

酒精中毒的迹象之一，就是早上起来就要喝酒，寥寥就是这样，更加糟糕的是，他从原来的以啤酒为主变成了以白酒为主，各种精神疾病的迹象也开始在他身上出现。就是这样，双芹还是不离不弃的守护在他身边。我和一些朋友觉得，这不是忠贞，而是麻木。这时候我才回想起寥寥还没有成为酒鬼时评价双芹的四个字“麻里木族”。

不记得是哪一年了，外企总公司终于分给双芹一套两居室的房子。房子位于通县八里桥附近，双芹很高兴，她终于拥有一套属于自己的房子了。经过简单装修后，她和寥寥搬进了新居。

开始的一段时间，寥寥的状态似乎也有所改善，那时他没有工作，每天在家买菜做饭，等到双芹下班回家，寥寥和热气腾腾的饭菜已经在等着她了。

每到周末，她和寥寥都会回到铁四，和家人一起吃一顿午饭。不知从什么时候开始，我也成为他们家饭桌上的一员。饭后，会有几个朋友过来，大家喝喝茶，聊聊天，不知不觉就到了下午四五点钟，双芹和寥寥坐公交回通县，我骑自行车回中关村。出了铁四区的大门，我骑着车，每每会看到马路对面双芹和寥寥并肩而行，就像一对普普通通的中年夫妻。

朋友们基本上看不到寥寥酗酒了。不过双芹私下里告诉我，寥寥在通县喝酒喝的更多了。两个人的冲突也愈演愈烈。曾有一次，在两人的争吵中，寥寥竟然对双芹举起了拳头，双芹迎上前去，心里想着:“只要你的拳头打下来，我就解放了。”寥寥显然也意识到了这一点，他转身扑倒在床上，掩面而泣。还有一次，双芹下班回到家，一开门就发现寥寥已经喝得醉倒在地上，一时间，双芹实在遏制不住心中的愤怒，随手拿过一瓶二锅头，把一整瓶酒都倒在了寥寥头上……

“连我都不认识我自己了。”双芹说。

渐渐的，寥寥也不来铁四了，双芹回铁四住的日子倒是越来越多。一次，双芹问我:“《红楼梦》里说的‘不是东风压了西风，就是西风压了东风’，指的是什么关系？”我说:“我记得好像说的是妻和妾。”双芹说:“我怎么觉得更像是说夫妻。”——她一直纠结于她和寥寥的关系。朋友们都劝她跟寥寥离婚，她却始终犹豫不决。

她说:“我怕离开了我他活不了。”

我说:“你就不怕你不离开他你们两个都活不了？”

最后，还是她的一个居住在法国的女朋友回来探亲时说服了她，“你们就像两个同时掉到水里的人，你救不了他，他更不可能救你，你只能自救，至于他是不是一定会死，我看也未必。”

双芹终于下定了决心。她请一位律师起草了一份离婚协议书，上面有这么几条: 1.双方自愿离婚，2.鲁双芹每个月给张寥寥若干生活费，直到鲁双芹丧失这种经济能力为止，3.外企分配给鲁双芹的房子张寥寥可以无限期居住。

双芹去通县找到寥寥向他出示了这份协议书。也许是那天寥寥喝的还不多，也许是他已经料到迟早会有这一天，他平静地接受了这份这协议书，只是要求宽限几天，下个星期二再去办手续。

到了那一天，两个人去办理了离婚手续。这段历时二十二年的婚姻终于走到了尽头。这一天是 2003 年 4 月 1 日，当天晚上，在香港，一位艺人从 24 楼一跃而下，终年 46 岁，他叫张国荣。

双芹离婚后，几个早年的爱慕者觉得机会来了，蠢蠢欲动，但是双芹婉拒了他们的追求，一方面是由于那几个人早已有家室，另一方面双芹也希望休息一下自己疲惫的身心。

通县那边，寥寥依旧喝的昏天黑地，把自己的相机手表甚至他爸爸给他的画都换了酒。大有不喝死不罢休的架势。就在寥寥喝到悬崖边缘的时候，一个女人一把将他拉了回来。这个女人就是后来成为寥寥第二任妻子的秦女士。

秦女士完全没有双芹的犹豫和纠结。“行霹雳手段，显菩萨心肠。”一进门就把寥寥的烟酒全部扔到垃圾道里，强迫他按时吃饭，按时睡觉，还逼着他画画（秦女士本人也在画）。不到一年功夫，就把寥寥收拾成一个居家好男人。

有一次，我老婆开车拉着我和另一个朋友，去通县看望寥寥，秦女士也在，寥寥完全像一个正常人一样，只是话不多。

我拿出烟，想要递给寥寥一支，却被秦女士拦住了，她似笑非笑地对我说：“他已经戒烟了。”

傍晚，我们请他们出去吃饭，他们答应了。秦女士带我们去了一家距离他们的住所约十分钟左右车程的餐厅。这个餐厅很别致，是一个用竹子拦起来的大院子，几十张餐桌摆放在露天，服务员都是聋哑人。我们用手指点着菜单，服务员用笔记在纸上。不一会儿，酒菜上桌了，我问秦女士：“寥寥能喝点儿啤酒吗？”秦女士同意了，“让他喝一杯吧，就一杯。”

大家边吃边聊，气氛很轻松。快吃完了，我想上洗手间，院子很大，服务员又都是聋哑人，没法问，我找了好一会儿才找到。回到餐桌前，寥寥问我:“怎么去了这么久？这功夫都够回趟家了。”这时，我似乎看到了过去那个思维敏捷，语言幽默的张寥寥。

在双芹离婚后两年，一个我们完全陌生的男人出现在她的生活中。这是一个新加坡籍，长期居住在加拿大的华人，比双芹大五岁左右。他的中文只会说，不会写。他的英文名字叫威廉姆，他还有个中文名字，也告诉过我们，不过好像没有人能记住。他是个高级计算机专家，同时又在做生意。虽然年近六十，身材矮小，但是面相丝毫不显老，动作也十分灵敏。待人接物，和蔼可亲。快就能引起他人的好感。

双芹说，他们是在网上认识的。

他们第一次见面后不久，就一起去了新疆，同行的还有双芹之前去外地旅游结识的两个女朋友。

跟几位女性不一样，威廉姆对各种美丽的景色都不感兴趣，他感兴趣的只有双芹。终于，在一次两人单独相处时，威廉姆战战兢兢地问双芹:“你愿意将来和我一起生活吗?

双芹说:“等你离了婚再来问我这个问题吧。”

威廉姆并没有向双芹隐瞒他有太太这件事，不过他说，他和太太已经分居了，不久就可以离婚。

他回到加拿大后，立刻给双芹发来了他和太太分居的法律文件。但是他说:他正在跟政府打一场地产官司，必须以他和太太两个人的名义应诉，只要官司一打完，他马上就可以离婚。

对此，双芹半信半疑。然而，当他们两个人在一起的时候，威廉姆对她无微不至的关心与照顾却是她从未享受过的。在街上行走时，威廉姆一直走在她左边，去餐厅吃饭，威廉姆总是为她开门，走到餐桌前，威廉姆又会为她拉开座椅……双芹有生以来第一次感受到做贵妇人的愉悦。

但是威廉姆还有双芹在朋友们中从未见过的另一面。他要求双芹在他不在中国的时候，不能和异性有过多的接触，尤其是不能和异性一起吃晚饭。“那中饭呢？”双芹问，“中饭可以。”“为什么？”“因为中饭属于正常的社交，而晚饭则比较暧昧。”

威廉姆离开中国后，双芹并没有遵从威廉姆的要求，继续和不同的异性去吃不“暧昧的晚餐”。

而在加拿大，那个使威廉姆不能马上离婚的官司距离结束依旧遥遥无期。两个人开始了时断时续的争吵。

……

威廉姆很伤心，也很无奈，他慢慢地淡出了双芹的生活。

2010年，93岁的张仃去世。不久，嘉德就举行了一场“张仃藏画拍卖会“，三十多幅名人字画拍出了两亿元的天价。经过和继母的反复协商，张仃前妻的子女每个人拿到一千万元（税前）。寥寥终于有钱了。他和秦女士买了一处新居，把外企分给双芹的房子还给了双芹。

朋友们都为双芹抱不平，认为秦女士和寥寥应该对养了寥寥二十多年的双芹有所补偿。

双芹对此却并不在意，寥寥有了钱，能和秦女士一起活得好，她就觉得心安了。

秦女士是一个有着超凡行动能力的人。2016 年她和寥寥一起去了日本，不仅在东京买了一所小房子，还取得了长期居留日本的许可。

2018 年深秋，寥寥在东京查出了胰腺癌，已经到了晚期。寥寥拒绝了一切延长生命的治疗，和秦女士一起搬到了九州下关，在一个曾经跟他们一起合作出过书的朋友帮助下，寥寥住进了一家临终关怀医院。

当双芹听到这个消息的时候，只觉得五雷轰顶，因为在她心里，寥寥始终占据着一个任何人都无法替代的位置。她把这个消息看做是上帝对她的惩罚。

她鼓起勇气给秦女士打了电话，秦女士说希望她能去日本看看寥寥。她马上就答应了，不过办签证还需要一段时间。这只是双芹的一个借口，真正的原因是她不敢自己一个人去。她在等着她的一个闺蜜从南方旅游回来。

闺蜜提前从南方赶回来办签证，拿到签证的当天，就买了一张加倍的机票，和双芹一起登上了飞机。

秦女士在下关车站迎接了她们。见到双芹，她泪流满面。她带着双芹她们来到下关市民医院。医院里非常安静。她们乘电梯上了楼，看到一块大牌子上有四个字“缓和病房”。秦女士轻轻地拉开一扇门，几个人走了进去。

病床上躺着一个人，双芹几乎认不出这就是寥寥。他瘦的脱了形，病服中间只剩下一副骨架，一张轮廓清晰的脸和一对深陷下去而显得很大的眼睛里似乎充满了困惑，仿佛对突然间出现这么多人感到吃惊。

双芹热泪盈眶，同走到床边，握住寥寥骨瘦如柴的手。

秦女士俯身在寥寥耳边轻声说:“双芹来看你了。”寥寥问双芹:“你住在哪儿？”一会儿又问“吃了吗？”同样的问题他反复问了好几次。双芹无法判断寥寥是否认出了自己。

在回住处的路上，秦女士一再向双芹解释，寥寥一直盼着她来，听说她要来很高兴。现在寥寥不肯输液，吃进去的东西也越来越少。医院不强迫他做任何他不想做的事，只是把给他配置的营养液和药装进一个小瓶子，让秦女士每天喂他喝。

秦女士把她们带回到一条僻静小巷里他们临时租住的房子里，就又赶回医院了。

第二天下午，双芹来到了医院，秦女士简单嘱咐了几句，就前往车站，她要去接寥寥的小哥大伟夫妇。

双芹已经不记得上一次单独面对寥寥是什么时候的事了。她坐在窗前的沙发上，已经接受躺在病床上这个骨瘦如柴的人就是寥寥，即使这并不能给她真实感。她希望过一会儿他们之间陌生的感觉将会消失，她此行的全部意义就会逐渐显现。

迟疑了很久，双芹走到病床边，握住寥寥的一只手，她想要对他说:“你知道我一直爱你吗？尽管我们已经分手，尽管我们好几年都没有联系了，你仍然是我最爱的人，你始终在我心里。”可她还没有来得及说出这些话，寥寥就无力地摆了摆手，用虚弱的声音对她说:“你坐到那边去。”

双芹沮丧地坐回到窗前的沙发里，心想:也许是因为当年我的离去，他始终没有原谅我，也许是他真的不认识我了……

不幸中的万幸就是寥寥从未感受过一般胰腺癌病人所经历的剧烈的疼痛，医生说这样的人一百个当中或许会有一个。

双芹回到北京后，一直和秦女士保持联系。终于在12月里的一天，电话里传来了寥寥去世的噩耗。

双芹哭了整整两天。

“欠命的，命已还，欠泪的，泪已尽。”

半个月后，秦女士带着寥寥的骨灰回到了北京。经过与张家兄弟的协商，最后决定把寥寥的骨灰带去庐山，与他的母亲葬在一起。

在巨大的悲痛因时间的流逝而淡化之后，双芹也把寥寥安葬在心底，视之为一种形而上的存在。我想，这也是寥寥一生最大的成功。

自从我们认识双芹以来，她的第一个身份并不是张寥寥的女朋友或是张仃的儿媳妇，而是铁四鲁家沙龙的女主人。时至今日，这个沙龙依然存在。当年的五陵年少如今已是六七十岁的老人了。双芹却魅力依旧，她对文学艺术的热爱感染着她身边的每一个人。

双芹曾经给我看过她的日记，其中有一句话我至今难忘“是我们使这个世界变得美丽的。”

双芹开始读书的时候会做一些笔记或摘录，之后读书越来越多，这种习惯也就随风而逝。她读的书来源颇多，其实朋友们也一样，那时候文学在我们的生活中占据着一个非常重要的位置。

文革结束后，我们曾经举行过一次文学竞赛，每个人写一个短篇小说，然后四处寻找读者，看完后投票，并附加一毛钱作为奖金。最终寥寥获得冠军。亚军是郎郎，季军是宫小吉。然而在我看来，三个人的位置应该掉个个儿才对。

后来，在寥寥的主持下，我们还办了一个杂志《桥》，一个月出一期手抄本，大约不到一年就无疾而终了。

双芹在这两次活动中都没有拿出作品来，可能是因为那时她对自己的文字还不太自信。不过她承担了一些事务性的工作，比如文学竞赛那一次，规定文章都要匿名，可是有些人的字体特点过于明显，于是双芹就把这些人的文章抄写一遍，就没有人能分辨出来了。

我第一次看到双芹完整的文章，是她去西藏旅游归来后写的一篇游记。当时流亡在外的张郎郎，看到这篇文章，想把它发表在他与几个同僚在香港办的一本中文杂志《民主中国》上，但是遭到双芹姐姐的强烈反对。因为她觉得外企为国家安全部所辖，如果双芹的文章刊登在“民主人士”在香港办的杂志上，会有不可知的风险。

就在双芹犹豫不决时，小吉向她伸出援手，他把双芹文章中的敏感文字做了巧妙的改变，比如原文里有这样一个情节：双芹在路边看到一只可爱的小狗，但是第二天却发现小狗被人打死了。原文的下一句是“这一定是汉人干的。”小吉改成“这一定是不信教的人干的”。

这件事最后如何了局，我已经不记得了。

双芹非常喜欢旅游。几乎每一次旅游后都会写一篇游记，文字一篇比一篇好。就算是小吉想要帮她改，只怕也无处下笔了。

在旅游这一点上，我跟双芹正好相反，我不爱动，只安心于宅在家里喝酒。如果一定要再加一个高级一点儿的动词，那就是：思想。

1998 年秋，我终于受了双芹的蛊惑，和她，寥寥及其他一些朋友一起去了四川泸定县的海螺沟。我们在山下雇了十几匹马，开始上山。那时海螺沟还没有正式开放，到山顶的公路刚开工，路上全是大大小小的石块。上到一营时，还是风和日丽。再往二营走，天就阴了下来，不久，下起了绵绵细雨，幸亏在山下雇马的时候，每个人都买了一件一次性雨衣。到了二营，天已经擦黑了。这时，绝大多数人已经疲惫不堪。马夫说，要去山顶的三营，还要走两个小时。有人提出，不想再走了，就留宿在二营。大部分人都同意这个意见，只有双芹一个人反对，坚持要上三营。我第一次见到双芹也有这样固执的时候，同时心想，再苦还能苦到哪儿去？就首先支持了双芹。

讨论的结果，不愿继续上山十来个人留宿二营，坚持去三营的六个人冒雨前行。这六个人中，就有双芹，寥寥和我。

终于到达三营，管理人员却说已经没有房间给我们住了。我不知哪里来的一股邪火，大声吼道："你不给我们房间我就一把火烧了三营！"

真是"神鬼怕恶人"。没过多久，我们就得到一间民工住的房间，床上还有电热毯。

双芹对我说："你可真不像个抑郁症患者。"

接下来的两年，我和双芹寥寥又先后去了青岛和承德，去青岛的还有小吉，晓天和晓天的儿子吉杨。承德是小吉开车带着我们往返。在这之后，我就再也没有外出旅游。而双芹却是每年要离京旅游两三次，先国内后国外，仅欧洲就去过好几次，还去过美国和加拿大。去过中东的以色列，约旦，埃及。去过台湾，去过日本，韩国，去过印度，柬埔寨……我已经记不过来了。或许她自己才能给出一个详细的记录。我猜她在外企工作攒下来的积蓄，除去供养寥寥的那一部分外，其余的都花在旅游上了。

甚至这两年，在中国的新冠疫情尚未完全被控制期间，双芹还在国内旅游了四次。

如果说旅游是双芹生活的一个重点，那么另一个重点就是文学艺术，特别是文学。她读书的同时，也在不停地写作。2019 年 4

月，她终于完成了她至今为止最重要的一部长篇小说《黎明和他们》，等于是她的一本自传，少数几个认真的读者看过后的意见基本上是一致的：书中的人物太多，头緒太多，故事太多，缺少一条明晰的主线，影响了小说的完整性。

不过几十万字的一部小说，要改也是一个大工程。

双芹读书很多，也很杂。在我的印象中，自张洁的《无字》之后，中国文学她就只读张爱玲了。至于外国文学，她喜欢托尔斯泰，契诃夫，福楼拜，海明威，福克纳，门罗，还有前些年获诺贝尔奖的奈保尔……总之读书和写作已经成为她生活中不可缺少的一部分。

最近几年，双芹还参加了一个类似电影沙龙的活动，人数不多，每个星期在一起看两个电影，看完后发表自己的意见或感想。双芹还把自己的一篇小说改成了电影剧本，我看了，觉得完全没有面世的可能，不过看得出来，她现在已经完全把写作当成了一种乐趣。

几十年来，双芹没有享受过荣华富贵，没有享受过幸福美满的家庭生活，甚至没有一个真心爱她，愿意与她相守一生的情感伴侣……但是她无怨无悔，因为她一直是美的，她的美是精神和灵魂层面的，她是人世间失意者的缪斯。

杂论

《蜗居》随想录

前言

经朋友推荐，我买了碟，把三年前引起热议的电视剧《蜗居》看了，而且一连看了三遍。

看第一遍，觉得是社会剧。

看第二遍，觉得是爱情剧。

看第三遍，觉得这就是当代的《红楼梦》。

钟爱《红楼梦》的王蒙先生写过一本《红楼启示录》，如今钟爱《蜗居》的我，来几段“随想”，自娱自乐。

一 《蜗居》故事发生的地点

电视剧里面说是江州，观众们都能看出，那就是上海。小说里写的也是上海。或许编剧（小说作者也是其中之一）不想过分刺激什么人，于是把实在的上海虚化为江州。

二 《蜗居》的时间跨度

《蜗居》一开始字幕上就打出了“1998 年”的字样。那一年海藻正在准备高考，应该是 18 岁。当她第一次见到宋思明的时候，宋问她年龄，她答：25。之后她与宋的交往持续了一年半左右。结尾她出国时的年龄应该是 27 岁或者不到一点。所以，电视剧《蜗居》的时间跨度是九年：1998 年至 2007 年。小贝发现海藻手机中宋思明的短信，日期却显示 2008，这应该是拍摄时的疏漏。

三 因地点和时间而出现的问题

在电视剧中，江州的气候似乎没有明显的四季变化。春节期间，宋思明带海藻去度假村，宋穿着一件风衣，海藻是一件呢子外套。显然是气候宜人。在整部剧中，最厚实的衣服就是海藻曾经穿着的一件羽绒背心。而江州好像没有夏天，

剧中仅有的短打扮是海萍刚生完孩子时、海藻和苏淳身上的短袖T恤。此外就再也没有露胳膊露腿的了。

所以，幸亏是江州而不是上海，省去许多麻烦。

四 小说与电视剧

电视剧《蜗居》改编自六六的同名小说。六六也是电视剧的编剧之一。虽然小说的剧本化很明显，但是变成电视剧时还是有所增补，有所删减。这些增补和删减都非常有意思，在一定程度上说明了当下电视剧的生存环境。

电视剧播出后曾被指为"黄色"，对此，六六坦言：小说要比电视剧"淫荡一百倍"。

五 伞

《白蛇传》中，白娘子与许仙结识靠的是一把伞。日本电影《失乐园》中男女主人公结识也是源于一把伞。《蜗居》里小贝结识海藻还是由于一把伞。所以，时下的单身男女们出门，千万别忘了带上一把伞。

六 小贝

小贝是剧里几个主要人物中最单纯的一个。如海藻认为的那样："是一汪清澈透明的泉水。"他心地善良，以自己的方式一心一

意地爱着海藻。这种爱，体现在他和海藻共同生活的许多细枝末节上。

然而，一个单纯善良的人是很容易受伤的，更何况小贝身上还有着致命的弱点：自私，吝啬，狭隘。用海藻的话说："总是把自己的和别人的分得那么清楚。"正是他的这些弱点，使得他在不知不觉中，与海藻渐行渐远，最终把海藻推向了另一个男人的怀抱。

宋思明在接电话时故意的暴露，使小贝对海藻产生了怀疑。他悄悄地跟踪海藻，发现海藻和宋在别墅里偷情。

他崩溃了，在雨地里走了整整一夜。回到住处后大病一场。从昏睡中醒来后，小贝变成了哈姆雷特，面对着一个他从未面对过的问题：To be or not to be？——他和海藻，怎么办？分还是不分？

在犹豫不决的那一段时间里，他却不知自省，反而一改往日的温柔体贴，完全不顾海藻的感受，自以为站在道德制高点上，一味地对无助的海藻实施着冷暴力甚至……。

事实上，在把海藻推向宋思明的诸多因素中，小贝占了至少一半。

什么是自私狭隘？什么是不担当不宽容？这就是。

看到这里，观众都已经明白，小贝与海藻分手，只是时间问题了。

小贝空有了一把伞，他不懂女人，也不懂爱情。

七　宋思明的魅力

宋思明的魅力绝不仅仅是有钱有势。他有阅历，有知识，有智慧，还有小贝根本不可企及的床上功夫。（最后这一点，电视剧里的描述，不及书中的五分之一。即便如此，这部电视剧据说还是因为涉黄而遭禁播，编剧专门为此向“纯洁的观众”道歉。）

海藻对宋思明说：“你就是那个五指山。我怎么逃怎么逃，最后还是没能逃出你的手心。”

海藻之所以在在小贝离去后心甘情愿地“步入了职业二奶的行列。”完全是因为宋思明能够充分给予海藻这个年轻的生命所需要的：金钱，爱情和性。而这些，小贝不舍得给，不懂得给，也不会给。

宋思明唯一不能给或不肯给海藻的是一个婚姻，然而即使这样，他还是给了海藻相当多的安全感。

举个例子，海藻出差，宋思明尾随而至。帮助海藻解决了海藻单靠自己根本不可能解决的棘手问题。当老板认为海藻自作主张而在电话里对她大发雷霆的时候，宋思明从海藻手里接过电话，几句话就说明了解决问题的办法，接下来不温不火地加了一句：“对我的女人说话客气点儿，别那么大声。”

我的女人！

这样的话，小贝会说吗？能说吗？敢说吗？

宋思明这样的男人，想不爱都难。

八 海藻 童话 梦

海藻给了小贝一个童话，小贝不觉得这是童话，他以为这就是现实。

海藻也给了宋思明一个童话，宋思明知道这是一个童话，他被这个童话所打动，他想把这个童话变成现实。

不同的年龄，不同的眼睛，不同的爱。

海藻开了一家小小的店面，唯一的商品就是梦。

杂论

宋思明送给海藻的梦游娃娃是点睛之笔。

只见了几面，宋思明就读懂了海藻。而和海藻同床共枕已经一年的小贝，却输在了起跑线上。

关于郭德纲的一段相声

郭德纲苦了十几年（？），终于时来运转，一炮而红，可谓红遍了半个中国。就连北京电视台的当家花旦徐春妮，也来和他一起做节目。

我从小就喜欢听相声，候宝林、马三立、刘宝瑞……这是老一辈。年轻一点的好象只有马季还勉强说得过去，刚及格吧。此外高英培也不错，至于李金斗，我从来就不喜欢，这大概是个人口味不同的原因，萝卜白菜各有所爱。之后又有姜昆、候跃文、冯巩、牛群等人，比马季又强了。姜昆的相声好听，多一半要归功于梁左的本子。梁左一死，姜昆就再也没说出什么好相声来。候跃文则是家传，功底很好。冯、牛二人各有千秋，也相当不错，如果他们也有个梁左为他们写本子，或许比姜昆还强，也未可知。江、候、冯、牛之后，相声舞台开始打饥荒，似乎后继无人了，直到郭德纲脱颖而出。

郭德纲走红的时候，我已经不大听相声了，后来因为郭德纲名气太大了，才免强听了他说的三段相声，只觉得这人相声功底极扎实，确非当下一些无名之辈所能企及。然而相声内容却在平平之下，这是我当时对郭德纲相声的评价。直到有一天，一位深爱郭德纲相声的 80 后青年，向我推荐了一个他认为好听的段子。

那段相声具体叫什么名字，我想不起来了，内容大致是讲一个身材矮小的智障女子。被几个流氓错当成小孩子绑了，细看了之后流氓们大惊失色，忙不迭地把女子送走，而女子却偏偏惦记上了流氓，而且还找到了他们。并跟他们中间的一个“结婚”，几个流氓无计可施，最终自杀的自杀，逃跑的逃跑，连偷来的高级轿车也不要了。我是个很少生气的人。本来嘛，今天的中国，假冒伪劣遍地都是，就连本该娱乐广大群众的文体项目，也每每让人堵心。比如中国足球，输了不足为奇，赢了才是新闻，真要较起真来，还不如一头碰死算了，所以，我不生气，懒了、累了，也老了。

然而听了这一段相声，我愤怒了。

这不仅不是相声，连人话都不是。这样肆无忌惮地拿残疾人寻开心，不仅没有艺术工作者的社会责任感，就连作人最起码的良知都没有，就更不要说对弱势群体的同情心了。

我要是残疾人，第一个就要把郭德纲刚送上法庭，不仅要他为他对残疾人的恶意中伤公开道歉，还要他赔偿一大笔精神损失费，要赔得他倾家荡产——只恨手中没有杀人的刀。

郭德纲的相声不仅败坏了相声界的名誉，也败坏了中国年轻一代的艺术品味乃至做人的价值观，后一点尤为人齿冷。

有人也会说：有那么严重吗？郭德纲不就是一个说相声的吗？又不是中宣部长。

我要回答：有这么严重。当今中国，贪污盛行，世风日下，为救民心于水火，首先就该有人站出来，痛斥郭德纲这种艺坛败类。

这站出来的人本不该是我，我只是一介草民，人微言轻，不过天良未泯而已。做这事的本该是艺术评论家，媒体工作者，以及负责文化工作的官员们。

怎么样？各位考虑一下吧。

2011.9.7.

几乎就在郭德纲红起来的同时，中国南方也火了一位也是用口头语言来博大众一笑的人物，那就是周立波，一时间，北有郭德纲，南有周立波的说法不胫而走。

然而，在我看来,不仅两人的表演风格不同，文化修养也有高下之分，艺术品味更有雅俗之别。至于说到艺术工作者的社会责任感，四个字，绝不可同日而语。

2011.9.8.

《美人》

早就听说，韩国的情色电影拍得好。所以，从今年四月我开始买碟，仅韩国情色电影就买了不下十张。然而，看过之后很失望，不仅画面不美，女演员也不美；而且十有八九都是做过隆胸手术的。用我们中国的大美女，模特兼演员孟广美小姐的话来说："全是假的。"孟小姐还在凤凰电视台"锵锵三人行"节目中，教给大家一个辨别真假的方法，本文篇幅有限，就不详述了，网上大概查得到。

看过一些韩国情色电影之后，对于眼前晃来晃去的假货，我已经有点儿倒胃口了。至于为什么会觉得假的不如真的美，也许跟个人审美情趣有关。审美情趣本该是"萝卜白菜，各有所爱"，因人而异。但是韩国人对于身体上做假的近于狂热的追捧，几乎成为整个民族的价值取向，的确让我感到困惑，或许这只能归结于不同民族在文化心态上的差异。

上面说了，我所买到的韩国情色电影，总体上来说让我很失望，唯一的例外，就是一部名为《美人》的影片。

《美人》拍摄于 2000 年，女主角的扮演者李智贤同时也是一位舞蹈家，那一年才二十二岁，这是她主演的第一部好像也是唯一的一部电影。估计是因为学过舞蹈，所以她在影片中的肢体语言极为丰富，再加上年龄优势，可谓"浑身都是戏"。把一个既痴且狂，率性而为的女孩儿演绎得淋漓尽致。李小姐人也长得很美，身材尤其好，而且在我这个外行人看来，身上也没什么假东西。

影片的情节并不复杂：女主角是一个职业模特，她疯狂地爱着一个不爱她的男人（职业好像是个医生，仅在一两句对白中一带而过），这个男人不仅不爱她，有时还会对她拳脚相加，却又常常打电话约她。每次在和医生约会后，她都会来到爱她而她不爱、至少是不怎么爱的男主角——一个不成功的青年作家——的住处，和他做爱。两人做爱的几段镜头都拍得很美（我觉得很美，不知道女性观众会有什么感觉，其实这是很值得交流一下的。），美到了观众的欲念完全被美的感觉所遮蔽的程度。（这大概就是人们所说的"唯美主义"）。

作家是一个性情温和、甚至是腼腆的人，对女孩儿体贴入微，给她做饭，洗衣服，按摩，直至为她洗熨内裤，而且也从不干涉她和医生的往来。直到有一天，女孩儿从医生那里回到作家住处，遍体鳞伤……作家终于忍无可忍，身怀利刃，走上街头，医生迎面走来（他不认识作家），就在两人擦肩而过的瞬间，作家捅了医生一刀，然后不动声色，扬长而去。他对女孩儿什么也没说，只是开车带她离开住处，来到一片杳无人迹的海滩，在一辆事先准备好的房车里住下来。他们在海滩上嬉戏打闹，在房车里做爱。而这时，女孩儿也似乎爱上了作家。其中有一个情节十分动人：在海滩上，女孩儿吐出口香糖，分给作家一半，两人用手里的口香糖各自捏成一个对方生殖器的小模型，放进一个即将投入大海的漂流瓶中……

一天早上，一阵手机铃声唤醒了沉睡中的女孩儿，有人告诉她医生死了，手机从女孩儿手中掉落在海滩上，风急雨骤，女孩儿步入大海。不过她没有自杀，而是收拾了自己的东西，悄然离去。

几天后，女孩儿回来了，把头倚在了作家肩上……

两个人都没有未来了。最终，作家掐死了女孩儿，把她的尸体抱到海边，放在了沙滩上，自己则最后一次向这个美丽的身体俯下身去……

不知别人看了这个电影会有什么感觉，反正我是被深深地打动了，震撼了。被打动、被震撼的同时，我还悟出了几条“道理”（用词不准确）：

一，女人爱情的最高境界，就是爱上一个根本配不上她爱情的男人。

二，这个标准同样也适用于男人。

三，真正的爱情是要死人的，没有尸体的爱情算不上伟大的爱情。

这让我想起连演十三年、且场场爆满的话剧《恋爱的犀牛》，其中有这样两句台词：

明明（一位深爱着一个不爱她的诗人的漂亮女孩儿）对马路（一个深爱着明明的犀牛饲养员）说：“去，找个女人和你做伴儿吧，但不要说‘爱’。”

我以为这台词棒极了，简直可以比肩莎士比亚。

对，找个人做伴儿吧，但不要说“爱”。

2011.8.26

写完《美人》一文后，我把它发给了一位在深圳的朋友，因为他一向擅画，所以我希望他能为我的文字插图。

不久，插图来了，确是一位美人，不过美人正在发言，旁边的一行字就是她说的话：“小心！高丽的维特杀女人！然后奸尸！”

显然，这是我的朋友在代美人立言。

我暗自叫苦不迭，明明是一个凄美的爱情故事，怎么冒出“奸尸”两个字来？！

然而这也怪不得朋友，确实是我自己在介绍电影情节时写到过：作家在掐死女孩儿后，“最后一次向这个美丽的身体俯下身去”。我本来以为，作家是想最后一次一亲芳泽，不料却坐实了他“杀人”之外的又一罪名：“奸尸”！

其实，《美人》只是一部唯美主义的情色片。虽然影片中身体暴露的程度相当大胆，但是毕竟跟所谓的“毛片”还有很大区别。上述的那个镜头也是远景，并无具体细部的描绘，换句话说，并没有作家“奸尸”的确凿证据。所以，就是上了法庭，也应该是“疑罪从无”吧。

说到“奸尸”，倒让我想起几十年前读过的一本书，那是上个世纪四十年代初由范文澜先生主编的《中国通史简编》，其中讲到这样一件事：后燕的皇帝慕容熙，他心爱的皇后死了，躺在棺材里，他不仅不让人盖棺，还每天爬进棺材，和那个已经死去的皇后交欢。范先生的本意，是想用这个例子来说明封建帝王的荒淫无耻，可我却在其中看到了爱情。

中国古代的帝王，个个自称“寡人”，然而却并非个个“寡情”。比如西楚霸王项羽对虞姬，东汉光武帝刘秀对阴丽华，唐玄宗李隆基对杨玉环，南唐后主李煜对小周后，就都有很真挚的爱情。只不过还没有像上面说的那一位，爱到了“奸尸”的地步。

最后，我想效仿我那位代美人立言的朋友，替影片中的作家写一首诗，就算是他在杀死女孩儿后的心声。

我杀死了你，
因为这世间已容不下你的美丽。
我抱着你的尸体来到海滩，

杂论

悲哀如大海一样无际无边。
让阵阵海风轻轻地吹干你脸上的泪水，
让金色的细沙慢慢地将你覆盖。
我最后一次向你俯下身来，
虽然你的双眼紧闭，
虽然你没有了心跳和呼吸，
但我依然深爱着你美丽的身体，
和——天上的你。

2011.12.21

爱与死

我在介绍国韩情色影片《美人》一文中，曾下过这样一个结论：伟大的爱情是要死人的。换句话说，没有尸体的爱情算不上伟大的爱情。

“爱与死”多年来一直被视为艺术作品中的永恒主题之一。英国剧作家莎士比亚就曾围绕着“爱与死”的主题作过不少文章。罗米欧与朱丽叶的故事，想必大家都不陌生：一对少男少女，因为爱，双双死去。莎翁的四大悲剧，都不是以爱情为主线的，然而其中只要涉及到“爱”，就一定会死人。《汉姆莱特》本来写的是复仇，但汉姆莱特王子一爱上奥菲丽娅，后者就死了。《奥赛罗》写的是嫉妒和小人，可是深爱妻子的奥赛罗，一时听信了小人的谗言，就亲手掐死了苔丝德蒙娜，在得知真情后，自刎于妻子床前。

再举个例子，美国作家海明威，曾写过两部著名的战争小说：《永别了，武器》和《钟为谁鸣》。在前一部小说中，美国青年军官亨利爱上了英国护士凯瑟琳，最终凯瑟琳因难产而死。在后一部小说里，美国青年爆破手乔丹爱上了西班牙姑娘马丽娅，一起渡过了缠绵悱恻的三天，随后乔丹便战死沙场。

在海明威之前的成名作《太阳照常升起》中，没有死人，因为男主人公一出场就已经丧失了性能力。无性当然也可以有爱，但危险性就小多了。

至于托尔斯泰的长篇巨著《安娜。卡列尼娜》中，女主人公安娜的命运，就不用我多说了。

在中国，传世名著《红楼梦》就描写了一段“伟大的爱情”（王蒙语）：贾宝玉和林黛玉的爱情。结果林黛玉死了，而且百分之百是死于爱情。

剧作家曹禺早年写了三个重要的剧本：《雷雨》，《日出》，《北京人》。

《雷雨》中，一起爱上四凤的周萍周冲兄弟双双殒命，四凤也死了。

《日出》是一部社会剧，爱情的戏份不多，但曾经爱过的女主角陈白露最后还是死了，看来,过去式的爱情也杀人。

《北京人》讲的是一个没落了的大家庭，四十多岁的大少爷曾文清，一直对他的表妹愫芳不明不白,结果自杀身亡。

类似的例子数不胜数。

老舍的《骆驼祥子》中，祥子对小福子有了感情，没过多久小福子就死了。

沈从文的《边城》里，兄弟俩同时爱上了一个女孩子，结果一个死了，一个走了。

还有白先勇的《玉卿嫂》，结局之惨烈，令人不忍卒读。

以上说的都是古今中外的文学名著中的“爱与死”。如果有人认为上述故事都是虚构出来的，那我们就得提醒他：艺术源于生活。万一他仍不买账，我们不妨再请他来看一看现实生活。

被称为二十世纪中国世纪之恋的那些爱情中：

徐志摩与陆小曼，徐志摩死了，三十五岁；

当代最著名的一段爱情：顾城，谢烨与英儿的三角恋情，结局是顾城死了，谢烨死了，活着的英儿在无力地为自己辩白——相对于空洞的语言，两具尸体无疑代表着更大的真理。

胡兰成与张爱玲，都得以终其天年，死去的是他们的爱情。

世事都有例外，在美国好莱坞诸多的爱情故事当中，死人的比例并不高。虽然《爱情故事》，《英国病人》中的女主角都死了，《阿甘正传》中阿甘一生唯一的恋人杰妮也死了，但是相对说来，不死人的爱情故事更多些，其中最有名的一个大概就是由斯特里普和伊斯特伍德主演爱情电影《廊桥遗梦》了

当年，我的一位在上海教中国古典文学的朋友向我推荐了《廊桥遗梦》，那时这本小说还没有被改编成电影。我看完后回信给她，说我认为这个故事是不真实的。一个五十二岁的男人和一个四十八岁的女人之间，产生爱情是完全有可能的，再怎样热烈也不过份；然而要把这种爱情一成不变善始善终地保存二十多年，则是完全不可能的。

相比较《廊桥遗梦》一书中，男主人公五十二岁仍旧保持着青春活力的描述，我更喜欢法国女作家杜拉斯在《情人》一书中的开场白："十八岁，我就老了。"——因为什么？因为她十五岁就有了一个情人，经历了爱情，已经失去了对爱情的幻想。这就如同海明威的小说《太阳照常升起》中的男主人公失去了性能力一样，生存得到了相对的安全。

爱情与生存是不能两全的。 人，男人和女人，远离了爱情，也就远离了死亡。

2011.9.27.

我对顾城事件的解读

前些天，无意中在网上看到了一部拍摄于 1998 年的香港电影《顾城别恋》。看过后相当失望。影片中的人物的确如一些网友所说的："顾城不像顾城，谢烨不像谢烨。"然而这却是至今为止，唯一一部描述"顾城事件"的电影。

说到"顾城事件"，人们首先想到的就是诗人顾城在远离中国的新西兰的一个小岛上杀妻自杀。

十几年过去了，人们至今对这一事件仍有着不同的解读。

其实，"顾城事件"至少应该包括两部分：首先是顾城、谢烨和英儿的三角恋情，然后才是顾城杀妻自杀。而前者是后者的起因，后者则是前者的结果。

我想，要想取得对这一事件的发言权，起码要读三本书：顾城的《英儿》，顾城的姐姐顾乡的《我面对的顾城最后十四天》，还有英儿的《魂断激流岛》。由于上述三本书所写的内容绝大部分发生在新西兰的一个被称为"激流岛"的小岛上，所以又有人称这一事件为"激流岛事件"。

在我眼中，"激流岛事件"的大致经过如下：1987 年 5 月，顾城、谢烨夫妇应邀出国讲学（当时三十岁的顾城已经是名满天下的诗人了），1988 年 1 月来到新西兰，顾城受聘于奥克兰大学，不久后便辞职，在与奥克兰隔海相望的激流岛隐居，过着相当艰苦的"田园生活"。在此期间，他们一直和在北京的英儿频繁通信。1990 年 7 月，在夫妇两人意见一致的情况下，由谢烨一手操办，邀请英儿来到新西兰激流岛。不久，顾城就和英儿共坠爱河，双宿双飞。而面对这一切的谢烨，则安之若素。1992 年 3 月，在谢烨的坚持下，顾城接受了德国一家文化机构的创作基金，和谢烨一起飞往德国，英儿一个人留在岛上。顾城对英儿许诺，只离开一年，挣了钱就回来。

1992 年末，一直和英儿有信件往来的顾城，忽然没有了英儿的消息。随后得知，英儿跟岛上的一个洋人老头一起失踪。这似乎是顾城有生以来遭受到的前所未有的巨大打击。可不知为什么，他并没有急于回到岛上去，而是和谢烨一起，在世界上走了不少地方，其间还回了一趟中国。直到 1993 年 9 月下旬，才重返激流岛。这时，由顾城口述，谢烨用电脑打字录入的《英儿》一书已经脱稿，正在联系出版。

顾乡在《我面对的顾城最后十四天》中，对顾城和谢烨两人生命的最后十四天里发生的事情，作了尽可能真实而详细的描述，这里就先不多说了。1993 年 10 月 8 日，顾城杀妻自杀。当时顾城三十七岁，谢烨三十五岁。

有一点需要说明一下，按照顾乡的说法，顾城那天对她说的是：“我把谢烨打了。”随即自缢身亡。当顾乡赶到谢烨身边时，后者头上有血，已经昏迷，但还有呼吸。现场确有一把斧子，但却是干净的。之后救护人员赶到，把谢烨送去了医院，后终因失血过多不治身亡。因此，顾乡认为，顾城“杀妻自杀”的说法是不能成立的。

我想，无论先死后死，说的是“打”还是“杀”，（这两个字在汉语里，发音是很相近的，）以及到底使用的是什么凶器，都不重要。谢烨死在顾城的暴力行为之下，则是不争的事实。

以上就是事情的大致经过。下面，我想就此说一说我对这一事件和三个当事人（顾城，谢烨和英儿）的看法。

顾城在诗歌上的成就，有目共睹，就不用我多说了。我只想谈谈在读过上述三本书之后，对顾城这样一个特殊人物在这一事件中所作所为的解读。

曾有一位诺贝尔文学奖的评委称顾城为"会走路的诗。"这一称谓生动而准确，同时也让人不由得联想到另一位自杀的诗人马雅可夫斯基，他说自己是"穿裤子的云"。

顾城的确称得上是一个"真诗人"，超凡脱俗，不谙世事，有才华，有个性，有激情，有理想。最为难得的是，他对于自己的理想，不光是嘴上说说，而是真的付诸了实践。

顾城的理想是在人间建立一个伊甸园。和上帝建立的伊甸园不同的是：在这里，不仅有夏娃，还可以有夏娃二，夏娃三，乃至夏娃 N；亚当则只有他一个，而且绝不允许再有第二个，即使这第二个是他的亲生儿子也不行。在这样的理念下，谢烨不得不把他们才两岁的儿子小木耳寄养在一位毛利老太太家中，这也就为他们日后矛盾的激化埋下了一个重要的伏笔。

"性格即命运。"无论是与顾城相熟的朋友，还是素昧平生的读者，对顾城性格的评价基本上是一致的：天真，诚实，内向，执着，自恋……，而用的最多的一个词，则是"自私"。

我以为，"自私"，几乎可以说是诗人不可或缺的素质。不以自我的感觉为中心，还能写诗吗?

有人说：人人都自私，这一说法值得商榷。

不自私的人的确有，"毫不利己，专门利人"，不过那是雷锋，不是诗人。

退一步说，即便人人都自私，可又有几个能写出诗来？可顾城就能，而他的诗至今还被人传诵，并且在我看来，今后还会继续传诵下去。

在有关激流岛事件和顾城性格的评论当中，我发现，很少有人关注一个我认为十分重要的问题：顾城的精神是不是正常？我以为答案应该是否定的。

我对于精神健康问题的了解有限，但起码知道一点，如果一个人在相当长的一段时间里，经常想到死亡乃至自杀，那他就是一个百分之百的抑郁症患者，——而顾城则恰恰就是这样一个人。正因为如此，他不仅思维方式和行为方式都异于常人，而且当现实生活中出现了问题时，他也无法像一个精神建全的人那样去理性地面对。

当英儿已经出走，而谢烨也要离他而去之时，顾城不但不知自省，反而感到了极大的困惑。他不明白为什么曾与他如此相爱的女人竟然会“背叛”他，转投别人的怀抱。秦观不是有这样两句词吗？“郴江幸自绕郴山，为谁流下潇湘去？”

然而，“人往高处走，水往低处流。”这样的规律，无论是秦观还是顾城，都无法改变。

顾城把死亡视为一个人灵魂最高、也是最完美的境界。对此，谢烨和英儿显然有不同的看法。她们都曾真心地爱过顾城，但是她们也都拒绝了顾城的死亡邀约。

当顾城终于认识到他理想中的伊甸园，已经被无情的现实世界彻底粉碎了的时候，就已身处于悬崖的边缘，只要再向前迈出半步，便可以为他作为天才诗人的一生划上一个完美的句号。然而就在这一刻，他却退缩了，妥协了，他想要和他一向视之为敌的现实世界握手言和。

这或许是出于人类原始的求生本能。不过，他的妥协正如谢烨所说的："晚了"。他伸出的和平之手遭到了拒绝(我认为，这正是随后惨案发生的诸多因素中最为关键的一个)。于是，他死了，而且死得不那么完美，也不那么壮烈。

接下来就该谈谈谢烨了。

谢烨是激流岛事件的中心人物。之所以这么说，是因为整个事件从始至终，基本上是出于她的设计和操作。

谢烨可以说是当之无愧的"伟大女性"。在任何时代、任何领域，谢烨都会是一位光彩夺目的人物。她的美丽，她的聪慧，她的善良，她的大度，是世所公认的。（就连在心底里认为她是致弟弟死亡的罪魁祸首的顾乡，也不敢在自己的书中流露出对她的丝毫怨恨，而是采用了"春秋笔法"，在字里行间，让读者隐约感觉到：谢烨似乎并不那么善良而且无辜。）

俗话说："天堂有路你不走，地狱无门你偏来。"世界上有那么多好男人，谢烨却偏偏嫁给了顾城。究其原因，除了顾城执着的追求，也是由于谢烨被天才诗人头上的光环晃了眼。（直到最终的惨案发生前不久，她已经下定决心离顾城而去的时候，还由衷地赞叹："顾城的形而上真漂亮。"）

在与顾城的十年婚姻生活中，谢烨与其说是一个妻子，还不如说是一个母亲。顾城曾写过一首诗《我是一个任性的孩子》，文如其人，而谢烨则为这个"任性的孩子"付出了一切。她的付出，远远超过了一般女性在生理和心理上所能承受的极限，把亲生儿子小木耳寄养到毛利老太太家中，就是很具代表性的一个例子。

作为一个女人，谢烨活得实在是太苦太难太累了。同时，作为一个母亲，她也必须要为小木耳的未来着想。

说谢烨设计和操作了整个激流岛事件，绝对不意味着她是一个阴谋家，在事先就有一个周密而完整的计划。开始她只有一个简单的目标，那就是带着儿子离开顾城。至于怎样实现这一目标，她则是“摸着石头过河”，走一步看一步。

首先，她和顾城一起邀请英儿来到激流岛，并听任顾城和英儿发展他们的恋情。或许她有过这样的预期：希望英儿能取代她的位置，从而使她得以从容脱身。可她没想到顾城在与英儿热恋的同时，对她的依赖并没有丝毫的减少，而且英儿对她也产生了姐妹之情。无奈之下，她想到了和顾城一起离开激流岛。就在这时，德国的一个文化基金会向顾城发出邀请，以谢烨的干练，这件事很快就有了眉目，但是英儿怎么办呢？她举棋不定。直到出国的前几天，才对英儿做出“你走了我才知道怎么办”的暗示。如她所愿，英儿在他们离开数月后，和一个外国老头一起从岛上失踪。而这时，远在德国的谢烨，也有了一个狂热的追求者——身穿一身名牌服装的流体力学博士大鱼。由于两人私下里的交往被顾城无意中发现，夫妻间发生了激烈的争吵，顾城第一次对谢烨动了手：掐了她的脖子。事情惊动了邻居，也惊动了警方。警方要把顾城送进精神病院，为期三个月。但是由于谢烨坚持不肯签字，顾城才得以躲过一劫。事后不少评论者认为，如果不是谢烨的姑息，最后的惨剧未必就一定会发生。

不久，顾城得知英儿失踪，几近疯狂。如果说，谢烨之前的行为还是有真情也有苦衷的话，那么她在英儿失踪后的表现则显得不那么有必要了。她和顾城一起谴责英儿的“背叛”，对媒体说：“为顾城杀人也愿意。”甚至还帮顾城设计了一个“追杀英儿”的荒唐计划。

在此期间，她只做了一件正确的事，那就是由顾城口述，她用电脑打字录入，完成了前面提到的小说《英儿》，并把她亲手写给儿子的一篇十分动人的文章《你叫小木耳》附在了书后。

1993 年 9 月 24 日，谢烨和顾城回到了激流岛。前面说过，这时的顾城面对绝境，已开始退缩，试图与现实世界妥协。他把原来为自己设计的结局，从自杀变成了离婚，并且宣称深爱他的儿子，要和那个曾被他一脚踢出家门的小木耳一起生活下去。然而，他的妥协来得太晚了。离婚的事，谢烨拖着不办，同时明确地告诉顾城，就是离婚，他也得不到儿子。此外，她还邀请大鱼到岛上来，最后这一点，她对顾城始终闪烁其辞。

顾城终于明白了，谢烨是要作他的“遗孀”而不是“前妻”。于是，他写下了遗书。

谢烨的计划几乎就要成功了。然而，智者千虑，终有一失。她做梦也没有想到，当得知大鱼很快就要上岛的消息时，“形而上”的顾城手中，出现了一把“形而下”的斧子……

按照顾乡的说法，谢烨直到最后的惨案发生前，对顾城的感情还是矛盾的——有爱情也有怨恨。我认为顾乡的说法有相当的真实性。

平心而论，自始至终，是顾城负谢烨，而不是谢烨负顾城，这也许就是关注此事的人们更多地把他们的同情给予了谢烨而不是顾城的原因。

应该特别强调的是：如果没有谢烨多年来在精神上、物质上和情感上的支持，就不会有我们今天所知道的诗人顾城和他的诗。

下面就要说说激流岛事件中的第三个当事人了。

顾城和谢烨叫她“英儿”，她比顾城小七岁，比谢烨小五岁。现在还活着。

我至今也不明白，为什么关注这一事件的人们，几乎是众口一词地谴责英儿，而且句句都是诛心之论。

可是在我看来，事件的三个当事人中，英儿是最弱势的一个了。

在激流岛上，顾城掌握着话语权，谢烨掌握着操作权，英儿则没有一丝一毫的权力，连个名分都没有。我不明白人们凭什么认为，93 年初就已经离去的她，应该对数个月后岛上发生的惨剧负最大的责任。

如果说，她错在不该认识顾城并崇拜他，那也只能怪造化弄人，再加上诗人的魅力对一些“少不经事”并钟情于诗文化的女孩来说实在是太大了。可能有人对这种魅力不太理解，那我建议他不妨去看一看大约十年前，由孙周导演，巩俐和梁家辉、孙红雷共同主演的电影《周渔的火车》，现在音像店里还有的卖。

如果说，英儿不该在顾城夫妇离开中国后还和他们通信，难道通信也是错误？即使是错误，责任也应该由双方共同承担。

如果说，英儿不该来到激流岛，并充当了第三者的角色，那她也是应邀而来。以谢烨的聪明和她对顾城的了解，对于英儿上岛后可能发生的事情，她是不可能没有充分的心理准备的。（谢烨要是不想让英儿来，那再简单不过：只要什么都不做就行了。）

十几年后的今天，越来越多的人都明白了这样一个道理：在绝大多数情况下，第三者的出现，是一段婚姻出现问题的结果而不是原因。

而且不能不提到的是，英儿在岛上的那不长的岁月里，她和顾城的爱（情爱与性爱），是十分美好而动人的。同时，在安置小木耳的问题上，她也在一定程度上帮助了困境中的谢烨。

或许可以说，英儿所犯的最大错误，是她在惨案发生后，未能像另一个第三者大鱼一样，咬紧牙关，保持沉默。她试图为自己说话，这引来了更多的非议，人们指责她在说谎，更有人直言不讳地称她是“婊子”。

她的一个罪名，就是作为一个第三者，破坏了顾城和谢烨“美满幸福”的婚姻和家庭。我只能说，这样的指责不是由于无知就是别有用心。因为顾城和谢烨的婚姻，早在英儿来到激流岛之前就已经出现了无法弥合的裂痕。

英儿的另一个个罪名，就是在惨案发生后，试图用谎言来为自己开脱责任。

可谁又敢说自己从未有过谎言呢?

更何况谎言对于弱者，可以说是自我保护的最后一层甲胄。

在《魂断激流岛》一书里，英儿把自己在岛上的日子写成了一片愁云惨雾，让《英儿》的读者们简直无法相信这两本书写的是同一些人，同一段生活。这就产生了一个问题：哪本书更接近真实呢?

在我看来，两本书都是真实或基本真实的，只是由于两位作者在写作时间上的差异，才使得他们在描述同一段生活时，选择了几乎完全不同的事实与感受。《英儿》完成于惨案发生之前，书中除了对英儿的离去有一些怨恨之辞外，更多的是对在岛上共同生活的美好回忆，甚至于还有对已经离去的英儿的召唤。（细心的谢烨似乎注意到了这一点，于是她果断地关上了这最后一道幻想之门——她不允许顾城在书中过多地描述他与英儿在精神上的相互交融。）

而英儿在开始写《魂断激流岛》一书时，顾城和谢烨死去才五个月，在那样一片巨大阴影的笼罩下，活着的她，不得不把她在岛上的生活写得凄凄惨惨戚戚。

如果说，两本书的叙事角度都有所偏颇的话，我则倾向于《英儿》对岛上生活的描述更为真实。这不仅是因为顾城一贯为人诚实，而当时他也没有说谎的必要；还由于书中许多出自英儿口中的语言，活泼而生动，不像是别人——即使是顾城这样的语言天才——能够凭空编造出来的。（《英儿》下篇《按摩》一节中的大段对话，就是一个很好的例子。）

最后，我想说一说我对文中提到的那三本书的看法。

英儿的《魂断激流岛》，文笔不错，只是写得过于阴暗，其中自有苦衷，上面已经说过，这里就不再赘述。

顾乡的《我面对的顾城最后十四天》，是三本书中写得最为详实的一本，几乎没有丝毫的艺术夸张，基本上是属于纪实的那一种。文字也相当老道，把最后十四天发生在激流岛上的一些场景，十分生动地展现在读者面前，是关心“顾城事件”的人们绝对要读的一本书。不过在读这本书的时候，一定不能忘记一点：顾乡是顾城——而不是谢烨——一母同胞的亲姐姐。

三本书中，《英儿》无疑是其中的翘楚。这是诗人顾城所写的唯一的小说，而就是这部小说，更能让读者——至少是我，——折服于顾城头上那天才的光环之下。（记得好像是海明威，每次看到好文字后都会说：“真希望这是我写的。”）

作者把《英儿》分成上下两篇，我则按照内容把这本书分为如下三部分：

一，由于英儿的离去而感到的痛苦乃至绝望。这一部分文字基本上是诗，孔子说《诗经》“哀而不伤”，顾城的文字却是

“既哀且伤”，是伤心裂肺的“泣血之作”。

二，在激流岛上与英儿的性爱。我想，凡是尝试着写过性爱的人都知道，要把这样的文字写好是一件很不容易的事。而顾城的这一部分文字写得很美。就连自称“我是流氓我怕谁”的作家王朔也难得地放下“流氓”的身段，说顾城“写性写得比较好。”（见王朔《美人赠我蒙汗药》）

三，岛上的日常生活。本来，岛上的生活因为人物关系非同寻常，本应是充满张力的。但在顾城笔下，却显得相当轻松愉快，就连辛苦的劳作，也充满乐趣，以至于读者会觉得岛上的生活十分美好动人。古代文人早就有过“愁苦之言易巧，欢愉之辞难工”的说法，而顾城的这一部分文字，恰恰就是“难工”的“欢愉之辞”。对日常生活轻松自如而又美好动人的描述，在中国当代文学中，难得一见，在古典文学中，也只是在《红楼梦》里出现过。

作为“篇外”附在《英儿》书后的《你叫小木耳》，是谢烨写给儿子的。三万多字的一篇小文章，写得凄美动人。谁又能想到，就在几个月后，当顾城和谢烨的这些文字成书出版的时候，五岁的小木耳却已经没有了父母……

英国诗人拜伦在《唐璜》一书中曾引用了一句西方谚语：“为神所爱的人死得年轻（WHOM GODS LOVE DIE YOUNG）。”

关于顾乡的

《我面对的顾城最后十四天》

我在《我对顾城事件的解读》一文中，提到顾乡的《我面对的顾城最后十四天》（以下简称《十四天》），并说这是关心顾城事件的人们绝对要读的一本书。

《十四天》详细记述了从1993年9月24日顾城和谢烨回到激流岛到10月8日顾城杀妻自杀这十四天中发生的事，特别是当事人的一些行为和对话，对于了解顾城事件是非常有价值的第一手材料。

顾乡和名满天下的顾城不同，素无文名，相当低调。唯有这本《十四天》是个例外，而且称得上是“厚积薄发”，一出手就令人刮目相看。

我之所以这么说，不仅仅因为《十四天》一书与顾城事件紧密相连，还由于这本书的文字本身就不同凡响。绝不是凡夫俗子所能为。

《十四天》中的人和事，作者平铺直叙，娓娓道来，就连语气助词，也用得准确到位，使读者如闻其声。

在那十四天里，顾乡每天都见到顾城和谢烨，听他们对话，与他们交谈，和他们一起吃饭，一起出行。直至最后亲眼目睹了惨剧的发生……

因此，对于这最后十四天，顾乡也就具有了他人不可企及的描述、分析和解释的权力。

可是问题恰恰就出在这里。

如果一个事件，只有一个人具备描述、分析和解释的权力，那么这种权力就不可避免地会演化成为一种话语霸权，即：只有我说的才是正确的。

我相信《十四天》中的描述是真实的，但是我对于作者的分析和解释，却有所保留。

首先，作者的立场并不像她希望读者相信的那样公正。

最早让我有这种感觉的，是书中 9 月 30 日的一段记述。顾城和谢烨前一天去奥克兰办事，晚上住在一个朋友家里。第二天上午，作者和谢烨通电话时，问到朋友的两个孩子，谢烨答“又漂亮又懂事。”

而下午回到岛上时，谢烨却又说那两个孩子“能教得好吗？”“当着人家能说人家的孩子不好吗？”

这一段记述相对于作者在整本书中对谢烨的赞誉，显得很不协调，而且与此前此后发生的那些事也没有任何直接或间接的关系。那么作者为什么会在书中放进这样一段文字？是闲笔么？是败笔么？都不是，那是什么呢？明眼人一看便知。

由于这本书写于谢烨死后不过数月，有读者就因此而认为作者不够厚道。但是在我看来，这已经不是厚道不厚道的问题了。套用一句文革中的常用语：这不是态度问题，而是立场问题。

于是，一系列问题随之出现。

根据作者的记述，10 月 8 日，顾城对她说的最后一句话是：“我把谢烨给打啦。”之后作者一再强调这个“打”字。而我当时就对这个“打”字感到疑惑。先不说“打”和“杀”这两个字在汉语发音中十分近似，只要想想顾城一贯的为人，特别是他对谢烨的感情，难道他就能眼看着谢烨重伤倒地，不仅不施救，反而转身离去？哪来这么大的仇恨，竟使他如此冷酷？况且按照作者的描述，顾城在伤害谢烨之后与她在家中相遇，还是她发问在先，顾城才指示了凶案现场的方向。而且他们的相遇，也不是必然的，作者完全有可能不在家。那么谁去救谢烨呢？

抢救流血的伤者，最重要的就是时间，这不是医学常识，而是生活常识。平日谢烨手上划破个口子都会心疼的顾城，此时此刻，却置血流不止的谢烨于不顾，实在令人难以置信。

所以我想，顾城的行为只能有两种解释：

一， 他认为谢烨的伤势并不严重，不需要救治。

二， 他认为谢烨死了，已经没有救治的必要。

说到这里，我们再回到前面提到的那个问题：顾城说的

到底是“打”还是“杀”？

对此，我至今还难以下定论。

《十四天》的作者发现顾城的遗书，已经是惨案发生两个半月之后的事了。

作者从遗书中得出了一个结论，即：顾城在写遗书时（惨案发生前约三小时，）并无伤害谢烨的想法。其根据是：顾城在遗书中指定由儿子继承他的房子。如果他已经准备杀死谢烨，那么房子自然会由他们的儿子继承，用不着在遗书中特别注明。

对此，我只能说，这样的立论是很勉强的。

对于新西兰的法律，我一无所知。我只知道中国有关继承的法律是这样规定的：夫妻双方的婚后财产为共有财产，任何一方都无权单独处置。我假定新西兰也有类似的法律条款（相对于中国法律而言，新西兰的法律应该像大多数欧美国家一样，更注重保护妇女

的权益），因此顾城是无权单独处置他和谢烨的共有财产的。所以《十四天》作者所提到的顾城遗书中的那一特别指定，除了说明顾城对法律的无知以外，什么也证明不了。

比起《十四天》作者的说法，不少读者就顾城遗书提出的问题相对而言更合乎情理：为什么四封遗书里，没有一封是写给谢烨的？这是否说明顾城在写遗书时已经决意要在自杀前杀死谢烨了？

对此，我再一次难下定论。

说句心里话，虽然我这篇文章的主旨是要挑《十四天》及其作者的毛病，可我还是认为这是本难得的好书。因为我觉得《十四天》可以说是《英儿》相当不错的一个续篇，就像高鹗续《红楼梦》的那后四十回一样。

高鹗与曹雪芹素昧生平，而《十四天》的作者却是顾城的亲姐姐。

身为顾城的姐姐，亲眼目睹了弟弟的死亡，试图为被人说成是“杀人犯”的弟弟减轻罪责，同时借此给身心皆处于巨大痛苦中的父母以些许宽慰，也在情理之中。

然而，这本书对于被她弟弟杀害的谢烨是否公平，让同样处于巨大痛苦中的谢烨的父母如何面对，似乎就不在作者的考虑之中了。

关于谢烨

如果我们相信顾乡《我面对的顾城最后十四天》（以下简称《十四天》）一书中的记述是真实的，那么不管我们愿意不愿意，都只能得出这样一个结论：谢烨是整个激流岛事件的设计者和操作者。只是因为过于自信，认为顾城不会伤害她，才最终死在顾城的斧下。

“机关算尽太聪明，反算了卿卿性命。”这两句话本是用来形容王熙凤的。而谢烨在美丽、聪明、能干并且敢干这些方面绝对不输给王熙凤。不过她们的相似之处到此为止，在其它方面，两人的为人处世则大相径庭。凤姐爱钱，谢烨爱才；凤姐狠毒，谢烨善良；凤姐嫉妒，谢烨宽容。凤姐“明里是一盆火，暗里是一把刀”，谢烨则明里暗里都是一盆火，温暖着她身边的每一个人。

这样一位美好的女性，怎么会成为一个悲剧事件的设计者和操作者呢？

这还要从她与顾城的关系说起。

谢烨和顾城初次相识是在火车上，相恋四年之后结婚。他们的婚姻到惨案发生时已经持续了十年，还有了一个五岁的儿子小木耳。

对于他们婚后生活的描述，无论是在与之相熟的朋友们笔下，还是在他们合作（顾城口述，谢烨打字）完成的小说《英儿》中，基本上都是一致的：谢烨对顾城的照顾无微不至。谢烨不在身边，顾城甚至连自己的袜子都找不到。

顾城只上过五年小学。文革开始后。，他在干校放了五年猪，回到北京又干了五年木匠活，文革结束后不久，便脱颖而出，成为当时诗坛上冉冉升起的一颗新星。顾城自己在《英儿》一书中写到，他是因为追求谢烨时，“写出大量情深意切而又话语颠倒的篇章，从而变成了一个诗歌流派的重要诗人。”说得直白一点儿，是对谢烨的爱，成就了这位天才诗人。

有人或许会问：天才不就是天生之才吗？怎么还要别人来成就？

其实，这世上的天才并不像我们想象的那样稀少，只不过是能够成就天才的人不多。

所谓“千里马常有，而伯乐不常有。”就是这个意思。

没有人能够否认，顾城和谢烨之间爱情的初始阶段是非常真挚而美好的。但是，顾城正如他自己所说的那样，“是一个任性的孩子”。结婚之后，谢烨渐渐发现，她不仅要做一个妻子，还要做一个母亲，细心照料好这个“任性的孩子”。

谢烨无愧是一位“伟大的女性”，为人之所不能为，以她博大的胸怀，义无反顾地承担了这一亦妻亦母的责任。

在他们婚姻生活的前半段，谢烨对顾城的爱使她毫无保留地付出了顾城要求她付出的一切。

刚来到激流岛上的时候，他们的生活非常艰苦。那里没有电，没有自来水，生活中的一切几乎都要靠自力更生。自己挖蓄水池，自己建厕所，自己种菜，自己养鸡……而面对这一切，从小到大一直生活在城市里的谢烨，不仅吃苦耐劳，而且毫无怨言。

就在这时，一个真正需要她母爱的小生命来到了这个世界上——小木耳降生了。

身为父亲，顾城对儿子的降生感到的不是喜悦，而是困惑和恼怒。

顾城的理想是在人间建立一个伊甸园，而夏娃可以是复数，亚当则只能有他一个。出于这种理念，他把小木耳视为他的伊甸园的一个入侵者，不但没有父子之情，甚至不愿和儿子生活在同一屋檐下。

谢烨实在是太难了。对于她来说，身边有两个男人，一个是孩子，另一个也是孩子。一个无知，一个任性。无知的不懂事，任性的不讲理。

谢烨在这样的困境中苦苦地挣扎了两年，终于无奈地把小木耳寄养在了一位毛利老太太家中。每当谢烨去看望儿子，那位毛利老太太还会不时地批评她没有尽到作母亲的责任。

这件事使得她和顾城的婚姻出现了第一道、也是最深的一道裂痕。随着时间的推移，裂痕化为深渊，最终吞没了这两个年轻的生命。

如果谢烨只是一个普通的女性，那么她多半会带着儿子，离开丈夫，一走了之。但是谢烨却没有这样做。她知道顾城离不开她，她不想让这个天才诗人因为自己的离去而就此垮掉。所以，当问题刚一出现，聪明能干而且敢干的谢烨，就走了一步险棋。她和顾城一起，向远在北京的一个女孩英儿发出了邀请。这位英儿，在他们离开中国前，就曾当着谢烨的面，和顾城互相表白过爱意。并在他们离开中国后，一直和他们保持着信件往来。

谢烨为英儿办好了一切相关的手续，英儿如期而至。

英儿上岛之后不久，便与顾城共坠爱河。而就连他们做爱时所用的避孕套都是谢烨提供的。

谢烨为什么能够如此冷静地面对这一切，其中的原因在惨案发生后一度众说纷纭。有人说这是谢烨想借此显示她的大度和宽容，有人说这是谢烨屈从于顾城淫威之下的无奈之举。还有人说这是谢烨缺乏现代女性独立人格的表现。

我认为，这些说法听上去都有一定道理，但是也都失之于偏颇。在我看来，另一种说法似乎更加可信，也更符合谢烨的性格和她当时的心理。这种说法认为，谢烨之所以有这样的做法和态度，是因为她希望英儿能够取代她的位置，使她得以带着儿子，从容脱身，而顾城也不至于因此垮掉。

可是谢烨没有想到，顾城在与英儿双宿双飞之际，并没有减少对她的依赖，并且把她和英儿都视为自己的妻子。这使我想起前些年读过的一本《杰奎琳传》。其中说到，当美国总统约翰·肯尼迪带着妻子杰奎琳访问法国时，对欢迎他的法国民众是这样作自我介绍的："我就是那个陪伴杰奎琳一起来到巴黎的男人。"（年轻美丽的杰奎琳让当时的法国总统戴高乐都看呆了。）尽管拥有这样一位妻子，肯尼迪还是在外面不断地搞女人。这位传记作家写道："肯尼迪并非不爱杰奎琳，他只是不能忍受一夫一妻制而已。"

美国的杰出总统与中国的天才诗人在这一点上居然不谋而合。

在《英儿》一书中，顾城直言不讳地否定了一夫一妻制。因此，他并不认为自己需要在谢烨和英儿之间做出一个选择。"你们是我的妻子，我爱你们，现在依然如此。"这就是《英儿》一书的卷首语。

面对这样的局面，谢烨心中的纠结，可想而知。但就是在寻找进一步解决办法的同时，她也没有忘记关心帮助她身边的每一个人——包括她丈夫的另一个妻子。

就在谢烨进退两难之际，德国的一个文化基金会向顾城发出了邀请，并准备为顾城提供一笔写作经费。谢烨非常高兴，觉得这是一个难得的机会。她希望能和顾城一起，带着小木耳，一家人同赴德国。可顾城的态度却是“英儿去我才去。”“木耳要去我就不去。”夫妻二人为此争执不下。最后，由于谢烨的坚持和英儿的劝说，顾城总算是让了一步，同意和谢烨一起去德国一年，英儿和小木耳则留在岛上。

小木耳可以继续和那位毛利老太太一起生活，但是英儿怎么办呢？谢烨思之再三，在离岛前，对英儿作出了“你走了我才知道怎么办”的暗示，并说：“如果我们回来时，你还在这儿，那我认命。”

谢烨和顾城一同离开激流岛，来到德国。在小岛上经历了将近四年艰苦生活的谢烨，终于又一次呼吸到了现代都市中的空气。（对于顾城而言，只要有谢烨在身边，哪儿的空气都差不多。）

来到德国后时间不长，谢烨就有了一个狂热的的追求者——同样来自中国大陆的流体力学博士大鱼。而谢烨对大鱼也产生了感情。一天，两人私下里的交往被顾城在无意中发现，夫妻间发生了激烈的争吵。顾城第一次对谢烨动了手，掐了她的脖子。这事惊动了邻居，邻居报了警。警方认为顾城有暴力倾向，要把他送进精神病院，为期三个月。这时，身为受害者的谢烨又一次档在了伤害她的顾城身前，由于她坚持不肯签字，顾城才得以逃过一劫。

这件事过去后不久，此前一直和他们保持着通信联系的英儿，忽然没有了音讯。当顾城得知英儿和一个在岛上教气功的洋人老头一起失踪时，精神几乎崩溃，他寻死觅活。又是谢烨像母亲一般抚慰了顾城，对他说：“你要死，也等把书写完再死。”谢烨所说的“书”，就是后来人们读到的小说《英儿》。当他们回到激流岛时，这本书已经脱稿，正在联系出版。

谢烨和顾城返回激流岛后的种种矛盾与冲突，以及后来惨案发生的经过，顾乡在《十四天》一书中，已经作了十分详尽的描述，这里就不多说了。

之前我写的《我对顾城事件的解读》一文，放在了一位朋友的博客上。由于这位朋友博客的点击率很高，所以我那篇文字也引来了不少网友的评论。而其中有些声音是我不愿意听到的。所以，我想在此就两个个问题谈谈我的看法。

一，如果谢烨真是一位贤妻良母，那她又怎么会成为那样一个悲惨事件的设计者和操作者呢？

我想，首先，我们应该把动机和结果区分开来。

谢烨的动机绝非是要制造一起惨案。只是当她发现丈夫容不下儿子的时候，她才想到要带着儿子离开丈夫。而心地善良的她，却又不愿意因此就把顾城这位天才诗人毁掉。

于是她请来了英儿，希望这个同样为她丈夫所爱的人能够取代她的位置。可没想到顾城把她和英儿都当作自己的妻子，哪一个也不打算放弃。同时，顾城对儿子小木耳的态度则越来越恶劣。一天，小木耳正在玩耍，顾城一脚就把才两岁的儿子从沙发上踢了下去。英儿抱着大哭的孩子跑出门外。

谢烨绝不想让这样的事情再次发生。她让英儿带着顾城住到了另一所房子里。自己则费尽周折，把小木耳寄养在一位毛利老太太家中。

面对这样的困境，谢烨不能不寻找下一步的解决办法。

可以这么说：谢烨的每一步的设计和操作，都是性情乖戾的顾城逼出来的。

二，在回到激流岛的那最后十四天里，谢烨真的是想要顾城死吗？顾城的姐姐顾乡是这样认为的，我也是这样认为的。

虽然谢烨在那最后十四天里，确实说过她并不想让顾城死，打算和大鱼一起支持顾城继续写作之类的话。但是她也不止一次对顾乡说："我能承受他（顾城）死，不能承受他活。"而且她在岛上的一些作为（详见顾乡《我面对的顾城最后十四天》），如果不是想要顾城死，则很难做出其他更合理的解释。

这里应该特别说明一下，谢烨想要顾城死，并非只是顾乡的一家之言。在返回激流岛之前两个月，谢烨在写给父亲的一封信中就曾出现过这样的话："我现在甚至觉得谁杀了他我马上就会爱上谁。"

那么，谢烨为什么一定要顾城死呢？

原因只有一个字：爱。

他们曾如此相爱。

爱和死就像是一对连体姐妹，一个出场，另一个也绝不会缺席。

顾城对"爱与死"这个问题悟性非常高，他的死亡理念仅在《英儿》一书中就出现过很多次。

然而，真正要去自杀，需要的不仅仅是悟性和理念。

小说里的顾城自杀了，现实生活中的顾城却不想死。他说他梦见了小木耳，说他爱小木耳，说他要和小木耳一起生活下去。

对此，谢烨的回应只有两个字："晚了。"

顾城说死至少说了十年，而且每一次都说得非常到位。可是如今面临绝境，该死不死，却像深山里的白毛女一样，唱出了一句“我不死，我要活！”实在令人大跌眼镜。

“任性的孩子”忽然改邪归正，想要成为一个“为了理想而卑贱地活着”的“成熟男人”。

心中爱恨交织的谢烨不能接受这种变化。

我仿佛看到，谢烨的手指向蔚蓝色的天空，对顾城说：“看，那就是你向往了十年的地方。现在你可以去了。”

当初，是谢烨成就了这位天才诗人；如今，又是谢烨，为这位天才诗人的一生划上了句号。只是她没有想到，这个句号同时也结束了她自己年轻的生命。

这让我不由得想起早年读过的一本《海明威传》，其中讲到海明威在一战结束后，曾在巴黎和一位年轻的女雕塑家有过一夜情。两年后，海明威从报纸上得知，那位年轻的女雕塑家自杀身亡，她的遗书只有一句话：

哥特人的头颅在被击碎后才显得更美。

英儿

对于要不要写一篇关于英儿的文字，我一直犹豫不定。因为她还活着，完全可以为自己说话，我大可不必越俎代庖。

不过在看了网上对我《解读》一文的评论之后，我还是决定写。是我的文字引起了对英儿新一轮的攻击，对此，我问心有愧。

有网友问：英儿在顾城事件发生时，已经三十岁了，怎么就成弱者了呢？

我想，是不是弱者，与年龄性别无关。应该注意的是她（或他）在权力关系中的位置。

权力无处不在，即使是小小的激流岛上，也存在着错综复杂的权力关系，而英儿的确是处在最弱的位置上。所以我认为，在惨案发生后，人们对她的指责是非常不公平的。

究其原因，不外乎男尊女卑的传统观念至今对人们的思维方式与价值判断，还有着不可忽视的影响。

暂且不论英儿和顾城之间，是否曾有过真挚美好的爱情。就算是英儿为了某种目的，出卖了自己。也不应该受到如此恶毒的攻击。

鲁迅说过，如果一定要把女人分为“母妇”和“娼妇”，那么男人也应该分为“父男”和“嫖男”。

有“买”才有“卖”，有需求才有市场。

还有人在对夫妻关系的心理分析中，发现了这样一个现象：夫妻双方，如果是妻子有了婚外情，那么绝大多数丈夫会认为是自己的妻子太骚，勾引了外面的男人。相反，如果是丈夫有了婚外情，那么绝大多数妻子会认为是外面的女人太骚，勾引了自己的丈夫。总之，婚外情一旦出现，受到谴责的总是女人。

前些年，就有过这样的新闻：一个男生认为他的女友（与他同在一所学校里学习的一个女生）跟他们的一个老师关系暧昧，于是暴打了他的女友。

当时我就感到很不理解：这位男生为什么要打他的女友，而不是反过来去打他的老师呢？

如今总算想明白了，即使是八零后的年轻人（至少是年轻男人）中，也有相当一部分人的思维方式与价值判断，还停留在鲁迅时代，甚至更早。

我想，如果骆宾王复生，再写出一篇《为顾谢粉丝讨英儿檄》来，一定会受到时下许多网友们的激赏。

当年，激流岛上的惨案发生，《英儿》一书出版，英儿一时成为众人瞩目的人物。就在指责、攻击、谩骂铺天盖地而来之时，一个人挺身而出，置自己的隐私于不顾，挡在了英儿与那些卫道士们投来的石块之间。这个人就是英儿的初恋情人、比她年长三十岁的诗人刘湛秋。

我们可以不喜欢刘先生的相貌，不喜欢他的诗，不喜欢他拈花惹草的习性。然而他在这一时刻表现出来的勇气和担当，不愧为一个堂堂男子。在这一点上，顾城不如他。

英儿在《魂断激流岛》之后，前些年又出了一本书《爱情伊妹尔》。这本书我没读过，只听说英儿现在否认她曾爱过顾城。对此，我不想太认真。她有她的隐情，她有她的苦衷，她还要继续生活下去。我只能祝她健康快乐，万事如意。

不过，英儿在我心目中，将永远是那个激流岛上的北京女孩儿。

注：本文写于 2012 年。英儿在离开新西兰后，隐居澳大利亚，并与她的初恋情人刘湛秋结婚，几年前因癌症去世，终年五十岁。

我哭了

2011 年月 5 月 2 日中午 12 点我打开电视……凤凰卫视资讯台正在现场直播美国总统奥巴马的讲话，他向全世界宣布美国击毙了本 · 拉登。我哭了，泣不成声。

我逐一打电话给我的朋友，告诉他们这个消息。

2001 年 9 月 1 日晚，同一家电视台，现场直播了后来被称为“9.11”事件的全过程。当时我也做了同样的事：给朋友打电话，不同的是，那一次我没哭。

朋友们在电话中听到了我的哽咽。

放下电话，我急不可待地取出一件白色圆领衫，在上面用黑颜料写了下面的字：

孩子，别哭了，让我来替你把眼泪擦干吧。

2011.5.2.

几天后和朋友们见了面，他们问我为什么哭，为拉登的死？为美国的胜利？为奥巴马的演说？……

我把那天下午 1 点 40 分写的一段日记，念给他们听：

“哭，为什么哭？为什么？

1864 年 6 月，湘军攻陷南京，（当时名‘江宁’，太平天国则称‘天京’）。消息传开许多人哭了。太平天国死难将士的遗属们哭了；当年流落北京的江南士子们哭了；

就连心硬如铁的慈禧太后，也因念及‘先帝’，潸然泪下。”

此时此刻，是 2011 年 8 月 31 日 9 点 45 分，距离 5 月 2 日已经过去了近 4 个月了，我想对那一段日记作一番详解和评注。

清同治三年六月十六日（农历？），在两江总督、钦差大臣、节制六省军务的曾国藩统一部署下，他的弟弟曾国荃亲自指挥两万湘军，苦战八年，最后两年是围攻南京，终于在上面说的那一天，用挖地道埋炸药的方法，把南京城墙炸开一个大缺口，湘军从缺口处杀入城内，历经十三年的太平天国运动从此终结。

报告消息的奏折破例用“八百里加急飞奏”（往日最快是六百）传递到北京，已经是六月二十日深夜了。西太后慈禧被宫女从梦中唤醒，命人请来当时一同垂帘听政的东太后慈安，把奏折念给她听。念完之后两位太后不禁相对垂泪，因为她们想起了三年前去世的“先帝”咸丰。咸丰作了十一年皇帝，几乎没有一天不是身处内忧外患之中，每每深夜惊醒，接到各省的军情报告，不是这里兵败，就是那里失守，于是就沉溺于酒色之中，以期缓解巨大的精神压力。最后一病不起，撒手归天，时年三十一岁。因而二十七岁的慈禧和二十五岁的慈安就成终生不再嫁的寡妇。

慈安拭去泪水，叹道，“可怜，盼了多少年，总算盼到了这一天，他人又不在了。”

所以这两位年轻太后的眼泪可以说是“初闻捷报，念及先帝，悲从中来。”

捷报传开，人们奔走相告，多年来因家乡为太平军的盘踞，而落流北京的江南士子们，也不由得想起杜甫的名句：“剑外忽传收蓟北，初闻眼泪沾衣裳。”

他们哭了，这叫做：“喜极而泣”。

至于太平天国阵亡将士的遗属，他（她）们的泪水就更容易理解了：国破家亡，能不“痛哭失声”吗？

现在该把话头拉回到一百五十年之后：拉登之死“痛哭失声”，也不是为美国的胜利“喜极而泣”，更不是因为听到奥巴马的演讲，想起十年前，“9.11 事件”中的三千多名死难者，“悲从中来”，不是，都不是。

那到底是为什么呢？也是四个字：“百感交集”

至于写在白色圆领衫上的那些字，其实是偷来的。

上世纪三十年代初期，美国有一位著名的左翼政治人物，名叫休伊·朗格，他在竞选路易斯安娜州州长时，曾站在一棵橡树下的棉花包上，发表了一篇被后人称之为“美国政治史上最动人”的演说。

在历数了该州人民多年来饱受的苦难和失望之后，他说“……你们在这个地方，围绕着这棵橡树哭了好几代了，给我一个机会，让我替在这里哭的人把眼泪擦干吧。”

休伊·朗格果然当选了州长，并成为参议员，7 年之后，他被一名年轻医生枪杀，凶手则被朗格的卫士们打成了筛子。

那名医生的杀人动机始终也没有搞清楚，有人说是因为个人恩怨，有人则干脆说他是为罗斯福总统所指使，后一种说法之所以会有人相信，那是因为罗斯福害怕休伊·朗格，是人所共知的，罗斯福把两个人视为对美国民主政体的最大威胁，朗格就是其中之一。因为当时是值大萧条时期，许多美国人、美国家庭，几乎一夜之间就从小康沦为清贫，社会动乱随时可能发生，而动乱一旦发生，身为左翼政治领袖的朗格就极有可能站出来，登高一呼，把美国推向社会主义。被罗斯福视为威胁的另一个人是麦克阿瑟，时任美国陆军参谋长，军中级别最高的军官（唯一的四星上将，在他之下，连三星将军也没有）。如果发生动乱，麦将军很有可能发动军事政变，建立军事独裁，并以德国、意大利为榜样，把美国变成一个法西斯国家。

一方面罗斯福的确很走运，另一方面也由于他力推“新政”，动乱没有发生，美国得以保持了民主政体。后世人（至少中后世美国人）认为，这是罗斯福在任职美国总统的十二年期中的最大功绩，甚至超过了他在二次世界大战中的作为。

越扯越远，回到“哭”上来。

最近，我照着网上查到的七绝格律，按着平仄的规矩，一个字一个字安上去，凑成一首七绝：

手把残樽酒半壶，
醉中夜夜有啼乌；
寸心不肯随风去，
尚欠人间一大哭。

怎么还欠着？

2011.8.31.

"一 流"及其它

一个荤段子：

护士休息室里，护士长推门而入，气不打一处来，"四床那老东西，真不要脸！居然在他那玩意上纹着'一流'两个字"。一个小护士怯声问道："护士长，您没看全吧？怎么我看的是'一江春水向东流'七个字呢？"

初闻这个段子大约是十年前的事了，不仅一直没忘，而且还反复琢磨。越琢磨越觉得有味儿，觉得精彩，简直就称得上荤段子中的极品。

前两天和一个朋友聊起这个段子，他也说不错，很有文学水平。

我说何止是很有文学水平，而是很有哲学乃至佛教禅宗的水平；并试着把我的感想说清楚。

我说：你要是"一江春水向东流"了，那就真要"一江春水向东流"了——受欲望的煎熬，是十分痛苦的事。据高尔基讲：托尔斯泰就不止一次说出这样一个词组："令人感到屈辱的欲望。"我们中国的民族英雄林则徐也写下这样一幅对联。"海纳百川，有容乃大，壁立千仞，无欲则刚。"

朋友不同意我说的，他认为："一流"才是真正的悲剧："一流"说明你不行了，硬不起来了，那不是病了就是老了，说不定还快死了。

比起疯、老、死来，青春，确切地说是青春的欲望，则更加残酷。作家王朔似乎就意识到了这一点，不然他怎么要写什么《残酷青春物语》呢？争论到此告一段落，我们没能达成共识。我依然认为我是对的。

上世纪五十年代前期，朝鲜战争结束，交战双方签订了停战协定。美国历史上仅有的十位五星上将布莱德雷说了一句流传至今的名言："我们是在错误的时间，错误的地点，与错误的敌人，打了一场错误的战争。"

至此，我想把这句名言，换成虚拟语气套用一下：

如果你在错误的时间，错误的地点，面对错误的对象，错误地硬了起来——那么，你的命运将如同那些朝鲜战场上的美国大兵一样，悲惨的结局就在前面等着你。

"问君能有几多愁？恰似一江春水向东流。"

——李煜《虞美人》

诗·小说

我的诗

五律

落日总夺魂，余晖触旧痕。
天庭原有路，地府本无门。
访星星不语，拜月月入云。
西风随古道，谁是断肠人？

七绝

手把残樽酒半壶，醉里夜夜有啼乌；
寸心不肯随风去，尚欠人间一大哭。

断章

- 想到你，我感到绝望；
  感到绝望，我想到你。

- 此时此刻，
  在我和死亡中间，
  站着卡夫卡。

- 希望，永远不会再见面的朋友，
  我看到了过去的我，就像在人群中
  看到了自己的背影……

- 我来回地走着，听着自己的脚步声。
  在白天，在夜晚，在现实中，在梦里。

- 清晨，淡绿色的一角，
  仿佛晨雾中的草地。
  “绿呵，我多么爱你这绿色。”

- 我并非生就的流浪者，
  却不能不奔波在这个荒凉、
  寒冷的世界上……

- 一切/都那样平庸/那样合理/那样不能让我容忍/沿着看不见的道路/我走着，走着/ 隐约地/我感到了/淡淡的怡人的悲哀……[1]

---

[1] 编者注：最后一段来自诗人多多的文章《被埋葬的中国诗人》，记在鲁燕生名下。李之林看了后曾说：这样我又被埋葬了一次。

林中建日记

——摘录与评注

前言

2011 年初秋，中建因一场车祸意外死亡，终年六十一岁。

虽然是意外离世，中建生前却早立有遗嘱，其中说明：无论他何时何地何故死亡，都要我在他身后整理他的日记，摘录并加以评注。

我与中建相识于一九六三年秋，那时我们都是十三岁，考入同一所中学，分在同一个班，并很快成为了好朋友。此后几十年中，这种友谊历久弥坚，可谓“莫逆之交”。

中建的日记始于一九七三年，不是每天都记，日期的间隔时长时短，新世纪开始后，甚至到了两三年才有一则的地步，但是 2011 年早春，却突然变成每天一篇，而且记得很仔细，连买了什么东西，花了多少钱都记得一清二楚；而上个世纪那二十年的日记，则基本上是记感觉、发议论，可到底是什么具体的人或事引发了他这些感觉和议论，都极少提及。若我与中建没有这般几十年如一日的亲密友谊，而且不时地把酒长谈，那我将完全没有可能成为中建日记的摘录与评注者。即使如此，我的评注也难免有谬误之处，这一点想必大家也能谅解。

中建一路走好，身后事有我在。

李平之　　二0一一年冬　于北京

附中建年表

1950.4.22.	出生于北京,父母均为大学教师,家境宽裕
1950—1966	体弱多病,上小学时,近一半时间独自在家
1966—1974	“文化大革命”停课消遥，返城，插队，进工厂，读书
1975—1995	工厂工人，读书，交友，78年与何小春结婚，两年后生一子，名望南
1996—2010	离职无业，卖其亡父画作为生，患抑郁症并酗酒，2010年骨折后停酒，
2011.9.6.	车祸，死亡

林中建日记

1973年4月22日——1977年6月8日

A[2]

1. “给你”

——窗下

评：一本日记的开始部分就搞得如此复杂，实在让人头大，好在之后这一套程序逻辑很快就没有了。

1973.4.22. 生日“一个又一个障碍粉碎了我。”　　　　—卡夫卡

平注：1973年4月22日是中建二十三岁生日

4.29. 骨头

平注：“骨头”二字中建给我解释过：当年有一部苏联电影《列宁在一九一八》，其中“契卡”头头捷尔任斯基问一个部下，为什么要求枪毙某人，部下答：我从骨头里就觉得他是个坏人，捷斥责说：要用脑子想，不要用骨头想。而中建认为，在面对某些问题——比如感情，比如爱——时，应该“用骨头想”。

[2] 这是中建日记第一页的开始部分。A：这一部分的标题，“窗下”为副标题。

评：前些年有首歌名就叫《跟着感觉走》。

5.5. 存在，仅仅是存在，美。

平注："存在"一词在当年北京的文学青年的圈子里流行，源自以法国作家萨特和加缪为代表人物的西方存在主义，尽管存在主义的风头很快就过去了，但中建在此以后的几十年里，仍时时称自己为"存在主义者"。关于卡夫卡的那几句话，原译文是"一切障碍都能粉碎我。"中建的误录并非记性不好，而是刻意为之。后来中建对我坦白：虽然他对卡夫卡是"一读倾心"但最初的理解却是十分浅薄的。

5.7. 我的世界。

5.12. 不想付出也不想要求。

不想与世界发生任何具体的关系。

模糊的、浮动的、真实的。

平注：两个"不想"写得十分明白，中建在之前之后的几十年中，都习惯于"自我边缘化"，因此除去在朋友的小圈子里，他都没有"归属感"，但在他的心里分隔他与世界的墙壁上，却有一扇窗——即前面副标题中的那个"窗"，而他又离不开那扇窗，因为"窗"的那一边有标题中的那个"你"——他的深爱的人：卢静，虽然卢静从未对他的这份情感做出过回应，但中建终其一生，始终不离"窗下"。

"模糊的、浮动的，真实的。"就是那时卢静在他心中的形象的写照。他对卢静的爱和他的日记始于同一天。

5.18. 另一个"这里"吸引着我，躲避着我，我感觉到它在拉我们的衣角。回头一看，却又什么都没有。

平注："另一个'这里'似乎是个神秘主义的命题，当时中建对此很着迷。

6.22. 两个月了

"他不曾唱一曲开心或伤心的歌。"

平注：这句话引自十九世纪法国作家波德莱尔的作品：《巴黎的忧郁》

6.30. 雨

沉默但并不走开。

平注：关于6月30日的日记，中建对我讲过，卢静曾写过一首短诗并给他看了，最后两行是：

“沉默吧，走开吧，我已无话可说。”

所以中建写：沉默，但并不走开。

“不走开”几个字在中建之后的日记里曾多次出现，我就不一一摘录了。

7.9. 没有什么可以替代或使我忘掉这个名字。

平注：这个名字无疑是指卢静。

7.30. 面壁

壁又在哪儿？

壁就是虚无。

一个没有影子的世界。

平注：中建自己说过，在他的精神世界中，有四种主义——即存在主义，神秘主义，唯美主义和虚无主义——和两个作家——卡夫卡和九十年代中期才能触及到的法国后现代代表人物米歇尔·福柯。

7.27. 香山。

哪一个是我？

刚才还是现在？

深渊

独木桥

平注：那天在香山的一共有十几个朋友，卢静，还有我都去了。大家玩得十分尽兴，中建也一样。但晚上回到家中，独自凭窗，悲从中来，故有如下问：“哪一个是我？刚才还是现在？”

“深渊”与“独木桥”意为上述二者之间的分隔与联系。

8.7. 我需要对人说："咱们走吧。"

我需要对人说："咱们不能走。"

我需要对人说："咱们在等待戈多。"

平注：我需要对人说之后的三句话，出自爱尔兰剧作家贝克特的名作品《等待戈多》。此剧为五十年代西方"荒诞派"戏剧的代表作，贝克特1969年获诺贝尔文学奖。

我想引用另一位西方作家在评论《等待戈多》的一篇文章中的最后一段话，来为中建日记重复三遍的"我需要对人说"几个字做个注脚："等待在这个阴暗的世界里，可怜的人其唯一的安慰便是：有人同我们在一起，他们和我们一起受苦。"

中建是一个极其需要知心朋友的人，而我和他是几十年的朋友，却也不敢说是"知心"。

9.6. 想到你，我感到绝望；

感到绝望，我想到你。

平注："你"即是卢静。

9.27. 对着镜子，我发现脸上还留着昨天的笑容，"救救我！"那笑容对我说。

评：联系到当时风行写诗，上面那两行莫名其妙的文字就不足为怪了。

《变形记》

此时此刻，在我和死亡中间，站着卡夫卡。

平注：卡夫卡对中建的影响可以说是终其毕生。

据说卡夫卡对福柯的影响也是如此。

10.9. 咬碎你的呼喊！

评：又是"诗"（？！）

1974.1.7. <u>我、死亡、卡夫卡、你</u>。

平注：重点为原文所有，这是中建认为自己“存在中”最重要的四个词，“你”当指卢静。

1.22. 日趋淡漠，但并不麻木，

不痛苦也不愤怒，

不想号叫也不想垮掉，只是偶尔有些悲伤，说不清为了什么。

平注：其中“愤怒”和“垮掉”二词，当指曾于五六十年代分别流行英美两国的两个文化流派：“愤怒的青年”和“垮掉的一代”。

评：如今“垮掉”早已成为往事，而“愤青”一词却流行于当下中国的网络语言中。

3.27.“祝你幸福”。

平注：卢静生于 1953 年 3 月 27 日。

A

2“给我”

1974. 5.3. 萨姆沙从沙发下面爬了出来。

平注：朋友们为中建介绍认识了生气勃勃的青年女工何小春,中建“决定”与之交往。

“萨姆沙” 是卡夫卡名篇《变形记》中一夜之间变成一只大甲虫的主人公，时常睡在沙发下面。中建日记中的那一行文字翻译成大白话就是“我要入世了”。

9.22. 我默默地站在那，眼前是一片废墟，我已经忘掉了这些残砖断瓦曾经是一座房屋，所以，我一点不感到惋惜。只是偶尔一丝半缕兰色的余烟，给了我火的回忆。

平注：中建自己极重视上面这一段文字，还不止一次抄给别人，称其为他的精神写照，我却至今不甚了了。

9.28.“我粉碎了自我”

梦见自己变成了一个梦。

评：“诗式文字”却并无深意。

11.3. 近来我不止一次感到在我的心里存在着某些非常冷酷的东西，

这种感觉对我来说又是一种自我摧残。

平注：诺贝尔文学奖得主，美国作家索尔·贝娄在其名著《何赫格》中曾用过（创造过）一个复合词：“反省的炼狱”，中建那时虽然还没有读到过这个词，但无可质疑的是，他不时会“反省”，而且是乐此不疲。

11.12. 希望，永远不会再见面的朋友，我看到了过去的我，就像在

人群中看到了自己的背影。

评：又是这莫名其妙的“诗式文字”。我烦了，此后凡遇此类文字不复抄录。

B 余烬

12.27.“我祝一切人都能生活得幸福美满。”

我已找不出合适的词来表达我对人类生活的鄙视和愤怒了。

评：或许我也找不出更合适的一则日记，来说明中建对“人类生活”的不认同了。

1975.2.24. 也许，这并不是……

但我在那一刻，这种精神上的想往几乎完全左右了我。

我来回地走着，听着自己的脚步声。

2.26. 也许，我可以了解，可以分析。但然后呢？将来呢？

3.20. 在白天，在夜晚，在现实中，在梦里。

但是，“然后呢？”

平注：以上三则日记乍看上去其语焉不祥，但是在中建的情感生活上却占有相当重要的位置。

一九七四年十月，中建被一家国营电器工厂招收为工人，一同进厂的六人中，有一个刚刚从高中毕业的女孩肖真真。相处数月后，中建心不由已地爱上了这个小他四岁的漂亮姑娘。然而两人不仅在性格、经历上完全不同，在家庭背景上也相去甚远：肖珍珍是一名空军飞行员和一个女演员结合所生的爱女，而中建则可以说是一个没落世家子弟，两人之间的距离之大可想而知。中建自知这分情感不会有结果，所以他会有“然后呢？将来呢？”的自问自叹。

之后两人先后离开了工厂，但又各自成家，但一直有联系，不过中建从未向肖珍珍表白过自己的感情，这也是中建一生所爱女人中唯一不知真情的一个。

这里有一点需要说明，中建在暗恋肖真真的同时，不仅并未停止对卢静的爱，而且还继续与何小春约会。平心而论，中建是有一些滥情的，说的好听一点，可以算作是“所谓”贾宝玉式的“情不情”。

5.5. ……我感到了她的痛苦，也许正是在这一点上，Y是“美”的。

然而比起我曾敏感地意识到了“时与空”——而Y的“美”，却只能让我感到那个忠实的自我。

平注：“Y”即叶华，一个小中建六岁的女孩，当时她正走近中建的生活，“另一种‘美’”则指肖真真的“美”。

别忘了，中建是崇尚“唯美主义”的。

5.9. 很烦燥，我明白，我没有能很好地控制住自己，从而使这几天来的生活失掉了某种必要的平衡。

平注：叶华的迫近使中建乱了方寸。

5.14. 有时，这如此遥远而又如此动人的美，会在我心里唤起一种近于凄凉的骄傲……

平注：仍然在说肖真真。

C

9.25. 清晨，淡绿色的一角，

仿佛晨雾中的草地。

“绿呵，我多么爱你这绿色。”

平注：中建告诉我，那天早上，肖真真在外衣里面穿了一件淡绿色的毛背心令他怦然心动。“绿呵，我多么爱这绿色。”一句，引自西班牙诗人洛尔伽的诗。

12.15 这些天来，我觉得，我在这个世界上所见到的一切人，有的是背面，有的是半侧面，有的几乎是正面，但没有一个人是完完全全面对着我的……

我怎么办呢？

12.22. 夜深了，很疲倦，但不想睡,不知从什么时候开始，我就习惯了这种时刻的孤独,习惯了在孤独中和自己交谈……

12.31. 一年的最后一天

Y 来，面对面，一种无以名状的感觉……

平注：叶华终于闯进了他的心里。

D

76.11.8. 眼看着儿时的朋友们一个个地走上了自己的生活道路。也许，我也一直在走，只是脚下不是路……

平注：前面说过，中建总是“自我边缘化”的。

6.21 ……什么思想也没有，只是觉得我生活在一个陌生又陌生的星球上……

在夜空的深处，在一个很远很远的地方……我本来应该在那儿的……

平注：神秘主义。

8.14.“妈妈!

　　您的儿子病得很重

　　妈妈

　　他心中大火熊熊。”

平注：摘录自马雅可夫斯基的诗。

10.3. 香山，没有什么地方比香山更能引起我的回忆了……

　　那唯一的不可替代的形象，再次整个地占据了我的心。

平注：指卢静，虽然在中建的心里，有何小春，有肖真真，有叶华，但卢静的位置始终是不可替代的。

E

76.10.28.“尽管我是青铜铸就

尽管我的心是冷铁打成，

但对我自己这全都无用，

夜里还想把自己的声音，

隐藏到柔软的，

女人的心中”

——马雅可夫斯基《穿裤子的云》

评：这次中建自己注明了出处，就不用我费事了。中建日记中时有这一类抄录，以所谓：“借他人的酒杯，浇自己的块垒。”

11.8.“黄河百草无人迹，古戍寒云乱乌还。”

平注：见郑板桥《道情》。

11.11.“……可是这些事情没有一样是可能的，因为他们太悲伤了。”

——《满天红》

平注：《满天红》是意大利作家妥贝尔所著长篇小说，叙述了二战结束初期，发生在几个少男少女中间的一个凄美的爱情故事。中建一向钟爱悲剧故事，曾自称"宁为三流悲剧下泪，也不为一流喜剧开怀。"

11.24."爱情呵，当你手里拿着点亮了的痛苦之灯向我走来时，我能看见你的脸，并且以你为幸福。"

平注：印度诗人泰戈尔的诗句。

11.26"米修斯，你在哪儿啊?"

平注：见契诃夫小说《带阁楼的房子》。

11.29. 昨晚，今年第二次醉酒。现在，醉意已经过去，然而，一切似乎都还是模糊的，白天想写下点什么，可结果写下的连我自己都不愿意看了。

我不知道会不会有一天"我倒下了"，而发现再也没有什么东西能让我扶着它们重新站起来。

平注：这是中建首次在日记中提到酒，当时他并不好酒，虽然此后的日记中不时出现"酒"、"酒后"，等字样，但他真正开始酗酒当是在二十年后，到那时，他已经基本上不记什么日记了。

12.4. 我并非生就的流浪者，却不能不奔波在这个荒凉、寒冷的世界上……

平注："流浪者"三个字前面应冠以"精神上的"四个字更为贴切，其实，这样的人很多。

12.23. 一个人在这儿

有点难受，

"自我意识"又在慢慢地苏醒，

孤寂……

平注：据中建说，“自我意识”是存在主义的一个非常重要的概念，指一种特殊的精神状态，加缪确实说过，“无自我意识即无存在可言”，但在相当一段时期内，词典中都没有“自我意识”这一词条，而最近的网络词典上，则把“自我意识”等同于“自我认知”，中建说，这是不对的。

中建76年的日记较之前三年（73、74、75），篇幅要少很多，最主要的原因大概就是在这一年中，他和叶华两人之间发生了一场，与其说是感情上的，不如说是精神上的缠斗，两人同处北京，相聚不超过十公里，可交锋的方式却是写信多于对话，因此耗去中建笔下的大部分精力，直到年底，才因叶华的一封信，结束了这场历时一年的缠斗。这封信中建一直保存着，如今我擅自将其抄录于下，中建在天有灵，想也不会责怪我的。至于叶华，赴美已经整整三十年了，这信她未必还记得。

林中建：

昨天酒后多言，我但愿我没有说过那些，这样下去我受不了。你不知道我多反感“平静”“克制”……那类东西。替别人打算，“为”别人“好”，是一套最无聊的玩意儿。我倒不嫌人们自私，我只觉得谁都未免不够自私。高不成，低不就，一方面有个抽象的理想，有个对真善美的向往，却不会真去当唐·吉诃德。另一方面，爱自己，却又没勇气，没能力为自己作点事。——也许我也这样，可我总还算不情愿这样下去吧。

我精力好，我一天只需要睡四个小时的睡眠，我生活欲望强烈，我贪梦——在灵肉两方面都如此。我不愿宁静，我没有一堆乱七八糟的良心和责任感。我时常忘记你实际跟我太不同了，忘了你的年龄，你身体不好，忘了你的性情，你不习惯强烈的东西，你也不喜欢过分的事。——我觉得有时自己很可笑，也很可悲，想笑又想哭。

确实，不仅仅是“失望”，还有鄙责，还有怜悯。只不过我爱你——怎么解释这个字都行，你反正都明白，——超过其它的感情罢了，我下过多少次决心，也作过不少努力，这跟你说也没什么意义，有的感受你我是相同的，有的方面，怕是相差得太远了。我就没看到你心里有火的时候，我也从没觉得和你在一起有过舒服的时候，无论何种方式相处。我从头到尾都明白地知道这一点，只有偶尔的几次我奢望过不可能的东西——比如昨天。我就像追逐痛苦一样，怎么也走不掉，不知为什么，这痛苦有时清新而甘甜，我喜欢这种味道——如果带点血味，尤其是别人的血味，我就更喜欢了。这就是原因，全部的原因。

这里写的话过于老实了，也有些大概对你不公平，我才不管这个呢。我爱你的理由恰恰是我恨你的理由，现在你未必拿得出同样份量的感情出来，那就留着好了，好好站稳了，别倒下来。

至于你怎么想，我不会设想，我不会设身处地为别人想，你也知道。反正我也未必还能见到你了，也就全无所谓了。

叶华

平注：我想叶华对中建性情上的弱点的痛斥是极为准确的。而这样一封信的获得，中建是不配的，或许是前世修来，也未可知。

之后两人并未如叶华所说“不见面了”。只是不再斗了。终于有一天，两人单独在一起的时候，中建说：“我想，我是有一点爱你。”叶华笑了，“好一个量词，”她说。

另外，我不知大家是否注意到：1976 年中国发生了许多重大事件：周、朱、毛相继离世，唐山大地震，“四人帮”的覆灭，等等。然而这些重大事件在中建的解释并非他没有感受，而是他觉得自己的感受和绝大多数中国人是相同的，所以没有记在他个人色彩极浓的日记中的必要。

1977.5.7.晚

累极了，而常常身体的疲劳反而使头脑清楚些……

显然，人的存在方式只有跟上生活的节奏，才可能有明朗与健康。

我的存在却缺乏明快的节奏，而有时当我不知不觉被生活拖着跑了一段以后，会感到分外疲倦。……

平注：这是中建日记中第一次在日期后面出现“晚”字，此后将频频出现。其实，他的日记几乎全部都写于晚上临睡前，偶尔有例外，则会特别注明，如“上午”“早”等等。

另外，有一点现在可以说了，不知大家是否注意到中建日记中使用频率最高的标点符号除逗号、句号之外，就是省略号“……”。

中建说，这是他最喜欢的标点符号，而他最不喜欢的标点符号则是惊叹号"！"，"至于吗？"中建说。

5.7. 想到，在有的人身上存在着一些很难成熟的东西，往往被称作"病态，却每每比"常态"更能左右一个人的生活，甚至"本质"。

平注：说的是他自己，中建曾宣称："抗拒成熟"，我想他是部分地做到了，但却因此而付出了巨大的代价，这是后话。

5.15. 冥冥之中的上苍似乎以一种和人们完全不同的方式存在着，这种存在如果有灵性的话，从中产生的情感，恐怕就是对人类存在的轻蔑与怜悯了。

……

上苍没有过去，也没有未来，因为上苍永远存在。

从这个角度上看，人向外或向内的探求都没有任何意义——因而"活着"这一现象也就没有什么个人色彩而言了。

评：存在主义加神秘主义？老子曰："天地不仁"。

5.24. 爸爸死了。

平注：中建的父亲七四年查出胃癌，经过两次手术，数度住院，终因病情恶化，自缢身亡。父亲在去世前，和中建谈到过自我了断的问题。中建对父亲说：我怀疑你是否有这种勇气，父亲则用行动回答了他。中建因此感到：是自己逼死了父亲，终其一生，不能释怀。

6.8. 困倦，但睡眠——米开朗基罗说"睡眠是甜蜜的"，仿佛一条太短的隧道太短了，前面就是出口，就是明天。而我却想往一个不见尽头的深洞，走进去，将洞外光明的（？）天地完全忘掉，把自己投入永不破晓的长夜之中……

这样的长夜在那儿呢?

近来，似乎意识到，哪怕长夜就在眼前，但只要还能有其它选择，我就难真正走进夜中……

选择对于我，好象已成了最难挣脱的束缚。

真正的自由属于那些只有一条道路可循的人们。

评：这似乎可以说就是汉姆莱特“To be or not to be”的中建版。中建的第一本日记到此就结束了，原因很简单：本子用完了。

李建和然然

一

会开到十点才结束。李建叫了一辆出租车，赶到天东花园。

李建用然然给他的钥匙开了门，只见客厅和卧室里的灯都亮着。然然蜷缩在长沙发上，怀里抱着个沙发垫子，已经睡着了。她上身穿着一件灰白相间的紧身羊绒衫，下面是一条水洗布的牛仔裤。沙发前面的茶几上，放着半杯红酒，旁边的酒瓶已经空了。

电视开着，李建找了半天，才发现遥控器还握在然然手里。当他试图从然然手中抽出遥控器时，然然睁开了眼睛。

“你来啦，”然然喃喃地说，“几点了？”

“快十点半了。”

“你怎么这么晚才来？”

“你没收到我的短信吗？开会。”

然然坐起身，揉揉眼睛，“开什么会？”

“事故分析。”

“你出事故了？”

“不是我。胸外一台手术出了问题，病人差一点儿就死在手术台上。”

“胸外分析事故干嘛要你去？”

“主刀的是孙东亮。”

“怪不得呢，医院里的人都说他是你干儿子。”

“那倒不是。不过他爸爸是我当年在军医大的同学，06年查出肺癌晚期，临终前托我照看他。”

“这次事故他有责任吗？”

“现在还不好说。不过可能会影响到他这一次升副教授。”

“他可真够倒霉的。”然然伸了个懒腰，起身走进卧室，站在那面镶嵌在墙上大镜子跟前，甩了甩自己新剪的短发。

“好看吗？”她问站在她身后的李建。

“还不错，”李建说，“就是有点儿像个坏小子。”

然然对着镜子做了个鬼脸，“我本来就不是乖孩子。”

李建亲亲然然的脖子，“那坏孩子犯了错误该怎么办？”

这时然然好像才完全醒过来，“你是不是又要打我呀？”

“你说呢？”

“我今天又没犯错误。”

“还说你没犯错误？我问你，你剪头发为什么事先不跟我商量？”

“怎么？我剪个头发还得你签字批准吗？”

“当然了，以后你剪指甲都得我批准。”李建指指床，“现在先处理你头发的问题。”

“真要打呀？”

“出现问题，一定要在第一时间解决。在学校里老师没教过你吗？”

“变态。”然然小声说了一句，磨磨蹭蹭地走到床边，回过头来，可怜巴巴地问“那今天不脱裤子行吗？”

“你这条裤子两千多，就不怕打坏了？”

“我比这条裤子贵一万倍，你就不怕把我打坏了？”然然嘴里嘟囔着，解开腰间的裤扣，趴到了床上。

李建费了点儿功夫，才把然然紧紧包裹着屁股的牛仔裤和里面的裤衩一起褪到大腿上。

被脱成光屁股的然然老实了，一动不动地趴在床上。她纤细的腰肢下面，浑圆的屁股结实而富有弹性，白嫩光滑的肌肤在明亮的灯光下闪烁着诡异的光泽。

李建在床边坐下，抚摸着然然光滑的屁股。

“今天就摸摸吧，”然然悄声说，“别打了。”

“你还想色诱执法人员，罪加一等。”李建说着站起身来，从床垫下拿出那把竹尺，“啪”地一下打在然然的光屁股上，然然轻轻地叫了一声，双手抓住床单。她白嫩的屁股上出现了一道淡淡的红印。

尺子一下又一下打在然然的屁股上。然然不再出声，只是咬住了嘴唇，头侧向一边，一双乌黑的大眼睛注视着床边镜中正在挨打的自己。

打了二三十下，然然的屁股已经被打出两片红晕。

李建停住手，“把屁股撅起来。”

然然跪在床上，弯下腰，用肘部支撑着上半身。

“是这样么？”她小声问。

“肩膀还得放低些，屁股再抬高点儿。”

然然的脸羞得绯红，但还是照李建说的做了。

李建在然然撅起的屁股上又打了十多下，才停下手。

然然身子一歪，倒在床上，长出了一口气。

李建不慌不忙地脱光了然然的衣服，自己也脱掉衣服上了床。他把然然的光身子搂在怀里，摸摸她屁股。“疼吗？”李建问，一边亲吻着她小巧娇柔的乳房。“当然疼了，”然然眼泪汪汪，“不信我打你试试。”

李建把手伸到然然下身的芳草丛中，那里已经是湿漉漉的了。

李建让然然仰面躺好，分开她的两条大腿。

然然开始在李建身下娇喘着……

几分钟后，然然的身体一阵痉挛，阴道也随之一下下抽搐，她的双手紧紧地抓住李建的肩膀，李建只觉得下体一阵灼热……

两个人肩并肩静静地躺着，手拉着手。

沉默了好一会儿，李建开口了："你今天比平时来得快。"

"什么快？"

"高潮。"

"是么？"

"你好像喜欢我打你屁股？"

"不喜欢!"

"不喜欢？不喜欢为什么你下面湿了？"

"那——"然然的脸红了，"那是让你摧残的。"

李建亲吻着然然的身体，他的嘴唇滑过然然的肩膀，乳房，小腹，直到她那湿漉漉的阴毛。接着，他又让然然翻过身去，趴在床上，自己把头枕在然然的小蛮腰上，抚摸着她光滑圆润的屁股。

"你怎么老要摸我屁股？"然然问。

"你的屁股好看哪，白白的，圆圆的，翘翘的。"

"好看你还打？"

"打完了，白里透红，更好看。而且手感特别好。"李建说，"下次我带相机来，好好给你拍几张照片。"

"拍我屁股？"

"不只是屁股，还要全身的"

“不行！”然然说，“我光着屁股，你看也看了，摸也摸了，想打就打，想睡就睡，还要照片干什么？是不是哪天不想跟我好了，就用照片来威胁我呀？”

李建竟一时语塞。别看然然在医院里总是文文静静的，私底下和李建在一起的时候，却是伶牙俐齿，而且什么话都敢说。

李建在然然的屁股上用力地拧了一把。

“讨厌！”然然尖叫了一声。她翻过身来，一双乌黑的大眼睛注视着李建：“你打过黄大夫吗？她可是你老婆。”

“没有，”李建说，“我不是告诉过你吗，黄圆性冷淡。”

“那别人呢？有过吗？”

“没有。”

“真的没有？”

“真的没有。”

“我不信。”

“真的，就你一个。”

“你就那么喜欢打我屁股吗？”然然问，“为什么？因为我骚？”

“因为你不乖。”

“乖也没用。”然然说，“你知道吗？我在上海读高中的时候，有一个要好的女同学，绝对是个乖孩子。可她悄悄告诉我，每次考试成绩达不到她爸爸的要求，她爸爸都会打她屁股，而且还是脱光屁股打，你想想，那时候她都十七岁了。”

“真的？”李建说，“她爸爸是干什么的？”

“跟你一样，也是个医生。”

“她长得漂亮吗”

“还行吧，蛮好看的。”

“比你呢?”

“差不多，就是比我胖一点儿。”

“那她妈妈不管吗？”

“她妈妈不反对打她，可不赞成让她光着屁股挨打，可她爸爸就是不听，非要打她光屁股不可，就是没听说还要让她撅着屁股挨打。你说她爸爸是不是跟你一样有问题？”

“我看他的问题比我严重。”李建说，“那现在你这个同学在哪儿？”

“我到北京上大学，她去了复旦，现在在上海社科院。去年我回上海，还参加了她的婚礼，不知道她丈夫会不会也打她屁股。不过听人说，她现在已经怀孕了，——”

然然的话让李建一惊，“坏了！”

“怎么了？”然然问。

“刚才没戴套，忘了。”

“看把你吓的，”然然撇撇嘴，“放心吧，安全期。不过明天我想到妇科去上个环。”

“上环之后十五天才能——”

“才能跟男人睡觉。我看你的妇科知识也不少，可以兼妇科主任了。”然然说，“你下星期不是要去英国开会吗？我想等你回来也就差不多了。”

“看你说的，好像我来就是专门要跟你睡觉似的。”

“不是吗？”

“不是，”李建说，“至少不全是。”

“作案动机还挺复杂的。”

“其实你不方便的时候就跟我说，我们完全可以不睡觉，我忍得住。”

“我忍不住。”

李建没说话，只是在然然的肩膀上亲了一下。

然然说：“你是不是怕把我肚子搞大了，没法儿向天下人交待呀？”

“我没这个意思。”

“你有这个意思也没关系，我不会为了这个讹诈你。”

“谢了，肖大夫。”李建笑笑，“你到底看上我哪儿了？”

“你有钱，有势，”然然掰着手指头仔细地计算着李建的优点，“又是教授，又是院长，听说将来还有可能当院士。虽然有点儿老，可长得还挺帅的，能算个老帅哥吧。”然然把嘴唇凑到李建耳边，放低了声音，“特别是在床上功夫特别棒，把我睡得爽极了。”

“脸皮真厚。”李建刮刮然然的鼻子。

“脸皮厚怎么了？我本来就骚么。你不也说我骚吗？”

“骚归骚，现在讲究的是闷骚。”李建说，“可你也太放肆了，不像个受过高等教育的女孩子。”

“我受的是你的教育呀，“然然说，“没碰到你之前，我只闷不骚，被你睡过之后，我就只骚不闷了——其实不骚的也没几个，我们科的小杨就跟我说过，她老公每次跟她睡，总要先把她绑起来，日子久了，她老公要是不绑她，她倒觉得不过瘾了。”

“她老公是干什么的？”

“公务员。”

“她连这种事都告诉你，你们俩够铁的呀。”

“那当然。上星期我下班以后和小杨一块儿去游泳，她看见我屁股有点儿红，就问我怎么回事……”

“那你怎么说的？”

“我说是院长打的。”

“你真是这么说的？”李建心里有点儿发毛。

“瞧你那样子，做贼心虚。”然然笑着说，“放心吧，我没把你供出来。”

“那你说是谁打的？”

“男朋友呗。小杨问我男朋友是谁，我就瞎编了一个。其实她最想知道我是怎么挨打的，用什么打的，她要回去告诉她老公，她也想让她老公打她屁股。”

“那你呢，想不想学学她，让我也把你绑起来？”

“下次再说吧，”然然打了个哈欠，“我困了，明天还得早起呢。我先去洗澡了。你把睡衣拿出来。”

然然进了浴室，打开喷头。李建掀开床罩，从枕头下面取出两套纯棉的睡衣裤，黑白条纹的一套是他的，粉底白花的一套是然然的。这是然然一个月前专门在外边店里订做的。接着李建又把他和然然散落在地毯上的衣物堆在床边的一把扶手椅上。

浴室里的水声停了，然然光着身子走出来，用一条浴巾擦拭着身体。

“你快去洗吧，我困死了。”然然说着穿上睡衣裤，钻进被窝，又打了个哈欠。

李建匆匆洗了个澡，穿上睡衣裤，也上了床。然然拉过李建的一只手。抱在自己胸前，“关灯吧。”

李建一只手关了灯，另一只手握住然然的手，在她的面颊上轻轻地吻了一下。

然然睡着了。李建在黑暗中听着然然均匀的呼吸声。他想起上星期第一次哄着然然脱了裤子，打她光屁股的时候，然然哭了。李建以为是自己下手重了，不想然然却说，她不是因为疼，而不知为什么，就是觉得委屈，所以才会哭。那一晚，然然始终显得可怜巴巴的。而李建心中则充满了对这姑娘的爱怜，就连两人做爱时李建也是格外地温存。

李建轻轻地从然然的胸前抽出自己的手，悄悄下了床，蹑手蹑脚地走出卧室，掩上房门，来到客厅里。

二

李建在沙发里坐了下来，点燃了一支香烟。茶几上还放着然然在等他时喝剩下的半杯红酒。

然然说，她在借酒浇愁，这虽是玩笑话，却也不无辛酸之处。设身处地为她想想：去家千里，独自一人客居他乡，如今又和一个大她三十多岁的有妇之夫搞在一起，而且一星期只能幽会一两次。平时在医院里碰到，也只能客客气气地打个招呼，连说句亲热话都不行，又怎么能怪她借酒浇愁呢。想到这儿，李建只觉得自己对不起然然，他知道该做什么，只是能否做到，他对自己没有信心。

掐灭了手中的烟，李建不由得又回想起和然然初次见面时的情景。前年九月里，李建援藏回来不久，就作为访问学者去美国待了整整一年。从美国回来才半个月，就被任命为祥和医院的院长。今年元旦刚过，有一天他正在儿科主任罗力的办公室里开个小会，就有几个病人家属闯了进来，大吵大闹，要投诉儿科的肖大夫。等把肖大夫叫来，只见是一个戴着黑边眼镜的年轻女大夫，留着齐肩的直发，文文静静的，说起话来也是细声细气。她解释说，患儿的情况不严重，不需要输液，吃点儿药就行了。病人家属却不依不饶，非说肖大夫不负责任，唬弄他们。最后，还是李建和罗力好说歹说，把病人家属劝走了。肖大夫是最后一个离开的，临走时，还对李建和罗力轻轻地说了一声“谢谢”，才转身离去。李建只记住了她胸牌上的名字“肖然然”。事后罗力告诉李建，肖然然是协和医学院毕业的博士，前年秋天才来到院里，上海人，业务上没得说，就是人太老实。于是，李建把肖然然和“老实”两个字连在了一起。

大约十天后的一个晚上，李建主持例行的院务会，九点多钟才结束。走到户外，才发现天上飘起了雪花。李建觉得有点儿饿了，就来到医院大门外一家“大成永和”，要了一碗馄饨，一边等，一边翻看着当天的晚报。馄饨来了，李建放下报纸，刚开始吃，就看见肖然然坐在角落里的一张桌子后面。李建几乎没认出她来。这一次肖然然身上没有白大褂，穿着一件棕色的羽绒服，显得很老气。她还是戴着那付黑边眼镜，还是齐肩的直发。她正在专心地吃着一碗面，偶然一抬头，她也看见了李建，她冲李建微笑了一下，还挥了挥手，李建也回以微笑挥手，心里想着要不要坐过去，但最终还是没动地方。两人几乎是同时吃完了各自面前的食物，站起身来。李建等肖然然走到跟前。

“你也才下班？”

肖然然点点头，没说话。

“回家吗？”李建问。

“回家。”

“怎么走，远吗？”

“不近，没末班车了，我得打车。”

“这种天气，车恐怕不好打。”李建想客气一下，“要不我开车送你吧。”

“那太谢谢你了。”

李建没想到肖然然会接受，但他没有片刻的犹豫，快步走向医院停车场。等车子发动了，李建才隐约有种感觉：这个肖然然好像有点儿怪怪的。

车子开到医院门口，肖然然上了车，坐在副驾驶的位置上。

“你住哪儿？”李建问。

“天东花园，一直往东。”

李建听说过这个地方，医院里有些人就住在那个三年前才建成的小区里，听说那儿的房子不便宜。车子一路开过去，两人谁也没有说话。

车开到小区大门口，没等李建说什么，肖然然发话了，“进大门往右，十八号楼，一门。”

李建按着她的指点，把车开到楼门前。

肖然然打开车门，却不下车，“上来坐坐吧。”她的口气不像是在邀请，倒像是在命令。

李建有点儿懵了，这是肖然然吗？这是那个老实得连说话都不敢大声的肖大夫吗？

李建身不由己地和肖然然一起下了车，进了楼门，乘电梯上到十五楼，两人来到一扇防盗门前。

肖然然从挎包里取出钥匙开了门，门厅的灯自动就亮了，李建进了屋，肖然然关上他身后的门。肖然然脱下羽绒服，挂在门后的衣架上。然后弯下腰，脱掉黑色的坡跟皮鞋和袜子，换上一双毛绒绒的拖鞋。

“我要换鞋吗？”李建问。

“我这儿没有多余的拖鞋了，”肖然然说，“你就把鞋脱了，光穿袜子吧。有地毯，不冷。”

李建脱了鞋，穿着袜子，地毯相当厚，的确不冷。

两人来到客厅，“请坐吧，”肖然然打开顶灯，“喝点儿什么？我这儿有挺好的红酒。”

“我开车，不能喝酒。”

“对不起，我忘了。”肖然然抱歉地笑笑，“那我给你沏杯茶吧。”

“可以抽烟吗？”李建问。

“当然。烟灰缸就在茶几上。”肖然然说着摘下了眼镜。

李建在长沙发上坐下，点起一支烟。他的目光一直盯着肖然然：她那一双大眼睛，很黑也很亮；在她棕色的毛衣下面，微微隆起的胸脯隐约可见；她穿着棕色长裤的双腿修长而富于动感，她——

李建本是个拈花惹草的惯犯，自然从来不会拒绝投怀送抱的女人。可此时此刻，这姑娘的眼神，却让他感到了隐约的不安。这不安中有一种他一向小心避开的不确定性。

李建掐灭了手中的烟，慢慢地站起身来，“我想，我得走了。”他说。

“别那么急着走。”肖然然把刚沏好的一杯茶放在茶几上，“既然上来了，干嘛不多坐一会儿。”

“我……我回去还有点儿工作要做。”李建说着就向门口走去。

肖然然一个箭步，挡在了李建和房门中间。她靠在门上，两只手背在身后，默默地注视着李建的眼睛。

“让我走吧。”李建几乎是在请求了。

肖然然背靠着门，一言不发，只是微微地摇了摇头。

李建只好回到客厅里坐下。

肖然然走到客厅中央，隔着茶几，面对着李建，默默地站了一会儿。

终于，在李建的注视下，肖然然从头上脱掉了毛衣。她里面穿的是一件白色的长袖衬衫。她慢慢地解开一个又一个纽扣，接着弯下身脱掉长裤。她裸露出的两条长腿线条很美；然后，她抖动了一下肩膀，衬衫滑落到地毯上。

姑娘微微一笑，“你就这么看着？”此刻她身上只剩了一件小小的白色棉布胸罩，下面还有一条同样颜色质地的三角裤。

肖然然盯着李建注视了大约半分钟，转身进了卧室，卧室里的灯亮了。

李建明白，这是姑娘留给他的最后一个离开的机会，他想离开，然而姑娘转身时那曼妙的身姿，却让他的两只脚不由自主地向卧室走去。

肖然然侧卧在一张大床上，一只手支着头，那样子十分性感。

李建在床边坐下，把手伸到姑娘背后，解开她胸罩的搭扣，这时肖然然脸上已经没有了半分钟前的笑意，只是直视着李建的眼睛。李建的双手伸向她腰间，姑娘配合地抬起屁股，让李建脱下她的裤衩。李建脱掉衣服上了床，温柔地抚摸姑娘赤裸的身体。肖然然的胸脯不那么丰满，仰卧在床上时，只有一个缓缓的起伏。姑娘的皮肤细嫩光滑，她静静地躺在那里，乌黑的大眼睛始终直视着李建。李建的手顺着她扁平柔软的小腹摸下去，触碰到她湿润的阴部。姑娘的身体颤抖了一下，轻轻地咬住了嘴唇，听任李建摆布她一丝不挂的身体。

当李建进入姑娘的身体时，姑娘搂住了他的脖子……

十分钟后，李建躺在大床上，肖然然趴在他身边。李建一只手抚摸着姑娘浑圆光滑的屁股。

“对不起，”肖然然开口了，“我不该勾引你，我知道你是有老婆的人。”

“那你为什么还要这么做？”李建问。

“我太寂寞了。”

“男人多得是。”

“可我只喜欢你。”

“为什么是我？”

“不知道。”

“我半个月前才认识你。”

“我十五个月前就喜欢你了。”

“十五个月前？”

“对，那时你援藏刚回来，院里开欢迎会，你讲话。”

“我讲话？说什么了？”

“忘了，只记得当时我想：这老头儿挺帅。”

“谢谢，后来呢？”

“后来你就去美国了。开始我以为你不回来了，后来听说你只去一年，我就决定等一年。”

“你等到了？”

“等到了，你果然回来了。”

“我回来都快四个月了。”

“四个月就跟你上床了，还不快吗？”

“那你今后打算怎么办？”

“来去自由呗。”姑娘笑了。

李建再没话可说了。这姑娘等了他十五个月，难道就因为自己帅？是院长？想到这儿，李建问："你没有男朋友吗？"

"有过。"

"散了？"

"散了。"

"为什么？"

"他去美国了。"

"你干嘛不去？"

"他不让我跟着他。"

"他不要你了？"

"是。"

"伤心吗？"

"伤心。"

"伤心了多久？"

"半年吧。"

"你跟他好了多久？"

"三年。"

"那你打算跟我好多久？"

姑娘又笑了，"一万年。"

李建也松驰下来，他坐起身，点燃一支烟，深深地吸了一口。

"我也要一支，"肖然然伸出一只手。"中华？你还挺阔的。"

李建给姑娘点着了烟，看着她抽了一口，"你这是糟踏粮食。"一边说着，一边开始穿衣服。

"你要走了？"肖然然问。

"我得走了，我——"

"你家里还有老婆。"

"对不起——"

"是我对不起你，还有你老婆。快走吧。"

李建穿好衣服，弯下腰，在姑娘的光肩膀上吻了一下。

"再抱抱我。"肖然然起身跪在床上。

李建把姑娘的光身子紧紧地抱在怀里。

"还来吗？"姑娘扬起头，眼中泛着泪光。

"来，一定来。"

两个多月了，李建就是遵守这最后的承诺，每星期来到天东花园，来到这个他日夜思念的地方，来到他日夜思念的人儿身边……

三

卧室里有动静，门开了，然然揉着睡眼走进客厅，"你怎么还不睡？"她问。

"我睡不着，"李建说，"你怎么也起来了？"

"我想喝水。"

李建站起身倒了一杯温开水，递给然然，然然喝了两口，把杯子放在茶几上，用袖子抹了抹嘴。"你也快点儿睡吧。"然然说着踉踉跄跄地走回卧室。

李建把卧室门轻轻掩上，坐回到长沙发上，又点起一支烟。

经过两个多月的接触，李建对然然有了更进一步的了解。然然出生在上海，父亲是江南造船厂的高级工程师，早就退休了。母亲是上海中学的语文教师，六年前因病去世。她有一个哥哥，现在在上海经商。她的祖父解放前曾是一家医院的院长，手里有一些名人赠送的字画，临终前都留给了她父亲。然然现在住的这套三室两厅的房子就是她父亲卖了一幅张大千的画给她买的。她从五岁上小学到十七岁高中毕业都在上海，在学校里是好学生，回到家是乖乖女。高考时考上了协和医学院，来到北京。上大一时结识了一个北京男生，比她高两级，名叫楚天华，不久就成为然然的初恋男友，也是她的第一个男人。相恋三年后，楚天华去美国留学了，临别时，两人山盟海誓。可是到美国后不久，楚天华就和一个美国姑娘好上了。然然得知这个消息，不吃不喝，躲在宿舍里哭了三天。哭过之后，她痛下决心，洗尽铅华，埋头读书，两年前终于以优异的成绩拿到了医学博士学位，毕业后受聘于祥和医院——那时李建正在援藏。

自从那一晚和李建有了肌肤之亲，然然几乎每天都在变化。黑边眼镜没有了（其实那只不过是一副普通的平光镜，她根本就不近视）。齐肩的直发扎成两把小刷子，每天上班穿的是一件深灰色的呢子大衣，配着一条鲜红的围巾。里面棕色的宽松毛衣换成了灰白相间的紧身羊绒衫，西裤变成了牛仔裤，就连脚上的黑皮鞋也收进了鞋盒子里，一双白色的阿迪达斯三天两头把她带到运动场，和医院里的小姑娘小伙子一起打篮球。唯一不变的是她依旧从不化妆，总是素面朝天，一来是因为她的皮肤天生就好，“腮不涂自红”，二来李建也不喜欢她化妆（“挺好看的姑娘，做自己多好”）。

然然的变化在医院里传得很热闹。有的说她有男朋友了，有的说她大概是买彩票中了大奖，有的说她一定是傍上了大款。“他们说的都没错，”然然对李建说：“你就是我的男朋友，我的大奖，我的大款。”李建听她这么说，心里很受用。

但世间的事，“不如意者常八九，能对人言仅二三。”李建和然然，一星期只能私下里见一两面——这要由李建的太太黄圆值夜班的情况决定。李建暗自庆幸有黄圆这么一个老婆：年富力强（黄圆比李建小九岁），工作积极。本来到她这年纪，早就不用值夜班了，可她说医院里人手不够，坚持每星期要值一到两个夜班。这就给李建和然然的幽会开了方便之门。否则，李建和然然就不好办了。尽管如此，想到黄圆，李建还是又气又怕。说气，李建气黄圆挡在他和然然中间；说怕，李建怕黄圆一旦知道自己和然然的事，估计不会轻易放过他和然然。事情一旦公开化，他和然然恐怕都会身陷困境。这对然然来说还不是什么大问题，她年轻，可以换个医院重新开始。而他李建就不行了，院士是不用想了，院长大概也当不成，闹得不好还得背个处分，灰头土脸地混到退休。每次想到这里，李建都不寒而栗。万一到了那一天，不光在医院里遭人白眼，在家里只怕也待不住，先不说黄圆，就连他的宝贝儿子李阳（说来也巧，李阳在协和医学院读大三，算起来还是然然的学弟）也未必能谅解他。唯一心里没底的是然然。真要有那么一天，她又会怎么对待他呢？李建没问过，也不敢问。

“及时行乐吧。”

李建只能这么想。

如今，乐的不是他一个人，苦的也不是他一个人。有一天，然然在医院里受了患儿家长的气，在罗力的办公室里放声大哭，这是她来医院以来头一次。整整一条走廊的大夫护士都惊呆了，不明白肖大夫这是怎么了。只有李建心里清楚：因为黄圆患了流感，在家休息，他已经十多天没到然然那儿去了。几天后，黄圆病愈，终于又去值夜班了，李建才能再次来到然然的住处，然然一把抱住他，泪流满面。

一次，然然的哥哥来北京办事，想住在然然家里，然然毫不客气地把他轰了出去。“你去住酒店吧，我有男人，你住这儿碍事。”——为了李建，然然已经快要六亲不认了，就连一向疼爱她的爸爸要来北京看她，她也婉言谢绝了。而是自己找了个双休日，周六一大早坐飞机到上海，陪她爸爸待了一天，周日下午又飞回北京，——因为李建晚上要到她家里来。

一次，然然还专门找人在卧室床边的墙壁上镶了一面大镜子。

然然的这些举动，倒让李建有些不安了。尽管然然嘴上从没说过“爱”这个字，但是他感觉得到，然然是爱他的。让他真正担心的不是然然，而是他自己。然然年轻，“人不痴狂枉少年”，李建自己却已经是快六十的人了，他读过契诃夫的小说，“人老了，一旦爱起来，就像老房子着了火，救不了的。”

“救不了就救不了吧。”李建对自己说。当他和然然在一起时，就什么都忘了，只觉得“欲仙欲死”。认识然然之前，他曾觉得这几个字有些下流，而现在，他才真切地体会到，这正是男女性爱的一种最高境界。

四

三月初，李建的老朋友徐小杰回国休假，李建把自己和然然的事对他讲了。徐小杰说：“醒醒吧，老弟，你这是往火坑里跳呢。这种小妖精，会要你命的。”

“要就要吧，我认了。”

“先别说认不认，你不是还想当院士吗？可这事一旦闹出来，什么院长院士的，可就全都没戏了。”

“现在我心里只有她一个人，别的什么都不想了。”

“这就叫‘色不迷人人自迷’。”徐小杰说，“我看你是不可救药了。”

虽说徐小杰的话李建听不进去，他却和然然商量，想请徐小杰到然然家里来吃顿饭。

“徐小杰是我最好的朋友。”李建说。

“他是你最好的朋友？”然然不高兴了，“那我是什么？”

“你是我的心尖子。”

“什么叫‘心尖子’？”

“就是心肝宝贝儿的意思。”

“这还差不多。”

不夸张地说，李建哄女人的本事从来是无师自通。

然然答应了。按照她的说法，自从一年前搬进这套房子，除了李建，就没有任何人来过，现在她愿意请徐小杰来作客，由她负责买菜做饭。

好不容易找到一个晚上，黄圆值夜班，于是李建迫不及待地邀请了徐小杰，徐小杰非常高兴地接受了邀请。李建又说，很抱歉不能去接他，徐小杰说没关系，只要有地址他自己就能找到。

这天傍晚，黄圆上班去了。李建随即叫了一辆出租车来到天东花园。进了门才发现，徐小杰已经到了，正坐在客厅沙发上和然然有说有笑，手指间还夹着一支点燃的雪茄。看见李建进来，徐小杰连忙站起身和李建握手，倒是然然笑着说：“徐大哥，你坐吧，别客气，都不是外人。”

听然然称呼比她大三十五六岁的徐小杰为“徐大哥”，再看徐小杰那不大自然的表情，李建心里暗暗发笑，也说：“坐吧，别客气。"徐小杰坐下了。李建注意到然然这天的穿着格外惹眼：她上身穿了一件黑色的真丝长袖衬衫，最上面的两个扣子没扣，再配上一条细细的白金项链，更显出她脖子优美的线条。衬衫下边是一条同样颜色的长裤，裤线笔挺，李建也不知是什么料子的，反正然然这身衣服，他从未见过。正所谓"若要俏，一身皂。"黑色的衣裤越发显现出然然苗条的身材。这天然然还破例化了淡妆，乌黑的头发上别着一个鲜红的发卡，青春气息，扑面而来。李建竟看呆了。徐小杰就更不用说了，说起话来眉飞色舞，眼镜差一点儿从鼻梁上掉下来。

快八点了，然然站起身，指指墙上的钟，"徐大哥，你先坐会儿，我去炒个菜，咱们就开饭。"说罢不慌不忙地走进厨房。

"要我帮忙吗？"李建问。

"不用了，你陪徐大哥说话吧。"

李建地低声问徐小杰："怎么样？"

"我说的一点儿没错，绝对是个小妖精。"

"来，"然然在厨房里叫李建，"帮我把围裙系上。"李建走进厨房，帮然然系好围裙，亲亲她的面颊。

"我表现怎么样"然然问。

"没得说。"

"给点儿奖励吧。"

李建一面亲亲然然的脖子，一面隔着裤子在她屁股上拧了一把。

"讨厌！"然然打开李建的手，"快滚，陪你哥们儿聊天去吧。"

没过多一会儿，然然端着一盘清炒荷兰豆放到了桌上，"开饭了。"说着又回到厨房里端出一条清蒸鳜鱼。

“来，你坐这儿。”李建招呼着徐小杰在餐桌前坐下。桌子上只有四个菜：除了荷兰豆和清蒸鱼，还有两盘凉菜：四鲜烤麸和油焖笋——都是现从罐头里掏出来的。

然然摘下围裙，摆好碗筷，“你喝点儿什么，徐大哥？”

“都行都行。”徐小杰已经乐得合不上嘴了。

“红酒行吗？”然然问，“我这儿有法国红酒。”

“好好好。”徐小杰手都不知往哪儿放了。

然然打开酒柜，拿出一瓶红酒和三个高脚杯，又拿来一个开瓶器，递给李建，“你来开。”

李建一边开酒瓶，一边看着然然，然然脸上满是笑意。

此时此刻，李建才意识到，他和然然之所以会请徐小杰来吃饭，就是为了体会一下这种有客人在场的家庭气氛。

尽管荷兰豆没炒熟，鳜鱼也蒸过了头，徐小杰还是吃得津津有味。

一顿饭吃下来，三个人喝掉两瓶红酒。徐小杰酒足饭饱，起身告辞。

“我就不送你了，”李建握了握徐小杰的手，“让然然送你到小区门口吧。”

徐小杰朝李建拱拱手，“谢饭谢饭。”就和然然一起下了楼。

李建坐在沙发上，刚抽完一支烟，然然就回来了。

“走了？”李建问。

“走了，正好来了一辆出租车。”然然边说边开始收拾桌子。李建正想起身帮忙，手机响了。打开一看，是徐小杰发来的一条短信，一共三句：

这个女人不寻常。

这鸭头不是那丫头，头上哪有桂花油。

你死定了。

李建笑着把手机递给然然。

然然看了，滚到李建怀里，差点儿笑岔了气。

笑够了，两人一起把桌子收拾干净。然然系上围裙，戴上一双胶皮手套，开始洗碗，李建靠在厨房门上，点起一支烟。

“下次咱们还请徐大哥来吧，”然然说。“他这人挺有意思的。”

“只要你愿意，”李建说，“不过他下星期就要回英国了。”

“他在英国是做什么的？”

“教中国古典文学。”

“他太太也在英国吗？”

“他早就离婚了，他前妻现在在美国。”李建说，“你不是想嫁给他吧？”

“他太胖了，肚子那么大。”然然笑着用手比划了一下，“不过那也没准儿，好歹人家是单身汉。”

李建叹了口气，“你真是‘哪壶不开提哪壶’。”

“谁让你这壶老不开呢。”然然说着把洗好的碗筷放到碗架上。她摘掉手套，解下围裙，一头扎进李建怀里，李建把手中的烟头扔进水池，抱起然然进了卧室，把她放到床上，伸手去解她的衬衫，然然挡开他的手，“别这么急，我先洗个澡。”

“洗澡不脱衣服吗？”李建说着，解开然然衬衫的纽扣。然然乖乖地站在李建跟前，听任李建脱光了她的衣服。李建坐在床边，双手抱住然然浑圆光滑的屁股，亲吻着她小巧娇柔的乳房。

然然挣脱了李建的纠缠，光着身子跑进浴室，关上了门。

那一夜，两个人在床上翻云覆雨，亲热了许久。最后，两人都没有穿睡衣，相拥而眠……

五

一星期后，徐小杰回英国了。李建送他到机场，徐小杰握住李建的手，“有然然这样的妞儿，死得过儿了。不过我还是要劝你一句：‘宿孽总因情’，千万悠着点儿，你好自为之吧。代我问然然好，请她多多保重。”说罢便上了飞机。

李建目送徐小杰离去，只觉得心中五味杂陈。

当晚，李建来到然然家。

“你怎么了？”然然问，“没精打采的。”

“徐小杰走了。”

“他明年不是还回来吗？”

李建叹了口气，“有这么几句诗：‘去年今日此门中，人面桃花相映红；人面不知何处去，桃花依然笑春风。’”

然然竟也一时无语。

沉默了片刻，然然起身从酒柜中取出一瓶红酒，倒进两只杯子里。

两人碰了碰杯，李建只喝了一口，然然却一饮而尽，接着又给自己倒了一杯。没过多久，然然就已经满脸绯红，她拉着李建的手，进了卧室，连拉带扯地脱光了自己的衣服，一丝不挂地躺在了床上，“你快点儿！”她说。

李建几乎是扑到了然然身上。

然然开始大声叫床，这是过去从来没有过的。

很快，两人就都进入了高潮。

当他们并肩躺在床上，望着天花板时，然然开口了：“你娶我吧。”

该来的终归是要来的。李建坐起身，“我先去洗个澡。”说着进了浴室。

当李建腰间围着一条浴巾走出浴室时，看到然然穿着他的衬衫坐在床上，抱着两条腿，头放在膝盖上，一双乌黑的大眼睛，目不转睛地注视着他。

李建在床边的椅子上坐下，点了一支烟，深深地吸了一口，“我准备最近就和黄圆摊牌。”

“‘最近’是多久？”然然问。

“就这一两天吧。”

“你打算怎么跟她说？”

“实话实说。告诉她我爱上别人了，要跟她离婚，请她考虑。”

“她会问你那个‘别人’是谁。”

“这我暂时不打算告诉她。”

“那她会跟你闹吗？”

“这我可说不准，不过黄圆是个很要面子的人。”

“要面子？要面子的人闹还是不闹？”

“一般不会闹。”

“那她会同意离婚吗？”

“这我可就不知道了。”李建说，“另外我还打算找院里谈，把院长辞了。”

“辞职？人家会问你为什么？”

“我为了婚外情离婚，影响不好。我想上边会同意的。”

“你真要做这些？为了我？”

“为了你，我亏欠你太多了。”

然然下了床，坐到李建腿上，双手搂住他的脖子，头靠在他肩上，“我有点儿害怕。”

“别怕，有我呢。”李建吻吻然然的头发，“昨天我给五院的一个老同学打了个电话，他叫刘克，在那儿当院长。我说我不想再当院长了，想专心干业务，问他们医院要不要我，他说没问题。你看，我连以后的事都想好了。”

“那我能跟你一起过去吗？”然然问。

“我想可以，好的儿科大夫哪儿都缺。不过你要想清楚了，五院跟咱们医院虽然都是三甲医院，可是差着档次呢。”

“我不管什么档次不档次，只要能跟你在一起，去哪儿都行。”

“还有一个问题，如果我离婚了，你爸爸会同意你嫁给我吗？——我比你大三十一岁。”

“我自己的事我能作主。”然然说着跳下床，“我去洗个澡。”

过了一会儿，然然从浴室出来，从枕头下面拿出睡衣穿上，又把李建的睡衣递过去，“穿上，我要问你点儿事。”

“调查我？”李建问。

“没错，我就想知道一件事：当初你和黄大夫是怎么结婚的？”

李建和黄圆是一九八二年秋天认识的，当时李建已经是祥和医院骨科的主治大夫了；而黄圆则刚从北京医学院毕业，是内科的实习医生。在那批新分来的女孩子当中，黄圆是最漂亮的一个。那时候，在医院里追求李建的女孩子不在少数，李建却因为刚和女朋友分手，一时无心谈恋爱。然而黄圆却是个执着的姑娘，不达目的决不罢休，追李建追了八个月，终于把李建追到床上。当发现黄圆还是个处女时，李建知道自己跑不了了。两人于半年后结婚。这半年中黄圆把李建看得死死的，可就是不肯轻易跟李建睡觉，总是推三阻四。直到婚后李建才发现，黄圆性冷淡。事已至此，李建也只能将就了。夫妻俩几乎一个月才有两三次性生活，那还得是黄圆计算好了她可能受孕的日子。就这样过了六年，黄圆终于怀孕了，生下儿子李阳。李阳出生后，黄圆干脆和李建分房睡，从此两人再没有性生活。不过在其他方面，黄圆对李建还是很关心的，几乎可以说是体贴入微。在一手把李阳带大的同时，她在自己的工作事业上，也非常努力认真，先后获得过各级领导部门的嘉奖，去年还拿到一枚五一劳动奖章。

听了李建的讲述，然然沉默了好一会儿，“黄大夫还真是挺了不起的。”她说，“你也怪可怜的，李阳今年二十岁了吧，这二十年，就没有女人跟你睡过？”然然的表情慢慢从怜悯变成了怀疑，“不对吧？你真是一个人扛了二十年？没有到外面去拈花惹草？”

“你不信？”李建问。

“我不信，从你第一次跟我睡，我就觉得你蛮熟练的，一点儿也不像床上功夫荒废了二十年的男人。”然然越来越肯定了，“你在外面一定有别的女人。”

“有过。”李建不想对然然说谎，“但是我有我的原则，一是绝对不跟我的病人搞，二是绝对不在医院里搞。”

“希波克拉底的誓言？我也宣过誓。”然然说，“我倒不是你的病人，可我是医院里的，这不违反了你的原则吗？”

“你不一样，我对你是认真的。”

“认真你就得表现得更不一样一点儿。”

“一定会的。”

“可我早就不是处女了，你不在乎吗？”

“你都快二十七岁了，身体有个历史，这再自然不过了。”

“‘身体有个历史’，你可真会说话。”然然想了想，“你还是先别跟黄大夫谈，让我也再考虑考虑。”

六

然然的考虑还没有结果，李建就有“更不一样一点儿的表现”了。

“什么？打屁股？”然然叫起来，“没病吧你？”

“没病，就是爱你。”

“爱我就要打我屁股？”然然说，“我长这么大，从来没人打过我——就连我爸爸妈妈都没动过我一指头。”

“你不说我也知道，你就是个被宠坏了的小丫头。”李建说，“所以我现在必须要给你补上这一课——阶级教育课。”

“怎么补啊？”

“把裤子脱了，趴到床上去。”

然然直愣愣地看着李建，好一会儿才开口，“你是不是性变态呀？”

“我基本上还算正常。”李建说，“你要实在不愿意就算了。”

然然撅着嘴想了半天，终于解开牛仔裤腰间的扣子，趴在了床上。

李建把然然的裤子褪到大腿上，又把她衬衫的下摆撩上去。

然然光着屁股趴在那儿，把脸深深地埋在松软的枕头里。

李建从床垫下取出早就藏好的一把竹尺，开始打然然的光屁股。

每打一下，然然白嫩的屁股上就出现了一道淡淡的红印。

打了二十几下，然然侧过脸去看到了镜子里的自己，一下子哭了起来。

李建慌了，连忙丢掉尺子，把然然搂进怀里，“是不是我把你打疼了？”李建一边说，一边抚摸着然然被打出两片红晕的屁股。

然然蜷缩在李建怀里，眼泪汪汪地摇摇头。

“那你为什么要哭？”

“我就是觉得委屈。”

“为什么？”李建问。

“我也说不清。”

那一晚，然然一直显得可怜巴巴的。李建小心翼翼地帮她脱去衣服，让她躺在床上，把手伸到她的两条大腿之间，轻轻地抚摸着她的阴部，直到那里开始湿润了，李建才脱掉衣服上了床，伏在然然身上。

李建亲吻着然然的脖子、肩膀、乳房……然然娇喘着，伸出双臂，搂住了李建的脖子。

李建轻轻地在然然耳边说：“以后我再也不打你了。”

“不，我愿意让你打，”然然说，“以后，我不乖了你就打我。”

……

这是一星期前的事了。今天，因为然然自作主张剪短了头发，李建又打了她的屁股，而且最后几下还要她撅起屁股挨打。

李建灭掉手里的烟，轻手轻脚地走进卧室。

然然睡得正香，她俯卧在床上，头侧向一边，一只手凑近唇边，食指含在嘴里。

李建掀开被子上了床，伸出一只手，隔着薄薄的睡裤，摸摸然然的屁股。

“晚安，然然。”李建说完，闭上了眼睛。

七

两天后的一个晚上，李建终于和黄圆摊牌了。

“离婚？”黄圆好像一点儿也不惊奇，“为什么？”

“我爱上别人了。”

“别人？”黄圆略带嘲讽地看着李建，“谁呀？”

“我现在不想说。”

“用不着搞得那么神秘，”黄圆淡淡地笑了笑，“不就是儿科的肖然然吗？”

李建吓了一跳，“你怎么知道的？”

“‘若要人不知，除非己莫为’。我不光知道是她，还知道你们至少鬼混了两个月了。”黄圆平静地说，“有人见过你进出天东花园，都是我上夜班的日子。”

李建一时竟说不出话来。

“说说你的想法吧。”黄圆说。

“什么想法？”

“条件哪。协议离婚，总得有个条件吧？难道你还想上法院？”

李建心里一块石头落了地。“我净身出户，房、车、钱、都留给你和李阳，我什么都不要。”

“难怪人家都说肖然然是狐狸精，看把你迷成什么样了。我早就知道会有这一天。这些年你在外面也没少拈花惹草，只不过这一次你认真了。你净身出户，我没意见。不过车我不要，一来我不会开，二来你和肖然然一块儿坐过的车，我也不想留给李阳。其余的我就不跟你客气了。至于怎么跟李阳说，你看着办。”

“那你同意了？”

“我不同意有用吗？你的心里早就没有这个家了。”

“那我们什么时候去办手续？”

“看把你急的。放心吧，我不会扣着你不放的。”黄圆想了想，“下星期二吧，我休息。咱们事先起草个协议，也省得花钱请律师了。”

黄圆从始至终，心平气和。这倒是李建始料未及的。

“不过下星期二之前，你必须跟李阳谈谈，把事情的来龙去脉讲清楚。”黄圆最后叮嘱了一句。

当晚，李建就找到医院党委书记林志强。谈话是在林志强家里进行的。

“老林，我有两件事要告诉你。”李建开门见山，“第一件事是我要和黄圆离婚——”

“为什么？”

“因为我有了婚外情。”

“这就是你的不对了。”

“是我的不对，所以我要辞职，这是第二件事。”

“那黄圆同志是什么意见？”别看林志强比李建小六七岁，作党委书记却已经两年了，说起话来老气横秋，官腔十足。

“黄圆同意和我离婚，至于辞职的事，还希望组织上能考虑一下，同意我的请求。”

“离婚是你和黄圆同志两个人的事，我相信你们能处理好。至于辞职的事，我做不了主，还得上报。就怕上面会认为是我和你在工作配合方面出了问题。”

“那就请你上报的时候特别说明一下，身为院长，为了婚外情离婚，影响不好。所以——”

“这就不用你操心了，我们会考虑的。”

李建起身告辞，林志强把他送到门口。

李建正要离开，林志强又开口了，“可不可以告诉我，你那个婚外情人是我们医院的吗？”

李建考虑了片刻，“是儿科的肖大夫。”

“肖然然？”林志强一脸的诧异，“这个小同志表现一向很好的嘛，群众对她的反映也不错。”

“她现在的表现也很好。”李建生硬地把林志强顶了回去，转身进了电梯。

下面就轮到李阳了。正好李阳周末回家，李建把儿子请到自己房间里，让他在沙发上坐下，把自己和黄圆的谈话转述了一遍。

李阳坐在沙发上，默默地听着。

李阳长得很清秀，相比较而言，像黄圆的地方更多些。据李建所知，儿子还从来没有交过女朋友，问他他也只是一句“现在不想。”就敷衍了事，以至于李建会担心他的性取向是不是有问题。

“你说完了吗？”李阳问。

“说完了。你有什么要说的吗？”

“没有，我觉得挺好。”李阳说，“你和我妈本来就不是一路人。”说完就背起书包回学校了。

当天晚上，李建来到然然家，把这两天的几次谈话详细地告诉了然然。

“不会再有变化了吧？”然然似乎还有点儿不放心。

“我想不会了。”

然然高兴地跳了起来，在李建脸上用力亲了一下“这回你可跑不了了。”

“我想办完离婚手续，就搬过来，你看行吗？”

“太好了！”然然一边说，一边抱着李建，亲个没完。

“你高兴过头儿了吧？”

“我爱你爱你爱你——”

“别光嘴上说爱，表现一下吧。”

“没问题，”然然说，“你要我干什么都行，对了，你上次不是说想把我绑起来吗？我现在就让你绑。”

“你这儿有绳子吗？”

“没有。”然然撅着嘴想了想，“对，我这儿有纱巾，你可以用纱巾绑我。”

然然翻出一堆花花绿绿的纱巾，李建挑了两条素净的，让然然脱了衣服，站在地毯上，用纱巾把她的双手反绑在身后。

对着镜子，李建从上到下反复抚摸着然然的赤裸的身体，然然咬住嘴唇，凝视着镜中一丝不挂的自己……

星期二上午，李建和黄圆一起来到办事处，把结婚证换成了离婚证之后，两人一起回到家中。李建收拾出几件简单的衣物和一些私人文件，连同随身携带的笔记本电脑，放进一只箱子。黄圆送他下楼。在楼门口，李建把箱子放在车后座上，关上车门，和黄圆面对面地站了一会儿。这时，黄圆做了一件她近二十多年来都没做过的事：她抱住李建，在他脸上亲了一下，还加上一句话，“悠着点儿，老头儿，累了就回来歇两天。”当李建坐进车里，正准备发动车子，黄圆敲开他的车窗，递给他一个存折，“这里边有几万块钱，你拿着，密码是你的生日——不，拿着，如果你花不着，等李阳结婚的时候，你就当结婚礼物送给他吧。”说完转身进了楼门。

当车开到距离天东花园不到一百米处时，李建停下车。只见然然抱着双臂，正在小区门口踱来踱去。看到李建的车，然然停住了脚步，片刻，她就像一头小鹿一样向着李建的车子飞奔过来。

夜里，然然搂着李建的肩膀，喃喃地说："你到底是我的了。"

李建把与黄圆和然然的事通过电子邮件告诉了远在英国的徐小杰，徐小杰的回信只有三个字：然后呢?

八

李建和然然同一天递交了辞职报告，随后就一起飞到上海。两人在一家酒店开了一个房间，李建留在酒店里，然然一个人去见她爸爸，把自己和李建的事一五一十地说了。她爸爸沉吟良久，才问然然："你真就离不开这个人了？"然然点点头。爸爸叹了口气，"是我把你惯坏了。"说着拿出一张信用卡，塞进然然手里，"要么你用这钱把他打发掉，要么你用这钱跟他好好过日子。我老了，能做的就这些了，你自己要当心。"

然然问她爸爸要不要见见李建，老人摇摇头，"不见了，不见了，我女儿喜欢的人，不会错的。什么时候你生了小毛头，我一定到北京去看你们。"

然然回到酒店，把她爸爸的话讲给李建听，李建没说话，只是亲亲然然的面颊。

回到北京后不久，李建就接到刘克的电话，告诉他然然到五院工作的手续已经办好了，下星期就可以去上班。李建因为辞职要上面批，大概还得再等几天。

李建和然然都非常高兴，然然很快就去五院上班了。

只有在一件事上两个人意见不一致：李建希望尽快和然然结

婚，然然却往回缩了，只肯和李建同居。

“咱们先试婚半年，说不定哪天我就不要你了。”

“你敢，”李建恶狠狠地说，“你敢不要我我就把你锯成两半！”

“那你要哪一半？”然然笑着问，“上边还是下边？”

“上边下边我都要！”

“你还是给我留一点儿吧。”

“什么叫‘留一点儿’？你要留什么？”

“个人空间呀。比方说，我的手机，我的电脑，未经允许，不得进入。”

“那我的手机和电脑，是不是也应该享有同等权利啊？”

“没问题。你要是同意了，咱们就成交。”然然一本正经地跟李建握握手。

李建顺势一拉，把然然搂进怀里。

十多天后，李建也调到了五院。在北京几十家三甲医院里，五院排在最后几名。地处郊区只是原因之一，最主要的还是因为缺乏特色，没有一流的专家。（有人开玩笑说：五院最大的特色就是食堂办得好。）如今李建这样一个全国知名的骨科专家不请自来，还捎带上一个协和医学院的博士生，这对于院长刘克，无异于天上掉馅饼。他和李建商量，原来的骨科主任很快就要退休了，希望李建接过这个职位。不料李建却不愿意干，只肯作为一个普通的主任医师，看门诊，做手术。下了班就和然然一起到超市买菜，回到家，李建做饭，然然洗碗，收拾屋子则是两人一起干，过起真正的家庭生活来。

李建车也不开了，每天和然然一起坐公交上下班。

一天，然然戴上一副大墨镜，悄悄溜进成人用品商店，买了一根鞭子。回到家，然然用卫生棉蘸了酒精，把鞭子仔仔细细地擦了两遍，才把它交到李建手里。

“礼物，送你的。”然然说。

李建接过鞭子。鞭子是用棕黑两色的皮条编成的，很软，也很轻。

“既然是礼物，”李建笑着说，“那我可要试用一下了。”

“随你便吧，”然然说：“反正是我自找的。”

“那好，这样吧，”李建说，“从现在起，我就是个奴隶主，你呢，是我的一个朋友新送给我的女奴隶。所以我说什么，你都得无条件服从，不能说半个‘不’字。明白了吗？”

“明白了，老爷。”然然说得低声下气，仿佛真成了个女奴隶。

“既然是送来的东西，就得先验验货。”李建说着让然然在卧室里的镜子前站好，自己则站在然然身后。

李建摸摸然然的面颊，让然然张开嘴，看看她雪白的牙齿。

“牙齿不错。”李建说，“下面再打开看看。”说着解开了然然的衬衫，手指滑过然然的锁骨，“怎么这么瘦，净是骨头。”

“可你说过我肩膀好看的。”然然说。

“不许乱插嘴。”李建在然然的面颊上轻轻地拍了一下。接下来脱掉然然的衬衫，摸摸她的胳膊，“这儿的肉还挺结实的。”

李建解下然然的乳罩。

“有点儿小，不过样子还蛮好看的，手感也不错。”

李建久久地抚摸着然然小巧娇柔的乳房，最后还轻轻地捏了捏她娇小的乳头。

“讨厌！”然然忍不住叫来。

“敢说老爷讨厌？”李建板起面孔，“必须得给你点儿苦头吃了，跪下！”

然然光着上身跪在了床边的地毯上。

李建扬起手中的鞭子，“啪”的一声抽打在然然赤裸的脊背上，声音之大连他自己也吓了一跳，然然却没有作声。李建仔细地查看了一下然然的脊背，发现刚才那一鞭只是在然然细嫩的皮肤上留下了一道淡淡的红印，这才放心。

李建又在然然脊背上打了十来下，随后命令道；“把裤子脱了！”

然然顺从地把牛仔裤和裤衩都褪到了腿弯处。

“屁股和大腿还是蛮好看的。”李建说着蹲下身，反复抚摸着然然赤裸的屁股和大腿。

终于李建站起身来，对然然说：“现在，我要抽你四十鞭子，这是为了让你今后乖乖地听话。明白吗？”

“明白。”然然的声音小得可怜。

李建打得很慢，然然上身伏在床上，双手抓住床单，一动不动，只有她浑圆的屁股，随着一下又一下的鞭打而在不断地颤动。

打了四十下，李建停下手，让然然站起身来。

然然扶着床站了起来，这时，她白嫩的光屁股上已经布满了淡红色的鞭痕。

“转过来，”李建说。

然然慢慢地转过身来，面对着李建。她一只手挡在胸前，另一只手遮着阴部，乌黑的大眼睛里闪着泪光，泪水沾湿了她长长的睫毛。脱下一半的裤子还裹在小腿上，那哀哀怨怨的样子，真像一个备受凌虐的的女奴隶。

李建心软了，他丢掉鞭子，两只手把然然横着抱了起来，轻轻地放在床上，帮她脱掉裤子，自己也上了床。

李建把然然的光身子搂在怀里，“疼吗？”

“疼，比尺子打得疼多了。”

李建抚摸着然然的屁股：“那下次你还让我打吗？”

然然双手搂住李建的脖子，悄声说“以后每一次你都这么打。我愿意当你的女奴隶。”

“那你不怕疼吗？”李建问。

“怕，”然然不好意思地笑了，“可是不疼就不好玩儿了。”她一边说，一边开始为李建宽衣解带。

这是李建第一次在然然这里享受这样的待遇。他仰面朝天躺在床上，听由然然脱去了他的衣服。

然然之后的举动则是他完全没有想到的。

然然跪在他身边，弯下腰，把他的阴茎含在了嘴里，柔软而温暖的舌尖舔湿着，吸吮着……

这样的体验李建过去也曾有过，但却从未像这一次让他砰然心动。 他伸下手去，抚摸着然然那一头乌黑的短发……

然然终于抬起头，小声问道“舒服么？”

李建点点头。

“今天我在上面。”然然说着，跨坐在李建身上，用手摸索着，把李建勃起的阴茎放进了自己温暖湿滑的阴道里……。

九

两人同居后的第一个星期，李建几乎每天晚上都要和然然做爱，然然不想做也不行。结果，一星期后，然然从医院里拿回一些挂号条，对李建说："这是发给你的号，以后每星期发你两个号，叫到你的号，你才能跟我睡觉。"搞得李建哭笑不得。

"那打屁股也发号吗？"李建问。

"打屁股——"然然歪着头想了想，"打屁股算急诊吧，不过一天最多一次，实名制。"

然然家的三居室，有阳台的一间是卧室，另一间是书房，还有一间算是储藏室，里边放了一架跑步机。现在，李建最喜欢的事情之一，就是看然然穿着运动背心和短裤，在跑步机上跑步。看着然然腰肢和屁股不停地扭动，李建有时会不能自控。他用纱巾把然然的双手捆绑在跑步机上，脱下她的短裤，用那根鞭子抽她的光屁股……

"你说，你是不是虐待狂？"然然问。

"差远了，我们顶多也就是玩儿个小游戏。"

"你还差远了？现在我都不敢去游泳了。"

"改天我找本书来你看，你就知道什么叫虐待狂了。"李建说。

第二天，李建回到家，递给然然一本《虐恋亚文化》，"看看吧，特别是后面那篇《O 的故事》，看完了告诉我你喜欢什么样儿的。"

然然用了两个晚上看完了这本书。

"怎么样？姑娘？"李建问。

"吓死我了，"然然摸摸胸口，"你真要对我搞这一套，我还不得让你折腾死。"

"这下知足了吧。"

“知足了，我得好好谢谢你。最多也就是打我屁股，绝对不搞什么新花样。”

“你想不想换个新花样?”李建问。

“你饶了我吧，”然然说，“要玩儿新花样你找别人去，我是个俗丫头，光着屁股挨几下，就只当是上一堂你说的那个什么课。”

“阶级教育课，”李建说，“那我可每天都要给你上课。”

“没关系，我从小到大都是好学生。”

“现在我就给你上一课。”

“上就上。”然然撅着嘴趴在了床上……

然然在节假日里最喜欢的事就是拉着李建一起逛街了。

几个月来，然然一直想和李建一起逛街，可是她不敢，怕被人看见。如今，李建离婚了，她就可以在大庭广众下，拉着李建的手进出各式各样的商店了。这对然然来说，是比逛街本身更让她高兴的事。

李建对于逛街没有多大兴趣，他更喜欢和然然一起去饭馆吃饭。然然怕胖，不敢多吃，可是她看着李建吃喝，给他夹菜，为他倒酒，似乎也很有乐趣。

一个星期六的晚上，李建和然然在一家西餐厅里意外地碰见了黄圆。当他们走进餐厅时，黄圆已经在那里了，坐在她对面的是一位满头银发的老先生，两人正在点菜，没有看见他们。

“咱们换个地方吧。”李建小声对然然说。

“干嘛要换地方？”然然大声说，“我喜欢这儿。”说着拉住李建的手，在离黄圆不远的一张桌子边坐下。

两人点了菜，然然还要了一瓶红酒。

菜上齐了，然然悄悄地问李建："我可不可以去敬黄大夫一杯？"，

"别闹了，"李建低声说，"好好吃你的饭，行吗？"

"她把这么好的男人让给了我，我还不该谢谢她？"然然笑着说，冲李建眨了眨眼。

饭吃到一半，只见黄圆手里端着半杯酒，走了过来。

李建想站起来，然然按住他的胳膊，"不许动。"然然小声说。

"二位好啊，"黄圆笑容满面，"很久不见了，你们过得还好吗？"

"好得不能再好了，"然然说，"谢谢你关心。"

"我们家老李还行吧？"黄圆笑着问然然。

"棒极了。不过黄大夫，李建现在是我的男人，跟你不是一个'们'了。"

"是么？"黄圆说，"可我听说你们还没结婚呢。"

"我们正在试婚，"然然说，"每天晚上在一张床上睡觉。"

虽然餐厅里灯光幽暗，但李建还是觉得黄圆变了脸色。

黄圆勉强镇静下来，和然然碰碰杯，转身回到自己的桌子上。

"你干嘛要和她斗嘴？"李建没好气地问。

"她自找的。"然然说。

李建无心再吃什么饭了，"服务员，结账。"

结完账，李建站起身，然然故作亲热地挽住李建的胳膊，出门前还朝黄圆挥挥手。

一出门，然然就甩开了李建的胳膊，挥手叫住了一辆出租车，也不等李建上车，就扬长而去。

李建一个人站在餐厅门口，一支接一支地抽烟。一时间，竟有

一种无家可归的感觉。

手机响了，是然然发来的短信：我错了，回家，爱你。

李建叹了口气，叫住一辆出租车。

然然站在李建跟前，双手背在身后，就像一个犯了错误的小学生。

“刚才是我不对，”然然小声说，“你别生气了。”

李建没说话。

然然从衣柜里取出鞭子，递到李建手上，撅着嘴小声说：“你要是真生气，今天就狠狠地打我一顿吧。”

“那得脱光了绑起来打。”李建气呼呼地说。

然然乖乖地脱光衣服，趴在床上，李建用纱巾绑住了她的手腕和脚踝，开始抽打她的屁股。

然然双手紧紧抓住床单，咬着嘴唇，一声不吭。李建在然然的屁股上打了七八十下，又让然然撅起屁股，打了最后几下，这几下，他的确是使了点儿狠劲的。

然然倒在床上，泪流满面。

李建扔掉鞭子，解开纱巾，把然然搂在怀里。

“揉揉屁股，疼。”然然眼泪汪汪。

李建让然然趴在在床上，自己侧身躺在她身边，轻轻地抚摸着她被打得发烫的屁股。

然然终于不再哭了，只是李建刚一停手，她就不干了，“不行，还得再揉揉。”

“真这么疼吗？”李建知道刚才的鞭打的确比以往任何一次都厉害，“要不要我拿冰袋来给你敷一敷？”

“不要冰袋，就要你，”然然说，“你得我给揉半个小时，一分钟也不能少。”

“是你让我狠一点儿的，”李建说，“现在又让我给你揉，想累死我？”

“累死拉倒。谁让你把我打疼了。”

李建一边给然然揉着屁股，一边有一搭没一搭地和然然聊起天来。

“我问你，你又不近视，当初干嘛老戴着那么一副眼镜？”

“装正经呗。省得那些臭男人，有事没事盯着你看。”

“你是不是自我感觉太好了？你有那么好看吗？”

“你有没有搞错？我当年可是我们学校的校花呢！”

“别太得意了，俗话说‘名校无靓女’，你们学校，一群男女书呆子，但凡有那么一两个平头正脸的，就自以为是校花了。”

然然气得一翻身爬起来，“那你说，你老实说，我好看不好看？”

“好看好看。”

总算把然然哄过来了，李建松了一口气，坐在床边点了一支烟。

然然也下了床，她对着床边的镜子，前后左右地看。“我的乳房是不是有点儿小？”她问李建。

总的来说，然然对自己的身材基本上还是满意的，唯一让她有些拿不准的就是她的胸脯。

“我喜欢小一点儿的，”李建说，“有个词叫‘盈盈可握’。”

“可是现在时兴‘丰胸’呢，”然然还是有点儿不大自信，“那些丰乳霜什么的，卖得可火了。”

“他火他的，你过你的，我喜欢不就行了？”李建说着，站起身来，搂住然然的肩膀，低下头去，亲吻着然然娇小的乳房……

然然推开李建，趴回到床上，“你的活儿还没干完呢，别想着说几句好听话就能蒙混过关。”

李建笑着坐到床边，接着给然然揉屁股。

“你真的喜欢小的？”然然问。

“你是说乳房，”李建说，“我确实喜欢小一点儿的。大乳房常常会让我联想起奶牛。”

“那万一我下一个男朋友喜欢奶牛怎么办？”然然突然冒出这么一句来。

李建在然然屁股上狠狠地打了一巴掌，然然尖叫起来。

“你听着，肖然然，”李建说“只要李建不死，你就别再想有‘下一个男朋友’了。听清楚了吗？”

“听清楚了。你这么厉害，我再也不敢想什么‘下一个’了。”

“知道厉害就好。”李建说着站起身来，“不揉了，罢工了。”他又点了一支烟，坐在了床边的扶手椅里 。

“脾气大了，敢罢工了。”然然笑着说，“小心我开除你。”然然穿上睡衣，盘着腿坐在床上。

“跟我说说你那‘上一个’吧。”李建说。

“上一个？你是说楚天华？”然然说，“我跟他的那些事，不是早就跟你说过了吗？”

“你说的太简单了，我想多了解一些有关他的方方面面。”

“你是不是闲得没事干了，想找不自在呀？”

“那倒不是，我就是想知道他究竟是怎么样的一个人。”

“你还挺有好奇心的。”

“不光是好奇心。孔子说过：‘见贤思齐，见不贤而自省。’”

“什么意思？”

“意思就是说，他有什么我没有的优点，我就向他学习，这就叫‘思齐’，懂了吗？”

“懂了，”然然笑着说，“他最大的优点就是比你个儿高，你一米七八，他一米八二，你‘思齐’吧。”

李建想了想，“我可以给他做个截肢手术，这我在行。”

“那他还有个优点：比你年轻，你今年五十八，他三十，你再‘思齐’一下吧，这你是不是也在行啊？”

这一下李建可真是噎住了，憋了足有半分钟，才有气无力地回了一句：“他迟早也有五十八的那一天。”

“那一天你可就快九十了。”

“我九十，你呢？”

“我？我不到三十岁就会被你毒打致死。”

“那我可舍不得，我还指望着你给我上坟烧纸呢。”

“做梦吧你就，你上午死，我下午就找个帅哥上床。”

要说斗嘴，李建从来就不是然然的对手，他索性不再说了，直接脱掉衣服上了床，把然然压在身子下面，分开她的两条大腿。

平日里在床上一向温顺的然然，这一次却拼命挣扎，又踢又打，可毕竟身单力薄，而且只穿着一件睡衣，下面连裤衩都没有，到底挡不住李建“霸王硬上弓”……

终于，两人都筋疲力尽，瘫在了床上。

十

李建下了床，坐在扶手椅里。然然躺在床上一动不动，眼睛闭着，仿佛睡着了似的。

李建点起一支烟，抽了几口，想着自己刚才是不是做得过分了。

"然然，"李建轻声说，"对不起，刚才我——"

然然转过头来，一双乌黑的大眼睛盯着李建，"对不起就完了？我明天就到法院告你强奸我。"然然说着随手拿起床头柜上的一张报纸，一本正经地念起来："北京市中级人民法院判决书：被告人李建，男，五十八岁，原北京市第五人民医院骨科医生。该被告人于二零一零年六月五日晚二十一时，强行闯入朝阳区天东花园十八号楼一门 1502 号房间，对年轻漂亮的女业主肖某某进行殴打并实施强奸。致使肖某某身心受到极大伤害。该被告人犯罪事实清楚，证据确凿，影响很坏。现本法院判决如下：判处李建有期徒刑二十年，剥夺——"念到这儿，然然终于忍不住笑出声来，"剥夺性交权利三年。"

李建那颗悬着的心总算放了下来，"年轻漂亮的女业主，你想想清楚，剥夺我跟剥夺你好像是一回事。"

"我怎么这么倒霉呀。"然然泄了气，"算了，我撤诉，咱们私了吧。"

"怎么个私了法？"李建问。

"下星期、还有下下星期的碗都归你洗。"

两个人洗过澡，换了睡衣，并肩躺在床上。因为第二天是星期日，不用早起上班，所以也就不必急着睡觉。

"现在你可以给我讲讲楚天华了吧。"李建说。

"你都想知道什么？"

“只要是有关他和你的事，我都想知道。比方说，最先是他追的你还是你追的他？”

“也说不上是谁追谁。我一进校，就参加了篮球队。篮球场旁边就是羽毛球场，他是羽毛球队的，训练的时候，就隔着一道铁网子。训练完了，羽毛球队的那些男生，总要过来和我们这帮女生搭讪。一来二去的，就混熟了。有一天，他悄悄对我说，想请我喝咖啡，我们就一起去了学校附近的一家星巴克，聊了一晚上。大概是一个月之后吧，有一天，也是在星巴克，他说我想和你好，我说我也想和你好，于是就这么好上了。”

“怎么个好法？”

“还能怎么好？上床呗。”

李建听得心里酸溜溜的，但还是接着问下去：“你爱他吗？”

“开始我也搞不大清楚我是不是爱他，就是觉得跟他在一起挺风光的。直到后来相处时间长了，感觉还挺好的，这大概就是爱吧。他不光长得帅，而且脑子棒得一塌糊涂，本来应该是八年的课程，他六年就全学完了，毕业论文也是最高分。当时我们学校里的一个美国教授说，楚天华是他见过的最有天赋的学生，属于将来会拿诺贝尔奖金的那一种。所以就为他申请了美国一所有名的医学院的全额奖学金，把他送到美国去了。”

“后来他就不要你了。”李建说，心里想着不知自己是不是该为此而感谢那个姓楚的小子。

“他去美国以后，开始我们几乎每天都通电子邮件，后来他说他太忙，就变成三天通一次，后来又变成一星期一次，直到有一次，他整整半个月都不回我的邮件，我就知道准没好事，结果是他让他姐姐给我打了个电话，告诉我他跟一个美国女孩好了，希望我原谅他，还让我忘了他——”

“当时你就不吃不喝哭了三天。”李建说。

“谁说的？”然然一下子坐了起来。

“你自己亲口对我说的。”

“这种话你也信?那不过是我想放大一下我受伤害的程度而已，”然然笑了，“不吃不喝哭三天，那还活得了吗？我哭是哭了，不过也就一晚上，第二天的早饭都没耽误。要说难过倒是难过了几天。”

“几天？你原来跟我说的可是半年。”

这一回轮到然然没话说了，她伏在床上，“咯咯”地笑个不停。

李建说：“你会为我掉眼泪吗？”

“那当然。不过你得快点儿死，你死得越早我眼泪越多。”然然笑着说，“我保证像孟姜女一样，不把长城哭倒了不算完。哭可是我的强项。”

“那楚天华除了脑子好之外，还有别的什么强项吗？”

“他羽毛球打得不错。”

“还有吗？”

“别拐弯抹角了，你不是就想问他在床上的表现吗？他长得帅，脑子好，可一上床就不行了。本来我不想说，怕你太臭美。我跟他好了三年，上床睡觉没有一百次也有八十次，可几乎每一次他都撑不过两分钟，所以他虽然是我的第一个男人，可跟他上床，我始终就不知道什么是高潮。”

“那你什么时候才有了第一次高潮？是跟我吗？”李建问，心里的确有些得意。

“就算是吧。”

“什么叫‘就算是’？是就是，不是就不是，‘就算是’是什么意思？”

然然坐起身来，“给我支烟。”

李建点了一支烟，递到然然手里。

李建不想问，可话说到这份上，不问也不行了，“是不是在楚天华和我之外，你还有过别的男人？”

然然的回答着实让李建目瞪口呆，“我没有男人，就不能有女人吗？”

李建就像个木偶似的下了床，一屁股坐在椅子上，手里拿着一支香烟，却迟迟想不起要点燃它。

“至于吗你，”然然的口气中略略带着一丝轻蔑，“我一直以为你见多识广，无所不知，现在看来，有些事还得我讲给你听。”

于是，然然把和楚天华分手后发生的事一五一十地告诉了李建。

协和医学院的学制是八年，从五年级起就是读研了。大学生的宿舍是四个人一间，开始读研就换成两个人一间。然然的新室友是一个来自甘肃西部一个小县城的姑娘，叫霍燕，学妇科的，比然然大一岁，天生丽质。无论她走到哪里，不同年龄，不同身份的异性，都会情不自禁地止住脚步，“但坐观罗敷”。一位在收发室里干了一辈子的老校工感叹：“我在协和医学院看了四十年大门，从来就没见过这么漂亮的女学生！”说到漂亮，如果然然是精品，霍燕就是极品。追她的男生从食堂一直排到校门口，可她就是一个也不搭理，自称要作二十一世纪的林巧稚。

其实然然早在进校不久就认识霍燕，当时两个人同在一个篮球队里，不过霍燕没过多久就离开篮球队，转而去学跆拳道了。自从搬进同一个宿舍，两人的关系很快就亲密起来。

半个月后的一个晚上，霍燕上了然然的床，两个姑娘紧紧地搂抱在一起------

在霍燕那修长而有力的指间，然然的整个身心第一次被快感的高潮所吞没。

在此后的日子里，两个人双宿双飞，形影不离。后来，电视里直播澳大利亚网球公开赛，海宁和克丽斯特尔斯被称为“比利时双姝”，男同学们就戏称霍燕和然然为“协和医学院双姝”，简称“协门（邪门）双姝”。

然然充分地享受着和霍燕的这种特殊关系。只有一件事让她觉得有点儿别扭。然然的家庭就算没有她爷爷留下的字画，也早就称得上“小康”了。而霍燕则完完全全出身于草根阶层。她的父母都是下岗工人，家里还有一个瘫痪在床的奶奶和一个轻度智障的弟弟。一家人的生活全靠父母卖断工龄的那点钱，在县城里开了一家小面馆，起早贪黑，惨淡经营，才能勉强度日。霍燕是全家人唯一的希望。所以她尽管拿着学校里最高的奖学金，平时却总是节衣缩食，从不乱花一分钱，省下来的钱全都寄回家里。然然想帮她，但被她一口回绝。最后然然总算在霍燕生日那天，强迫她接受了自己的礼物：一台笔记本电脑和一部新手机，还有一件灰色的呢子外套。

2007 年，是协和医学院建院九十周年，学校花了不少钱，搞了隆重的庆祝活动，还请来了许多海内外的老校友。应邀而来的绝大多数都是有头有脸的成功人士，不少人还慷慨解囊，为母校捐款。其中最阔气的是一个 65 级的毕业生，名叫陈国义，如今在德国开着一家医药公司，一出手就是五万欧元——据说他的身家高达三亿欧元。在学校举办的舞会上，这位鳏居多年的陈老板，跟霍燕跳了一支舞，当时就没了魂儿。“霍小姐，你愿意嫁给我吗？”他说，“希望你能在四十八小时之内给我一个答复。”

当晚，霍燕破天荒地买了一瓶红酒，在宿舍里和然然对饮。

“你会嫁给他吗？”然然问。

霍燕苦笑了一下，“非常有可能。”

“可你跟我说过，你天生讨厌男人。”

“我是讨厌男人，可我不讨厌三亿欧元。”

“你为了钱就要嫁给你不喜欢的男人吗？”

“为钱嫁人有什么不对吗？”霍燕说，“为爱嫁人那才傻呢。”

“可是他那么老——”

“嫁给小伙子就更不靠谱了。”霍燕说着把杯中的酒一饮而尽，“霍小姐决定了，嫁！干嘛不嫁？”

然然哭了。

“别怪我，然然，”霍燕说，“你是有一点儿怪我，是么？”

然然点点头，泣不成声。

霍燕把然然抱到床上，脱掉她的衣服，久久地抚摸着她的身体……

第二天，霍燕来到陈国义住的酒店，告诉他自己愿意嫁给他，但是提出了两个条件：一是要陈国义出钱在兰州买房，把她的全家搬过来，并且每个月要付给他们一定数量的生活费。二是让她在北京再读一年书，拿到博士学位。

陈国义同意了。他说他要先回德国去，办理一些结婚所必需的文件，十五天后回来，跟霍燕正式登记结婚，还要举办一个婚礼。

在陈国义回德国的当天，霍燕就收拾了自己的东西，准备搬出宿舍，住进学校附近的王府饭店，用的是陈国义临行前留给她的一张金卡。

“你干嘛要这么急着搬走？”然然问，“他不是半个月以后才回来吗？”

“你是真傻还是装傻？”霍燕说，“我搬走是因为你。既然迟早要分手，那长痛不如短痛，趁我现在还下得了狠心。”说完便头也不回地走了。

十五天后，陈国义准时归来，第二天就和霍燕一起到婚姻登记机关办理了结婚登记。

三天后，在一家豪华酒店里，陈国义和霍燕举行了隆重的婚礼。在霍燕的恳求下，然然虽然一百个不愿意，还是作了她的伴娘。

霍燕的家人没有来北京参加婚礼。在此之前，霍燕打电话告诉家里她要结婚了，同时还寄去一笔钱，要父母把小店关了，再换一所好一点儿的房子，以后不要再工作了，并且作好移居兰州的准备。

婚礼上，霍燕身着一袭白色的婚纱，艳惊四座，她的脖子上还戴着一串闪闪发光的钻石项链。

在整个婚礼过程中，新娘倒没怎么样，伴娘却从始至终眼泪汪汪，最后还醉得不省人事，被两个一道参加婚礼的同学送回了宿舍。

之后，不知哪个男同学说了一句话，在校园里不胫而走，“可惜了的，真应了古人说的‘一树梨花压海棠’。”

然然每次听到这句话，都会感到疼得钻心。

此后的一年里，霍燕就一直住在王府饭店，只有在她准备博士论文的时候，才会偶而到学校来请教她的导师。

陈国义说话算数，他在兰州大学附近的一个小区里买了两个相邻的单元，并且在寒假期间陪着霍燕把她的家人搬到兰州——这是霍燕上大学七年以来第一次回老家。

陈国义不在国内的时候，霍燕有时会打电话要然然去看她。然然去过几次，每一次霍燕都会很热情地招待她，请她去吃牛排，吃完饭两个人还常常一起去逛街。只是霍燕对过去的事只字不提。

一年后，霍燕和然然同时拿到了博士学位。之后不久，霍燕就去了德国。她离开之前，坚决不肯告诉然然她的行期，说她不想让然然去机场送她。

然然一气之下，回上海住了十天，等她回到北京，霍燕已经走了。

霍燕去德国之后，很少给然然打电话，只是偶尔发一两个电子邮件。

半年前，霍燕发来一个电子邮件，说她生了个女儿，体重三千七百克。德文名字叫汉娜，中文名字叫陈燕然。

十一

夏天来了，天气一天比一天热，坐公交上下班变得越来越难受了。李建正跟然然商量以后要不要开车去，地铁六号线提前通车了，天东花园正好有一站，而且离小区门口只需要步行五分钟。这样一来，李建和然然上下班就方便太多了。不仅地铁车厢里有空调，很舒适，就连上下班所需的时间也从原来的两小时缩短为五十分钟，这样就再也不用早出晚归，然然每天早上还可以多睡半小时。

不过这多出来的半小时对李建意义并不大，五十岁以后，李建的觉就越来越少，每天晚上四个小时的睡眠对于他就足够了。平时，他和然然总在晚上十二点左右关灯睡觉。每天早上李建四点钟醒来时，然然睡得正香。李建就会轻手轻脚地下床，走出卧室，小心翼翼地把卧室的门关好。他简单地擦把脸，刷刷牙，接下来就在跑步机上慢跑半小时。之后冲个淋浴，换上外出穿的衣服，坐到书房里的电脑前，再审视一遍当天的手术方案。这个习惯他保持了多年，使得在他主刀的手术中从未出过差错。最后一次确认了手术方案后，如果还有时间，他就会登录国内外的一些医学网站。

六点半，就该叫然然起床了，这可不是一件容易的事，又是揪耳朵，又是刮鼻子，有时还要在胳膊上拧两下，才能连拉带拽地把然然从床上拖起来。然然起了床，总是一脸的不高兴，撅着嘴，好像受了多大的委屈似的，还得李建揪着她的胳膊，把她拉进浴室，用一条凉毛巾捂在她脸上，才能让她彻底醒过来。接下来李建还要帮她脱掉睡衣，换上运动背心和短裤，把她拉到跑步机上去跑步。然然跑步的时候，李建就开始做早饭。有时李建一边做早饭，一边感到纳闷，不知然然过去一个人的时候是怎么过的日子。然然对早饭的要求很高：一杯热牛奶，一个煮鸡蛋，两片抹了蜂蜜的烤面包，一碗蔬菜沙拉，外加一个新鲜水果。这一切，都要李建来准备。过去和黄圆在一起生活，李建是从来不下厨房的，然而现在做这些事，倒也觉得乐在其中。

李建不仅要做早饭，晚饭也是他来做，不过他们晚上一般都吃得比较简单，费不了多大功夫。饭后然然负责洗碗，接下来两人就像一对老夫老妻一样，坐在长沙发上嗑着瓜子看电视。如果没有好看的电视剧，他们就会放一两张新买的影碟。

天东花园小区里就有一家音像店，李建是那里的常客。李建喜欢战争片和历史片。而战争片然然是从来不看的，她说她害怕。历史片她也只能接受那些基本上没有暴力内容的，比如《伊丽莎白》。然然喜欢爱情片，情色片则视内容而定，毛片她是干脆拒绝的，不仅自己不看，也不许李建看。

“看什么毛片，你在手术台上没见过毛吗？”然然说。

“你又不是不知道，在手术台上，年轻漂亮的姑娘可不多。

“那我年轻漂亮吗？”

“当然。”

“那你就看我吧。”

然然对四五十年代好莱坞的黑白片情有独钟。她最喜欢的电影是《罗马假日》，自然，对影片中男女主角扮演者派克和赫本也是爱得一塌糊涂。

这天晚上，然然又要看《罗马假日》。李建告诉然然，徐小杰说他从来不看这一类电影，因为在这一类电影中，观众感觉不到影片中的人物还有生殖器官，而徐小杰认为，“这是对人性最大的侮辱。”

“你们这些臭男人，没一个好东西！”然然生气了，“你们是不是觉得，一个人非得一天二十四小时想着自己的生殖器官，才是对人性的尊重呀？”

“不光想着自己的，还得想着别人的。”李建笑着说。

“想想想，我让你想个够！”然然气呼呼地说，“今天晚上你就睡客厅，你想到天亮也没人管。”

这一下李建只好投降了。老老实实地陪着然然看第五遍《罗马假日》。看的时候，然然还不许李建碰她，“你给我点儿时间和空间，让我也享受享受纯洁的爱情。”

“纯洁的爱情”还没享受到一半，门铃响了，李建站起身，走过去拿起对讲机的话筒。

“李建先生，快递。”

李建按了一下楼下门禁开门的按键，打开房门来到楼道里。电梯上来了，一个小伙子抱着一个纸箱走出来，请李建签收。李建莫名其妙地签了字，把纸箱抱回屋里，放在了地上。这时，然然已经关上了电视，一边抿着嘴笑，一边递给李建一把剪子。

“你买的？”李建一边问，一边剪开了纸箱。

“我们买的。”然然说着，蹲下身来，“把剪子给我，看你，还是医生呢，笨手笨脚的，别再把里边的东西剪坏了。”

然然小心翼翼地剪开两层厚厚的包装纸，里面的东西这才出现在李建眼前，他竟然愣住了。

“看傻了吧？”然然笑着说，“教学用品。”她开始把纸箱里的东西一件一件拿出来，递给李建。

每一件物品都装在透明的塑料袋里。李建首先接过来的是一根黑色的散头皮鞭，然后是一束柔软的丝棉绳，还有丝绒衬里的金属钢镣铐，接下来的东西李建大多看不出是干什么用的，最后然然递给他一根像是船桨模型的实木制品，“这是什么？”李建问。

然然站起身来，凑到李建耳边小声说：“真笨。这是上课用的板子。”

李建把怀里的东西摊在茶几上，自己在沙发上坐下，然然坐在他身边，头靠在他肩上。

李建开始一件一件地研究茶几上的物品，发现这些东西居然绝大部分是从瑞典进口的。

"这些东西你哪儿弄来的?"李建问。

"网上买的。"然然说,"好么?你喜欢么?"

李建笑了,轻轻地拍拍然然的面颊,"这下你可有的受了。"

然然双手捧起李建的头,久久地亲吻着他的嘴唇……

有了"教学用品","上课"的方式就越来越多样化了。不过"上课"地点却没有多大改变,基本上都是在卧室里,这不仅是因为卧室里有那张大床,更是由于离床一米远的那面镜子。

镜子会使李建产生一种同时拥有两个女人的感觉。而然然却似乎更注意镜子里的自己。无论是被捆绑还是被鞭打,她都会从始至终地面对着镜子。

之前,李建偶尔会用医用绷带把然然绑起来,但是绷带毕竟不是为捆绑游戏准备的。怎么看都觉得不够性感。换成绳索,果然好很多。可不想第一次尝试就出了问题。

这天早上,李建正在做早饭,然然撅着嘴出现在厨房门口。

"你怎么不跑步了?"李建问。

"看你干的好事!"然然把两只胳膊伸到李建面前。

只见然然的两个手腕上有两条红色的的勒痕。显然是前一天晚上捆绑得太紧了。

"怎么办?"然然问,"一会儿我还要上班呢?"

李建也意识到了问题的严重性。"要不你穿件长袖衬衫试试?"

两人进了卧室,然然打开衣柜,找出一件长袖衬衫穿上了。

然然垂着手,勒痕勉强能被袖口遮住,可胳膊一抬,又全露出来了。

"不管用!"然然急得直要哭。

最后还是李建想了个办法，他让然然左手戴上一只表带很宽的手表，右手腕上缠了几圈绷带，“有人问，就说你手腕戳了。”

然然伸手在李建额头上用力地戳了一下，“恨死你了。”

绳索只能暂时放弃了，改用有丝绒衬里的金属镣铐。

“上课”的时候，然然对李建总是百依百顺。要她跪下她就跪下，要她趴着她就趴着，要她把屁股撅起来她也会乖乖地照办。只有两件事她始终拒绝李建的要求：一是不肯喊叫，二是不肯求饶。在李建打她屁股的时候，她会看着镜子，咬住嘴唇，忍受着一下又一下的鞭打。有时候，她疼得眼泪都出来了，但依然是一声不吭。

“你还真是宁死不屈啊。”李建说。

“我是圣女贞德。”

十二

这天中午，刚下手术台，李建就接了两个电话。

一个电话是徐小杰打来的，他告诉李建，因为父亲去世，他回来奔丧，现在已经在北京了。

李建虽然感到有些突然，但徐小杰的父亲年事已高，而且卧病在床多年，如今去世也是意料中的事。可另一个电话却多少让他感到意外。黄圆在电话里说，她最近收拾屋子，又找出李建的一些东西，她打算让李阳在这个周六给李建送过来，问他什么时候在家。李建实在找不出什么理由拒绝，只好把时间约在周六上午九点。

平日里，只要两人中午都不拖班，李建和然然总是一起在医院食堂里吃中饭，这天也不例外。

五院的食堂办得好是出了名的，每一顿午餐的主副食加起来，总有二三十种，而且一个星期不会重样。更重要的是，对医院的全体员工（包括临时工、农民工），午餐都是免费的。这是刘克最大的德政，使他在医院里备受爱戴。就连一向持才傲物的李建，也常常会有“我不如萧何”的感觉。

听说徐小杰回来了，然然很高兴，她想请徐小杰吃饭，但又怕他因为父亲去世，心情不好。李建说：“这你倒不用担心，他说他爸爸早就该死了，在医院里躺了这么多年，不知浪费了多少人民的血汗钱。”

李建的话让然然有些惊讶，“他怎么能这么说话呀？他们父子关系不好吗？”

李建告诉然然，徐小杰的母亲三十多年前就去世了，他父亲很快就又跟一个年龄和徐小杰差不多的女人结了婚，之后就跟包括徐小杰在内的五个子女断绝了往来，直到八年前住进医院，才允许子女去医院看他，但之前还必须要预约。

“他爸爸是干什么的？”然然问，“这么大谱。”

“原来是个民主党派的头儿，当过政协副主席。”李建说，“他爸爸留下的东西不少，不说别的，光是名人字画就肯定就比你爸爸手里的多，而且恐怕要多很多。所以徐小杰说是回来奔丧，其实也是回来跟他那个后妈分遗产的，说得好听点儿是分，说白了就是争。”

李建又说到李阳周六要来送东西，“你要是不愿意见他，你可以出去逛逛，我想他不会待很长时间。”

“我干嘛不愿意见他呀？”然然睁大了眼睛，“他不光是你的儿子，还是我的学弟呢。另外，你再给徐大哥打个电话，约他星期六晚上来咱们家吃饭。”

电话里，李建问徐小杰有没有时间，徐小杰说：“如今我一无所有，就是有时间。”

星期六，没等李建叫，然然就早早起了床。吃过早饭，她站在镜子前面，一件又一件地试衣服，还不时征求一下李建的意见。最后，总算选定了一身黑色的西服裙套装，里边是一件高领的白衬衫，还破天荒地穿上了长丝袜。脚上是那双自从跟李建上床后就再也没穿过的坡跟皮鞋，又从抽屉里找出那副黑边眼镜戴上了。

“不错，”李建说，“像个学姐的样子。”

然然背着手在屋里装模作样地走了一个来回，站在沙发旁边，一只手叉着腰，一只手点着自己的鼻子，坏笑着问：“那你说我像个后妈的样子吗？”

“要不是时间不够了，”李建说，“我现在就给你上一课。”

然然笑着说：“别急呀，等李阳来了，我就告诉他你天天给我上课，黄大夫要是知道我每天都挨揍，不定多解气呢。”

门铃响了。然然按下了开门的按键。

李建走出房间，等在楼道里。

电梯门开了，李阳提着一只箱子走出来，一头的汗。“爸。”他叫了一声。

“来啦。”李建招呼着儿子进了屋。

然然大大方方地和李阳握了握手，“你好。”她的声音平静而亲切。

李阳则显得有些腼腆，“你好。”

李建从儿子手里接过箱子，放在地上。

“进来坐坐吧。”然然说。

李阳迟疑了片刻，跟在然然身后进了客厅，坐在了沙发上。他穿着一身红白相间的运动服，已经被汗水浸透了。

“你怎么来的？”然然问。

“骑车。”

“这么热的天，真是辛苦你了。”然然从冰箱里取出一瓶矿泉水，递到李阳手里，“喝点儿水吧.”

“谢谢。”李阳站起身来，接过矿泉水，一口气喝掉了多半瓶。

“你妈好吗？”李建问。

“挺好的。”李阳说，“她还让我问你好，问肖大夫好。”

李阳称然然“肖大夫”，李建怎么听怎么别扭。可是想想也没有比这更合适的称呼了。

“肖大夫，”李阳对然然说，“其实我早就见过你。”

听到儿子突然蹦出来的这句话，李建着实吃了一惊。难道当初他和然然幽会，竟是被李阳发现，告诉黄圆的？不过李阳接下来的话，让他松了一口气。

“那时候我上大一，正赶上你们那一届的毕业典礼。当时我坐在台下，你和另一个女同学一块儿上台领毕业证书。有人告诉我，说你们俩是我们学校的‘双姝’——”

然然脸红了。

“你的那个朋友叫霍燕吧？”李阳的语气倒始终是平平淡淡的，“你们俩的名字都挺好记的。所以我到现在还记得你们。”

李阳待了不到一刻钟，就起身告辞。李建把他送上电梯，回到屋里。

然然呆呆地坐在沙发上，双手托腮，若有所思。

“想什么呢？”李建摸摸然然的头发。

然然长长地叹了一口气，“我这个学姐，如今可真是斯文扫地了。他连‘邪门双姝’都知道。”

“他就说‘双姝’，没说‘邪门’。”

“那是他不想让我太难堪。”然然说着站起身来，“你这个儿子不错，文质彬彬的，比你强。”

“但愿如此，”李建说，“我就是担心他的性取向，怕他是同性恋。”话一出口，李建就意识到这话说得有点儿不大合适。

然然倒也没有太在意。她忙不迭地把那一身行头卸了，换上家常穿的衣服，这才和李建一起打开了李阳拿来的箱子。

箱子里主要是李建的一些衣服，一套西装，几件衬衫，两条领带，还有一双皮鞋。此外，就是一部尼康数码相机和一瓶五粮液。

“都是你的吗？”然然问。

“当然都是我的。”李建觉得然然问得有点儿奇怪，“你问这话什么意思啊？”

“我是怕黄大夫贿赂你。”然然说。

“她贿赂我干什么？”

然然凑到李建耳边小声说：“我怕她把你抢回去。”

中饭两人下了点儿面条，吃过后就一起开车去华堂超市买了虾、鲽鱼头和一些蔬菜、水果，又买了几瓶法国红酒。回到家，然然在厨房里仔细地清洗了蔬菜和水果，再把洗好的水果放进冰箱，然后解下围裙，系在李建腰上，“剩下的活儿可都是你的了。”

当李建在厨房里收拾虾和鱼头的时候，然然在卧室里的梳妆台前坐下，开始描眉画眼。

然然化好妆，来到厨房门口，问李建：“怎么样？好看吗？”

可能是因为然然平时很少化妆，也不会化妆，所以一旦化起妆来，三次有两次能吓李建一跳。

“不好看。”李建实话实说，“县剧团水平的。”

“县剧团是什么水平？”

“我当兵的时候，当地的县剧团慰问子弟兵，演《红灯记》，那里边儿的李铁梅就你现在这模样儿。”

“我家的表叔数不清？”然然苦着脸问：“那你说我这妆该怎么化？”

“要我说，你什么妆也不用化，把脸洗干净点儿就行了。”

然然嘴里嘟嘟囔囔地走回了卧室。

过了一会儿，然然又来到厨房门口。这一次，她的脸倒是洗得干干净净，可她那一身短打扮，又让李建倒吸一口凉气。只见她上身穿了一件暗红色的短袖 T 恤，领口开得很大，多一半的锁骨都露在外面，下边则是一条齐着大腿根儿的牛仔短裤。

“好看吗？”然然问。

“好看。”李建也不能不承认，然然这身装扮，使她显得格外俊俏，

然然夹紧了两只胳膊，“你看，我也有乳沟了。”

“亏你说得出口。”李建笑着问。“你没戴乳罩吗？”

“你怎么知道？”

“我看你肩膀上光光的，没有肩带。”

“不带乳罩犯法吗？”然然笑着说，“如今妇女解放，没那么多规矩了。”

李建把然然叫到跟前，拉开她胸前的衣服，发现然然衣服里面还是戴了一个没有肩带的乳罩。

“你这裤子也太短了，屁股都快露出来了。”

“我本来就骚么。”然然满不在乎，“再说，我的腿这么好看，不露出来多可惜呀。”然然得意地摸摸自己光滑的大腿，“他不是说我

是小妖精吗？今天我就妖精一回给他看看。”

“既然要让他看，咱们就给他来一个真人秀。”李建说，“当着他的面，我给你上一课。我敢保证，他肯定爱看。”

“亏你想得出来。”

“这可不是我想出来的。”李建说，“书上说，当年俄罗斯的贵族请客，就专门挑几个年轻漂亮的女奴隶当着客人的面脱光衣服打屁股，用来款待客人。”

“只要你愿意，我没意见。”然然耸耸肩膀，“你要是实在看不惯，我在外面再套一白大褂，总行了吧。”

“那倒也用不着，又不是上班。反正胳膊腿儿都是你自己的，你有自由处置的权利。”说着李建也忍不住笑了，“说实在话，你这么穿挺性感，让咱们徐大哥肥肥眼也没什么大不了的。”

“‘肥肥眼’是什么意思？说我胖吗？”然然到底是在上海长大的女孩子，尽管在北京生活了十多年，对北京的土话有时还是不甚了了。

于是，李建给然然解释了“荤油点灯肥肥眼。”的意思。

“你们北京怎么有这么多下流话呀？”然然说。

李建把虾和鱼头收拾干净，刚加了调料腌上，门铃就响了。

徐小杰手里捧着一大束白色的菊花进了门。

李建解下围裙，把花插进茶几上的一个花瓶里，笑着问：“你老兄什么时候这么会做人了？”

徐小杰拱拱手，“笑纳，笑纳。”

李建说：“你不是一无所有吗？何苦来花这冤枉钱。”

“不怕你们笑话，这花儿我一分钱没花，是从我们老爷子灵堂里偷的，我觉着挺好看的，就拿来了，你们别嫌不吉利就行。”

然然在一旁笑弯了腰。

上一次徐小杰来，李建还只能算是半个主人。这一次不同了，尽管他和然然还没有登记结婚，可毕竟是光明正大地同居了。所以李建格外勤快，又是沏茶又是拿水果，还问徐小杰要不要把空调再调低点。

“你别忙活了，”徐小杰说，“我这人有烟有酒有肉吃就行。”

“你来的巧，我这儿正好有瓶五粮液，我记得当年你最喜欢喝五粮液。”李建说着从酒柜里拿出上午李阳带来的那瓶酒，“这可是五粮液酒厂的老板亲自送给我的。”

“你什么时候又跟酒厂老板套上磁了？”

“我给他儿子做了个不大不小的手术。”

“那这酒肯定错不了，待会儿我得好好尝尝。”

然然削了两个个桃，切成小片，放在盘子里，又叉上几根牙签，“徐大哥，尝尝这桃，挺甜的。”

三个人坐在那里有一搭没一搭地说着闲话，徐小杰的目光时不时地就会停留在然然那两条光溜溜的大腿上。

李建问徐小杰：“你们家的事情处理得怎么样了？”

“正谈着呢。我们几个打算一人要一千万，一共五千万。”

“五千万！”然然惊着了，“这么多？”

“多吗？”李建说，“我看不多，也就是刚够一个县长贪污一把的。”

“就是。”徐小杰说，“我也没处贪污去，趁着这个机会还不得多要点儿。”

三个人闲聊了一会儿，李建看看时间不早了，站起身来说：“你们先聊着，我做饭去。”

“怎么改你做饭了？”徐小杰问。

“现在我们家的饭都是他做，”然然说，“他做的饭比我做的好吃。”

听到从然然口中说出“我们家”三个字，李建心里由衷地生出一种温情。

然然帮李建系上围裙，“好好干活去吧，李大厨。”

李建进了厨房，开始做饭。客厅里不时传来然然的笑声。

“你这儿什么时候添了这么个架子？上次我来好像还没有呢。”李建听见徐小杰在问然然，指的显然是那个半个月前才买回来的家用健身单杠，不由得心里一虚。

只听然然大大方方地说：“这是李建健身用的，每天他都要拉上几下。”

“他现在还能拉得上去？”徐小杰似乎有点儿不大相信。

“他还行。”然然倒是对答如流，“就是拉不上去，双脚离地在上面挂一会儿，对脊柱也有好处，不信你试试。”

其实，然然的话只有一半是真的。李建的确每天早上要在上面做几个引体向上。不过有时候挂在上面的是然然，确切地说，是然然被铐在上边“上课”。

半小时后，几道菜都上了桌：油焖虾，红烧鲽鱼头，清炒豌豆，蒜蓉蒿子杆。

“来吃吧。”李建说着，转过身去，然然上前帮他解下了围裙。

“辛苦了，李大厨。”然然说着，在李建脸上亲了一下。

“然然，这可不是待客之道。”徐小杰起身抗议了，“当着我的面，你们这么晒幸福，不是分明要气死我这没媳妇儿的人吗？”说着他摇头晃脑地踱着方步走了过来，边走边念出两句诗来："司空见惯浑闲事，断尽江南刺史肠。"

"徐大哥说的什么？"然然问李建，"我怎么一点儿也听不懂啊。"

李建把那两句诗的意思和出处讲给然然听。

然然问徐小杰："徐大哥，你是不是也想让李建把我送给你呀？"

"不敢不敢，君子不夺人之爱。"徐小杰连连摆手，"再说了，那时候的歌姬不过就是个奴隶，现在——"

没容他说完，然然就打断了他："现在我们家实行的就是奴隶制。"

"那你们两个到底谁是谁的奴隶呀？"徐小杰有点好奇地问。

"相互服务。"李建抢在然然前面回答，他实在是怕然然再说出什么吓人的话来。

"好，举案齐眉，相敬如宾。"徐小杰说，"这是李建前生修来的福分。"

"徐大哥，你可真会说好听话。"然然总算是管住了自己的嘴。

"不说了不说了，我都闻见酒香了。"徐小杰边说边咂咂嘴。

"你的鼻子可真厉害，徐大哥，"然然笑着说，"这酒瓶还没开呢。"

招呼着徐小杰坐下了，李建打开了五粮液，果然是酒香扑鼻。李建给徐小杰斟了满满一盅，问然然："你也来点儿？"

"我喝不了白酒，你们喝吧，我喝红酒。"然然从酒柜了拿出一瓶下午刚买的红酒，让李建给她打开。

三个人碰了碰杯："健康！"李建和徐小杰都是一饮而尽，然然只喝了一小口。

李建知道，然然曾经是很能喝酒的。当初他们私下里幽会的时候，每次他来然然家，都会看到不止一个空酒瓶。直到李建离婚，两人同居后，然然的酒才喝得少了，最近这一个多月，她基本上不怎么喝了。

“徐大哥，”然然问，“你还是一个人过吗？”

“一个人。”徐小杰的第二盅酒又是一饮而尽。然然说，“我们医院里有不少单身女同胞，各个年龄段的都有。要不要给你介绍一个？”

“介绍半个吧。”徐小杰夹了一块鱼塞进嘴里，“好吃。”

“什么叫‘半个’呀？”然然有点儿莫名其妙。

徐小杰叹了口气，“离婚以后，我一直在琢磨，毛病到底出在哪儿。后来总算想明白了，是我的问题。我这个人，其实应付不了一个女人，半个还凑合。所以，你就给我来半个吧。”

“女人又不是烤鸭，可以来半只。”然然话一出口，两个男人都笑了。

然然推推李建，“你不是喜欢吃烤鸭吗？那你一个人吃得了一只吗？”

“没问题。”李建说：“改天我就吃一只让你看看。”

“你还是悠着点儿吧，”然然说：“别撑坏了。”

说者无心，听者有意，徐小杰不禁莞尔一笑，“现在一个人能吃一只烤鸭的可不多了。”

十三

开始同居时定下的“发号睡觉”的规矩早就“作废”了。然然曾经担心李建的身体，李建却从网上找出清代纪晓岚晚年“日御数女”的记载让然然看。

“可人家一顿能吃十盘肉，你行吗？”然然问。

“不行。所以，我也就只能‘日御一女’。”李建说，“我要是一天不‘御’你一次，连手术台都不想上了。”

“那我只好为手术台上的病人牺牲一下了。”

于是，只要然然不上夜班，每天晚上十点一过，就是然然所说的“淫乱时间”了。

“我发现你最近说话越来越放肆，”李建对此很有意见，“你要注意了，肖大夫。”

“肖大夫也觉得自己越来越像个花痴了。”然然说，“而且她一天不上课，就会抽筋。”

“抽筋一般是因为缺钙。”

“没错，就是缺钙，”然然说，“要不怎么说她是贱骨头呢。”

“淫乱时间”又被然然称为“两上”——“上课”和“上床”，“上课”是“上床”不可缺少的前戏。

“上课”的时候，然然很乖，可到了床上，她就不那么听话了。虽然她和李建曾经尝试过各种不同的体位，而且因为每天都运动，她身体的柔韧性也很好，但是那些难度较高的姿势，她总是试过一两次就没兴趣了。

“太累人。”她说，“而且我也不觉得好玩儿。”

然然还是喜欢最普通的面对面地做爱，她说这样两个人身体的接触面最大，可以让她充分享受到性爱的乐趣。对于李建喜欢的后进式，然然时不时也会满足他一下，可是不肯从始到终都保持那种让她觉得屈辱的姿势，而且明确地说她不喜欢。

“上课和上床总得有点儿区别吧。”

这天晚上，李建脱光了然然的衣服，把她的双手铐在单杠上，为了不让她太难受，李建把一个医用小推车放在她身下，还加了个垫子，让她跪在上面，然后把她的两个脚踝铐在一起。

李建搬了把椅子在旁边坐下，点起一支烟，一只手抚摸着然然的屁股和大腿。

然然面前是他们为了给单杠配套，同时买的一个衣柜，柜门是一面镜子，虽然没有卧室里的那面镜子大，不过还是能照见然然的整个身子。

然然看着镜子里的自己，仔细端详了好一会儿，“抱抱我。”她说。

李建掐掉了烟，站起身从然然身后抱住了她，双手抚摸着她的乳房。然然扭过头来，两人的嘴唇触到了一起，“上课，快点儿。”然然喃喃地说。

李建用那根瑞典进口的散头皮鞭，开始抽打然然的屁股。这根鞭子打在赤裸的肌肤上声音很大，然而即使十分用力，也不会真正伤到皮肤。

然然咬住嘴唇，乌黑的大眼睛注视着镜中的自己。

才打了十多下，然然“啊”的一声叫了出来。

李建连忙停止了鞭打，“怎么了？”他问。

“我想撒尿，”然然撅着嘴小声说。

李建从从浴室里拿来一个小塑料盆。

“我的脚还绑着，怎么尿呀？”然然说。

李建解开了然然脚上的镣铐，帮着她分开两条大腿，把小盆放在她的两腿之间。

“你这么看着，我尿不出来。”然然的羞红了脸。

李建笑着背过身去。不一会儿，就听见了然然撒尿的声音。

李建到浴室把尿倒在马桶里，又把小盆冲洗干净，这才回到房间。这个意外的插曲似乎一下子改变了屋里的气氛，李建已经无心再把鞭打继续下去，他把然然解下来，横着抱起她进了卧室。

李建把然然放到床上，然然却搂着他的脖子不放。

“我还想上课。”然然说。

李建让然然趴在床上，又在她的屁股上打了二十板子。这才在床边的扶手椅上坐下来，点燃了一支烟。

然然一丝不挂地趴在床上，看着李建。“摸摸。”她说。

李建摸摸然然的屁股。

“昨天我在路上碰见小杨了。”然然说

“哪个小杨？”

“杨芳芳，原来咱们医院的，跟我一个科。”

“我想起来了，就是那个经常被她丈夫绑着睡觉的。”

“就是她。她一见我就笑，说：‘现在我可知道是谁打你屁股了。’还跟我说，她老公也开始打她屁股。瞧瞧你，教唆犯吧。”

听了然然的话，李建心里实在有些堵得慌。他想，原来医院里的那些同事，现在不定都在说他什么呢。当初，辞职，调走，他想都没想，唯一的念头就是要和然然在一起。什么院长，什么院士，全都撂在了脑后。如今细想起来——李建情不自禁地叹了口气。

然然好像猜到了李建的心思，坐起身来，直截了当地问他：“叹什么气呀？你是不是后悔了？反正咱们没结婚，你现在后悔还来得及。”

李建坐到了床边，想亲吻然然，却被她一把推开。

“然然，我爱你。”

然然坐在床上，双手抱腿，头放在膝盖上，默默地注视着李建。好一会儿没有说话。

终于，然然开口了，“不，你不爱我。是我爱你，把你爱糊涂了，所以你才做了那些傻事。现在你想明白了，后悔了。”然然说着说着，泪水夺眶而出。

然然的眼泪把李建惹火了，他抓住然然的两个手腕，把她仰面朝天按倒在床上，分开她的两条大腿，不由分说，就开始跟她做爱。

然然又叫床了。

最后，两个人都筋疲力尽地瘫倒在床上。

还是然然先说话了：“这哪儿叫做爱呀，简直就是做恨。”

“就是做恨，谁让你没事找事。”李建说，“还笑，你说，刚才你是不是无理取闹？”

“我那是有理取闹。”

“你有什么理？”

然然把嘴凑到李建耳边小声说；“我上课没上够。”

“那我现在就给你补课。把屁股撅起来！”

然然跪在床上，乖乖地撅起屁股。

李建在然然的屁股上又打了十几鞭子。然然少有地求饶了。

李建放下鞭子，拍拍然然的屁股，“下课。”

然然身子一歪，倒在床上，长出了一口气。

李建在床边坐下，一只手轻轻地抚摸着然然的屁股。

摸着摸着，李建笑了起来。然然坐起身来，望着李建：“你笑什么？”她问。

“我想起徐小杰当年跟我说的话。他说：‘这女人哪，你要是不把她睡舒服了，她就会找着碴儿地跟你闹别扭。’当时我不太懂他这话什么意思，今天总算是明白了。”

然然听了李建的话，试图做愤怒状，可到底还是绷不住笑了起来，“看来，徐大哥还真是教过你不少。”

“那倒是，”李建说，“徐小杰对于我，确实是半师半友。”

“我记得你说徐大哥结过婚？”

“没错，他是78年五一结的婚，我记得很清楚。”

“你是他的伴郎？”

“那会儿没有伴郎伴娘这一说。”

“徐大哥的太太好看吗？”然然问。

“那还用说。你想啊，那时候他爸爸刚当上政协副主席，他又是一表人才，还是文革后的第一拨研究生，娶的老婆能不好看吗？所以，大家都说他和贺芸是‘郎才女貌，珠联璧合。’”

“他太太叫贺芸？哪两个字？”

“祝贺的贺，乌云的云上面加一草字头。”

“贺芸，这个名字挺好听的。那他们怎么又离婚了？”

“那是他们出国以后的事儿了，一时半会儿也跟你说不清楚。”

“他们有孩子吗？”

“有过一个儿子，小名叫大毛，长到十七岁，出了车祸，没了。这孩子小时候我见过，他们离婚，大毛就一直跟着贺芸。所以这事儿对贺芸的打击更大。去年在美国我还请她吃了顿饭。当年数一数二的美女，如今不到六十岁，头发全白了。”

然然听得眼泪都要下来了。沉默了好一会儿，她问李建："你有她的照片吗？"

"我电脑里有一张他们出国前跟我们几个朋友一块儿照的，你想看吗？"

"想。"然然说着下了床，穿上睡衣。

李建穿上一条短裤，拉着然然的手一起来到书房。

李建打开电脑，调出了一张黑白照片，照片上六七个人站成一排。李建随手拿起一支铅笔，点点照片上左边的一个人，"这就是贺芸，徐小杰的前妻。"

然然看呆了。默不作声。李建放大了贺芸的脸部，又用铅笔点了点，"是不是很美？"

然然一把夺过李建手中的铅笔，摔在了地上。

李建吓了一跳，"怎么了你？"

然然呆呆地站在李建身后，目不转睛地盯着照片看了好一会儿，一言不发，转过身去打开了自己的电脑，很快显示屏上就出现了一张美女的彩色裸照。

裸照一张接一张展现在李建眼前。

"当初我不让你看我电脑，就是因为里面有这个。"然然说。

这是一位长发美女的一整套裸照。那眉眼，那身段，活脱脱就是当年的贺芸。

照片拍摄得相当精美，用光也十分讲究。照片上的美女变换着各种姿势，只是脸上的表情始终不变，冷冷的注视着镜头。李建第一次体会到什么是"艳如桃李，冷若冰霜"。

李建看了很久，总算得出一个结论：这不是贺芸。这个美女太冷了，没有贺芸当年的那一种细致而温柔的风韵。

“这可不是贺芸。”李建说。

“谁说这是贺芸了？”然然的声音从未有过这般尖利，“这是霍燕！”

李建一屁股跌坐在椅子上。

“帮我点支烟。”李建话说得有气无力。然然点燃了一支烟，递到李建手里，自己也点了一支。

李建接过烟，深深地吸了几口，才缓过点儿劲儿来。“这些照片你哪儿来的？”

“她自己发给我的。”然然说，“她丈夫请了德国一个顶级的摄影师，给她拍了这些照片。她说：‘宝剑送烈士，红粉赠佳人，’就把这些照片发给了我。”

“那你是烈士还是佳人呢？”

“她没说。”

“你没送她点儿什么？”李建问，“你的裸照？”

“我没裸照。”然然说，“我就回了她两句宋词：郴江幸自绕郴山，为谁流下潇湘去？”

“回得真好。”李建终于缓过来了，“你一个学医的，怎么会想到去读这些唐诗宋词？”

“其实我一共就看过一本《人间词话》，不过我妈妈是语文老师，我十岁就看《红楼梦》了。”然然说，“你也是学医的，我看你闲书看得也不少。”

“这完全是因为认识了徐小杰，我看过的那些书基本上都是他推荐给我的。”李建说，“那《红楼梦》里你最喜欢谁？”

“当然是贾宝玉了。”然然装模作样地叹了口气，“可惜我命中无福，一心想找个贾宝玉，却落在贾赦手里了。”

"我怎么就成贾赦了？"

"你还不够贾赦的呀，又老，又好色，还喜欢打人。"

"好好好，我是贾赦。那你是谁？"

"原来我老把自己当林黛玉，像她一样，我也爱哭。跟你好了以后，又觉得自己有点儿像秦可卿。现在呢，整个儿一个香菱，只能进副册，还老挨打。"

"别把自己说得那么惨。"李建说，"那霍燕呢，她像谁？"

"霍燕谁也不像。"然然回答得很干脆，"她就是她自己。"

"你这儿还有她别的照片吗？"

"有，不过都是穿着衣服的。"然然说着又调出十几张霍燕的生活照。在这些照片中，霍燕的表情也多是冷冷的。只有在两三张照片里，她怀里抱着小女儿，才难得地露出一丝淡淡的笑意。那个陈国义虽然年近古稀，倒是相貌堂堂，戴着一副金丝眼镜，很有股大老板的派头。

"有没有你和她两个人的？"李建问，"她结婚的时候，你不是伴娘吗？"

"原来有，后来全让我给删了。"

"为什么要删？"

"我怎么看怎么别扭，她不像她，我不像我。"

"全删了？一张不剩？"李建实在觉得心有不甘。

"这儿有一张，那时候她还没嫁人。"然然说着点了一下鼠标，显示屏上出现了一张照片。霍燕和然然坐在运动场边的观众当中，那时候的然然还扎着两条小辫，一身鲜红色的运动服，外面裹着一件灰色的外套。她的头靠在霍燕肩上，眼睛闭着，显然是睡着了，她一只手搭在霍燕腿上，手里还拿着半瓶矿泉水。霍燕穿着一件黑色的高领毛衣，一只胳膊搂着然然。

李建不禁笑了起来。“干什么了？困成这样。”

“那天我们跟外校打比赛，我五次犯规被罚下来，就坐在霍燕旁边，不知怎么的，就睡着了。拍照的是我们学校的一个男生，我请他吃了一顿哈根达斯，他才肯把照片发到我电脑里。后来这张照片还在我们学校的摄影比赛上得了奖。”

“那他给这张照片起了个什么名字？”李建饶有兴趣地问然然，“《邪门双姝》？”

“他敢？”然然撇撇嘴，“他要是敢用这四个字，霍燕能一脚踢得他满地找牙。别忘了霍燕可是练跆拳道的，她还是北京大学生跆拳道比赛的冠军。”然然转过身来，故作凶相，“哪天霍燕回来，我就告诉她你每天都打我，你就准备好装假牙吧。”

“这你可吓不倒我，我正经当过两年侦察兵。”李建说，

“那你们俩就比试比试我看看。”

“好男不跟女斗。”李建笑着说，“还没说完呢，最后这张照片到底叫什么名字？”

“累了。”然然站起身来，冲着李建大声说：“就叫《累了》，明白了吗？”

“这个名字起得不错。”李建说，“谁想出来的？”

“那我哪儿知道。”然然伸了个懒腰，“累了，我去洗澡了。”说完就跌跌撞撞地走回了卧室。

李建在厨房旁边的另一个卫生间里冲了个澡，穿上短裤，走进卧室。然然还没有洗完，浴室里的水声一直在响。李建在床边的扶手椅中坐下来，点起一支烟。

浴室里的水声停了，然然光着身子走了出来，用一块毛巾擦拭

着头发。看见李建在抽烟，她把头凑过来，“让我抽一口。”

“你把那张照片发到我电脑里吧，”李建说，“我也请你吃哈根达斯。”

“哈根达斯就不用了，你替我洗一个月碗，我就发给你。”

“替你洗碗倒无所谓，可你也有点儿太懒了。”

“现在才知道我懒，晚了。”

然然擦干了头发，穿上了原来属于李建的那件黑白条纹的睡衣。自从看了《罗马假日》，然然就按照电影里公主所说的那样，穿睡衣“只穿上面的一半”。可她又嫌自己的那一件太短了，动不动就会露出屁股。“这么好看的东西，不能让你随便乱看。”所以她就理所当然地霸占了李建的那一件。李建也乐得恢复了多年的习惯，只穿着一条短裤睡觉。不过他发现自己最近又添了个新毛病，几乎每天早上醒来，都会感到一种莫名其妙的惶惑。眼睛还没睁开，一只手就不由自主地伸过去寻找然然的身体，只有触到了还在沉睡中的然然，他才会长出一口气，安下心来。

李建把这事跟然然说了，“我八成是被你折腾出精神病来了。”

“活该！”然然说。

十四

“淫乱时间”并不是天天都能有。然然每个月来例假的那几天，既不能“淫乱”也不能“上课”。

李建对此倒不是十分在意。只要和然然睡在一张床上，醒来时能触摸到然然的身体，李建就十分满足了。

可然然却仿佛觉得这是个缺憾。

一个周末，然然不要李建陪伴，自己一个人去逛街，回来时满头大汗，墨镜架在脑门上，怀里抱着一个沉甸甸的纸箱，里面的东西着实让李建吓了一跳。

打开一层又一层包装，然然把一个硅胶制成的女性臀部放在了沙发上。

“这是你的小老婆。”然然气喘吁吁地说，“我不方便的时候，你可以给她上课，也可以跟她睡觉。看，正好是你喜欢的后进式。”

李建实在是哭笑不得。

然然从卧室里取出鞭子，在那个硅胶屁股上狠狠地抽了几下。“怎么一点儿反应也没有啊？导购小姐可是跟我说她会出声的。”

“行了行了，你的好意，我心领了。”李建说着亲亲然然的脸，“她大概跟你一样，上课的时候不出声。”

然然扔掉鞭子，气呼呼地在那个硅胶屁股上踢了一脚，“假冒伪劣！”

“别欺负我小老婆。”李建笑着说，“她应该会出声，你把说明书给我看看。”

“你跟我睡的时候看过说明书吗？”

“好了，咱们先让她晒晒太阳。”李建一边说一边把那个硅胶屁股放回纸箱，拿到阳台上，“等需要她的时候再仔细研究。”

“不会晒化了吧？”然然一屁股坐在了沙发上，“那我上夜班的时候你怎么办哪？”

然然每个星期要值一到两个夜班，晚上八点到第二天早上四点。每逢然然值夜班的日子，李建晚上干脆就不睡了。送然然上了地铁，他就回来坐在电脑前，一直工作到早上三点半。然后就开车去接然然。然然本来不要他接，说她下班后可以在休息室里打个盹，五点半就能坐头一班地铁回家了。可李建一定要接，“反正我也睡不着。”

“那你上手术不会犯晕吗？”

“放心吧，”李建说，“前两年我在西藏的时候，有一次一连做了七台手术，四十个小时没合眼，最后一台手术照样做得漂漂亮亮的。”

“行了行了，你那点英雄事迹，我都听了八百遍了。”然然说，“要不是当初被你这点儿事迹忽悠了，我才不会想着勾引你呢。”

然然下夜班回到家，总是先在跑步机上跑半小时，接着洗个澡，就和李建一起吃早饭。饭后如果还有时间，两个人就会在床上缠绵一番。说是“缠绵”，也不过就是搂搂抱抱，然然坚决不肯在这个时候跟李建做爱。她会说：“现在不是淫乱时间。”其实还是担心李建在手术台上出问题。随后李建去上班，然然就睡觉了。

一个星期天，又是然然的夜班，李建照例步行送她到地铁站。才出楼门，然然就接了一个电话，“什么？”然然的声音一下子大得吓人，路边乘凉的人们都不禁把目光集中到她身上。“——你住哪儿？——好，没问题。你到了就给我打电话，我带他一起去，就这样，再见。”

“谁来的电话？”李建问，“把你高兴成这样。”

然然注意到了路边人们的目光，她把手机放进挎包里，挽住李建的胳膊快走了几步。

“霍燕后天到北京。”然然虽然压低了声音，可李建还是听得出她抑制不住的兴奋，“她在北京只住一个晚上，让我带你一块儿去看她。”

李建有些手足无措，一时竟不知这对自己来说，是不是一个好消息。“我的情敌来了。”他笑着说。

然然的手悄悄地在李建胳膊上拧了一下。“你害怕了吧？”

“我是有点儿害怕，”李建说，“怕你跟老情人旧情复燃。”

“你才是我的老情人，”然然说，“看你老的，白头发这么多。”她边说边摸摸李建的头发。

“注意影响。”李建小声说。

两人说着已经到了地铁站口。然然居然无视过往的人流，踮起脚尖，在李建额头上轻轻一吻，“乖点儿，明天早上来接我。”说完转身走进地铁站。

李建回到家，打开电脑，却无心把才完成一半的学术论文继续写下去，于是就调出了那张题为《累了》的照片，久久地凝视着……

时近午夜，手机响了。李建心里一惊，电话里传来然然微弱的声音：“你现在能来接我吗？我有点儿不舒服。”

“我马上就到。”李建匆匆忙忙地换上衣服，下楼发动了车子。

一路上，向来遵守交通规则的李建，竟闯了两次红灯。

当他的车子开到医院大门口时，只见一辆警车停在急诊室门外的院子里。

李建三步并作两步跑进急诊室，医院总值班路斌大夫，已经等在那里了。

“然然在哪儿？”李建气急败坏地问，“她怎么了？”

“李大夫，您千万别着急。”路大夫连忙安慰李建，“肖大夫受了点伤，不严重。警察正在作笔录，现在您不方便进去。”

路斌把李建拉进一个没人的房间，把事情的经过大致说了一遍。

三个小时前，然然接诊了一个两岁的男孩儿，孩子的气管被异物卡住，送来时已经窒息，虽然采取了一切抢救措施，还是不治身亡。送孩子来的一对年轻夫妇蹲在走廊里失声痛哭。就在医护人员上前劝慰之时，那个男的突然冲进然然的诊室，抄起桌上的血压计，一下子砸在然然头上，然然额头一侧被砸出了一个大口子。

“当时肖大夫血就流了一脸，”路斌说，“把白大褂都染红了。四五个保安上去，才把那家伙按住。我们赶快打 110 报警，——”

“然然怎么样了？”李建打断了路斌，“伤得严重吗？”

“我们给她清理了创口，缝了九针，又做了一些初步的检查，有轻微的脑震荡，问题不是很大，主要是血流了不少，大概需要休息一段时间才能完全恢复。”

这时，一个护士推门进来，“路大夫，警察找您。”

“估计是笔录做完了，”路斌对李建说，“您跟我一块儿去吧。”

李建跟着路斌来到值班办公室，门开着，只见然然躺在一张床上，面色苍白，头上缠着绷带，房间里还站着一男一女两个警察。

看到李建，然然一下子坐了起来。

李建当了三十多年的骨科医生，做过多少手术连他自己也记不清了，对于流血的场面早就习以为常。可此时此刻，看到然然身上那件白大褂上的一片片血迹，他只觉得疼得钻心。

李建冲过去，在众目睽睽之下，把然然抱在了怀里。

这时，院长刘克也赶到了。“肖大夫，你还好吗？”

“这是我们刘院长，”路斌把刘克介绍给两位警察，又指指李建，“那是肖大夫的爱人，你们有什么问题，可以直接跟他们二位沟通。”

刘克和两个警察握握手，“我们出去谈吧，让他们夫妻俩单独待一会儿。”

等到众人都出了房间，走在最后的刘克随手关上了门。

然然依偎在李建的怀里，身体止不住地在颤抖。

“好了，没事了，都过去了。”李建一边安慰着然然，一边让她重新躺好。

“你的衣服沾上血了。”然然的声音是那么虚弱。

李建低头看看自己身上，那件匆忙间穿上的白衬衫上果然沾上了血迹。

这是然然的血。

有人敲门。“请进。”李建说。

进来的是一个小护士，她手里拿着然然上班时穿来的衬衫，对李建说，“李大夫，警察说，请您帮肖大夫把她身上那件白大褂换下来，他们要带走当证据。”小护士把衬衫放在椅子上，就出去了。

李建小心翼翼地把然然扶起来，让她坐在床边上，帮着她脱下了那件被鲜血染红的白大褂。然然的内衣上也是血迹斑斑，李建帮她穿上衬衫，扣好扣子，再让她在床上躺好。

“那你先好好休息一会儿，”李建说，“我把这拿给他们。”

然然微微点点头，闭上了眼睛。

李建走出房间，轻轻地关上了门。

走廊里，刘克，路斌和那两个警察正在讨论着什么。

“这不是过失伤害，这是故意伤害！”路斌显得很激动，“你们一定要从严惩处，不然，我们这些医护人员还怎么工作？”

“你冷静点儿，”那个男警察倒是相当淡定，“我们一定会依法处理。”可一看到李建，他居然敬了个礼，“李主任，您不记得我了吧。”

李建摇摇头，把那件血衣递了过去。

那警察一边把血衣装进一个塑料袋，一边说，“03年，是您给我母亲做的手术。”

“对不起，我忘了。”

“您做过那么多手术，哪儿都记得呀。”那警察越说越热情，“03年，就是非典那年，我母亲摔了个跟头，大腿骨折，”不知不觉地，他说话的对象变成了在场的每一个人，“别的大夫都说要做什么‘人工置换’，那家伙，进口的三万，国产的八千，还不算手术费、医药费、住院费，那时候我父亲和我的工资加一块儿还不到三千。最后还是托我们局长找到李主任。李主任看了片子，又测了个骨密度，说：‘打两个钉子就行。’还亲自给我母亲做了手术。这不，七年了，我母亲现在每天一早儿自己上公园遛弯儿。那可真是——”

“警察同志，”李建实在听得不耐烦了，打断了那警察的话头，“要是没什么事了，我想现在就接我爱人回家。”

“我看，还是住两天院观察观察吧，”刘克说，“要不，你去征求一下你爱人的意见？”

李建从心底里感激刘克，因为在整个五院，只有刘克一个人知道然然还不是李建的“爱人”。

“我不想住院，我要回家。”然然说。

李建把然然的话转达给路斌和刘克。

“回家休息也行，”路斌说，“不过一定要卧床，至少三天。有什么问题随时来。”

李建搀着然然走出了房间，在众人的一路护送下，坐上了李建的车。

车子驶出了医院大门。“停一下，”然然边说边向车窗外望去。

只见一个年轻女人，呆坐在医院门口。“她就是那孩子的妈妈。”然然说。

十五

回到家，李建扶着然然进了卧室。走到床边，然然却不肯上床，“我想先洗个澡。”她坐在椅子上，声音还是那么虚弱。

“你现在可不能洗澡。”

“身上脏。”然然说。

李建知道，然然一向有洁癖。“这样吧，我给你擦擦身。”

“什么时候了，你还想占我便宜。”

虽然然然话说得有气无力，可毕竟是在开玩笑了。李建之前一直紧绷着的神经终于放松下来。他先用凉水给然然把脸洗干净，还给她梳了梳头，接下来在床罩上面铺了一条毛巾被，帮着然然脱掉衣服，把她抱到床上，用温热的湿毛巾仔仔细细地给然然擦了两遍身，接着又用浴巾把她的身体擦干，然后帮她穿上睡衣，让她在床上躺好，盖上一条被单。

这时候，天已经蒙蒙亮了。

然然睡着了。李建关了灯，坐在床边，久久地看着沉睡中的然然。

天大亮了，李建来到厨房，煮了一小锅稀饭，又在里面加了一把红枣。然然换下来的衣服，还有他自己的那件衬衫，都沾上了血迹，李建一时不知该怎么处理，就干脆全塞进一个垃圾袋，扔在门厅的一个角落里。

手机响了，电话是刘克打来的，“老李，然然还好吧------我查了一下你们骨科这星期的手术安排，除了周五那个腰椎非你不可，其他的都可以安排别人做。所以，周五之前，你就不用来医院了，好好在家陪陪然然吧。周五那天，我可以让内科的路小芬去陪然然，她们俩是大学同学，关系不错——得，不多说了，你好好照顾然然吧。”

刘克的情谊和细心，李建不仅心存感激，还让他感到愧疚。想当年，他和刘克是军医大的同班同学，可他却看不起人家是农村兵，文化低，脑子慢，不肯放下自己干部子弟的架子，和人家亲近，还老拿刘克的河南口音开玩笑。毕业后，父亲托关系走后门让他回到北京，刘克则留在了四川。直到 79 年打越南，两个人才在一个战地医院里再次相见。后来又都负了伤，坐在一辆运送伤员的卡车里回国。所以在二十多年前，刘克转业想调来北京时，李建才不辞辛苦地为他四处奔走，终于把他按排进了第五人民医院，在北京落了户。

刘克虽然在业务水平上不如李建那样出类拔萃，人缘却极好，温良恭俭让，谄上而不骄下，大概就是这个原因，使得他早李建三年就当上了三甲医院的院长。尽管院里上上下下，都知道他又色又贪，可几乎没有一个人不说：我们刘院长是好人。

这时，卧室里传来一阵断断续续的声响。

李建推开房门，只见然然正用一把梳子敲着床栏。

看见李建进来，然然手一垂，梳子掉在了地毯上，“我想喝水。凉的。”李建和然然靠靠头，还好，没有发烧。

李建端来一杯凉开水，扶着然然坐起来，然然接过杯子，几口就喝完了。“还要。”

李建赶快又倒了一杯给她，这一次，然然只喝了半杯。

李建扶着然然重新躺好。“再睡一会儿吧，”李建说，“刚才你才睡了两个小时。”

“你吓坏了吧？”然然摸摸李建的面颊，“我没事的。”

“我做了锅粥，你想不想喝点儿？”

然然点点头。李建盛了半碗粥，端到床前，用一个小匙喂然然喝了一口，“要加糖吗？”

然然有气无力地摇摇头，“我想吃榨菜。”

李建连忙从冰箱里找出半包榨菜，让然然就着榨菜又喝了几口粥。

“不喝了。”然然用睡衣的袖口抹抹嘴，“霍燕明天就要来了，我这样子，她会伤心的。”

然然这时候还想着霍燕，李建心里又嫉又怜。“别想那么多了，明天我开车去接她来咱们这儿，保证让你们见上面。”

“她就住王府饭店，你不能开车送我去么？”

“那可绝对不行。路斌说了，你至少要卧床三天。”

“两年没见了，真想她。”

这时，李建的手机又响了。

来电话的是黄圆，这多少让李建感到意外。“肖然然还好吗？我听说她被人打伤了。”

“她还好，伤得不重。”李建说，“谁告诉你的？”

“刚才我有事打电话找刘克，他跟我说的。”黄圆说，“有什么需要帮忙的，你尽管说。”

“谢谢你。”放下电话，李建心里暗暗怪刘克多事，不过再想想这也正是刘克处世圆滑的地方。黄圆和然然，一个是李建离婚不久的前妻，一个是李建尚未结婚的情人，他面面俱到，冷灶热灶一块儿烧。

“谁来的电话？”然然问。

“黄圆，”李建觉得没有必要瞒着然然，“她从刘克那儿听说你受伤了，打个电话来问候一下。”

“黄大夫真是个好人，”然然说，“我抢了她的男人，还故意气她，她也不记恨我。”

李建实在不想在这种时候跟然然讨论黄圆，就岔开了话题，“霍燕这次回来，不是专门来看你的吧？”

“当然不是了。”然然说，“她是代表他丈夫的公司，来和中国卫生部签一个什么合作协议。”

“那我想这样，”李建说，“明天她来了，给你打电话，你就问她什么时候有空，我开车去接她来咱们这儿，你看好不好？”

“那吃饭怎么办？”

“吃饭好办，有时间就我来做，没时间我就到马路对面的‘鸭王’去买几个菜。”李建说着看看表，“你最好再睡一会儿。等你睡着了，我去‘华堂’买点儿吃的回来。你想吃什么？”

“我想吃你。”然然说。

李建笑了，“现在睡觉，睡醒了就给你吃。”

然然闭上眼睛，很快就睡着了。

李建轻手轻脚地走出卧室，换上衣服下了楼。

一个小时后，当李建回来时，然然还在睡着。

李建走进厨房，系上围裙，把买来的活甲鱼杀了。因为怕吵醒然然，他没有用刀剁，而是用一把剪子把甲鱼剪成小块，和一只乌鸡一起放进砂锅，加了水，又放了几个红枣和一些枸杞。打开燃气灶，等到砂锅冒气了，李建把火调小，正准备摘豆角，卧室的门响了一下。他连忙赶过去，轻轻地推开门，只见然然坐在床上，眼睛直愣愣地望着门口。

“是不是我把你吵醒了？”李建问。

“不是你还能有谁？”然然说，“我听到开燃气灶的声音了。”

“我买了甲鱼和乌鸡，炖一锅汤给你吃。这可是名菜，叫‘霸王别姬’。”

“霸王别姬，你这不是咒我死吗？”然然恶狠狠地瞪大了眼睛。

李建虽然被然然的话弄得哭笑不得，可心里还是又踏实了许多。比起刚回家的时候，然然的状态确实好了不少，说话的声音也有点儿底气了。

这时，李建注意到卧室一进门的地毯上有一本杂志，这显然是她刚才用来摔门的东西。

李建转身出去，回来的时候手里拿着一个微型遥控门铃。

“这是什么？”然然有点儿莫名其妙。

“我刚买的。你看，这一半放在床头柜上，另外这一半挂在我脖子上。”李建边说边演示给然然看，“你有事叫我，只要按一下，我就听见了。省得你又是敲梳子又是摔杂志的。”

于是，整个一上午，只要李建离开然然的时间稍微长一点儿，他脖子上就会响起铃声，赶过去一问，不是要喝水就是要撒尿，更多的时候什么事也没有，只是要李建亲亲她或是摸摸她。

中午，汤好了，李建又炒了个香菇扁豆，然后把砂锅和扁豆一起放在那个医用小车上，推到然然床边。

然然笑了：“这小车总算派上正经用场了。”

十六

午饭后，然然又睡了一会儿，醒过来就躺在床上指挥着李建收拾屋子。把几个房间的地毯都用吸尘器吸了一遍，还把客厅和卧室窗帘摘下来洗了。

地毯吸完了，半湿半干的窗帘也挂了回去，李建总算能歇一会儿了。他在床边的扶手椅上坐下来，点了一支烟。

“给我抽一口。”然然说。

李建把手里的烟凑到然然唇边，然然吸了一口。“你累了吧？”

“那还用说？”李建笑笑，“比做手术累多了。你该奖励奖励我吧？”

然然掀开了被单，“奖励你摸摸美女。”

李建摸摸然然光滑的大腿。

“再往上摸摸。”然然说。

李建有些冲动，但他还是克制住了，“现在可不是淫乱时间，肖大夫。”他说着把被单给然然盖好。

“那你亲亲我。”

李建俯下身，亲亲然然的面颊。

“我想吃草莓，”然然说，“咱们家有吗？”

“有，我上午刚买的。”李建站起身，“我现在就去洗。”

李建从冰箱里取出草莓，拿到厨房去清洗。还没洗完，手机响了。

电话是刘克打来的，“怎么样？然然还好吗？”

“还好，谢谢你。”李建说。

“那我就放心了，”刘克说，“星期四我让人去你们家给然然换药，你们就不用来回跑了。”

“还是我们去吧，我得看看周五要做手术的那个病人。”

“那也好。”刘克说，“另外有些情况我想跟你说说。”

刘克告诉李建，然然出事后，医院里的大夫护士群情激愤，路斌起草了一封给公安局的联名信，要求严惩凶手。已经有几十个人签了名，现在还在征求更多的签名。

“有必要搞出那么大动静吗？”李建的心情有些矛盾，“那个打人的小子是干什么的？”

“那两口子是河南人，附近小区里卖菜的。他们还有个五岁的女儿，平时就是她照看她弟弟。现在解剖结果已经出来了，那孩子吞下去的是一个玩具汽车的轱辘。”刘克说，“那两口子在小区里人缘不错，听说现在小区里也有人在写什么联名信，希望公安局能从轻发落。事情发展成这样，我这个院长确实有点儿为难，你看……”刘克欲言又止。

李建明白了刘克的意思，“你是不是想让我出面跟路斌他们说，就别写什么联名信了？”

“我就是这个意思。”刘克这句话总算说得少有的直白。

李建想了想，“这样吧，我跟然然商量一下，过几分钟打给你。”

李建走进卧室，把和刘克的通话一五一十告诉了然然。然然说得很干脆，“你跟刘院长说，给路斌的电话我来打。”说着她拿起枕边的手机。

李建回到客厅，拨通了刘克的电话，听说然然要直接给路斌打电话，刘克沉默了好一会儿，“老李啊，你可真是娶了个好媳妇儿。”

李建放下电话，只听见卧室里，然然的声音越来越大。“受伤的是我！我不想你们这么干！”李建连忙走进卧室，看见然然已经站坐起身来，“以后？以后的事以后再说！这一次咱们就事论事，人家的孩子死了，一时情绪失控，你们怎么就不能替人家想想呢？”说到这儿，然然竟忍不住哭了起来。

李建赶快上前让然然躺下，然然手里紧紧地抓着手机，泣不成声。

李建好不容易才把手机从然然手中夺过来，回到客厅里，“路大夫吗？我是李建。”

“李大夫，”电话那一头，路斌的声音虽然不高，却很坚决，“我明白您的意思，我也知道，肖大夫心地善良。不过信还是要写，必须写。这不是肖大夫一个人的事，这是关系到所有医护人员人身安全的问题。您刚来不久，可能不知道，这样的事，今年已经是第三起了。再要这么下去，医院的正常秩序还怎么维持？谁还能安心工作？您是当过院长的人，我想您能理解。”

路斌这一番话说得李建哑口无言。他只好再给刘克打了个电话，把刚才然然和他跟路斌的通话的经过说了一遍。

“这小子说的也在理。”刘克叹了口气，“什么他妈的和谐社会，和谐个屁！”

李建放下电话，回到卧室，只见然然把头埋在枕头里，还在不断地抽泣。

李建在床边坐下，轻轻地抚摸着然然的肩膀。然然抬起头，眼泪汪汪地问：“路斌怎么说，他答应不写信了吗？”

李建摇摇头，把路斌的那番话重复了一遍，“他说的也不是没有道理，今天伤的是你，明天又会是谁？再说他是总值班，他这么做也是负责任的表现，你说呢？”

“可人家死了孩子，再写这样的信，不是雪上加霜吗？”

李建一时无言以对。

“那孩子的爸爸会被判刑吗？”然然问。

“应该不会吧，”李建说，“他只是一时情绪失控，而且你伤得也不重。”

“那咱们能帮帮他吗？”

“也许能，”李建说，“最后处理的时候，你作为受害人，说几句原谅他的话，应该能起点儿作用。”李建拉起被单的一角，替然然擦了擦眼泪，“好了，别哭了，再把眼睛哭肿了，明天霍燕来看见，还以为我怎么欺负你了呢。”

“你就是老欺负我。”然然依偎在李建怀里，开始撒娇了。

李建紧紧地搂住然然，心想：这大概就是社会问题的个人解决办法了。

“你晚上想吃点儿什么？”李建问。

“什么也不想吃，”然然说，“一点儿胃口也没有。”

“不吃东西怎么行，”李建说，“我给你拌个蔬菜沙拉，再用中午的汤下点儿面，你多少吃一点儿，这对你的伤口愈合也有好处。”

“那好吧。”然然总算答应了，“你先给我洗洗脸行吗？”

李建拧了一把凉毛巾，把然然哭得小花猫似的脸仔仔细细地擦了两遍。

晚饭后，然然一定要起床，到客厅里去看电视。李建看然然的状态还不错，就答应了。

然然靠在沙发上，手里拿着遥控器，把所有的频道来来回回地搜了两遍，才锁定了一个正在重播《潜伏》的频道。

“你说这可能吗？”然然问坐在身边的李建，“他们两个人每天晚上都睡在一个房间里，成年累月的，谁也不上谁的床。”

“这不是电视剧嘛，他怎么演你怎么看，没必要那么认真。”李建说，“现在中国的电视剧也好，电影也好，基本上都是好莱坞四五十年代的路子。就好比《罗马假日》里，派克把赫本那么一个大美人儿领回自己家里，赫本还让派克给她脱衣服，派克不也是秋毫无犯吗？”

听见李建提到自己的偶像，然然兴奋起来，“人家派克是绅士。再说，那会儿他也不了解赫本。”

“那后来呢，两人一块儿玩儿了一天，互相都爱上了，又拥抱又接吻，就是不上床，这怎么解释？”

“那是因为他们时间不够了。”然然说，“赫本赶着要回到宫里去。”

“姑娘，干什么事都有可能时间不够，唯独上床这件事，可长可短，从来就没有时间不够的时候。”

然然抓起一个沙发垫子砸在李建头上，“我都这样了，你成心还气我。”

李建连忙举手投降。

然然却莫名其妙地愣在那里。李建伸手在她眼前晃晃，她也没有反应。

“别吓我，姑娘，你没事吧？”

“我在想，”然然喃喃地说，“你气我，我砸你。他儿子死了，他砸我，这是不是一回事啊？”

李建一时竟不知说什么才好，只是把然然紧紧地搂在怀里。

晚上临睡前，李建又给然然擦了一遍身。

然然睡着了，李建却久久不能入眠。

十七

第二天早上，李建居然一直睡到六点钟才醒，伸手去摸然然，然然还在沉睡中。

李建刚刚完成每天早上的例行程序，脖子上的铃就响了。他走进卧室，看到然然坐在床上，正等着他。

“早啊，姑娘，先洗个脸吧。”

李建用凉毛巾给然然擦了一把脸。

然然的气色比前一天好多了。她自己走进浴室，撩起睡衣的下摆，坐在了马桶上。

李建倚在浴室门上，点起一支烟。

“人家拉屎你也要看哪？”然然有点儿不太好意思。

李建笑着掩上了门，“拉完了叫我，我给你洗洗屁股。”他坐在了床边的椅子上，继续抽他的烟。

过了好一会儿，浴室里才传来马桶的抽水声。李建推门进去一看，然然正站在水池前洗手。马桶旁边的地上，放着然然平日里用来洗屁股的小塑料盆，里面有半盆水和一块小毛巾。

“不是说好我给你洗吗？”

“谢谢，本姑娘自己解决了。”然然把手擦干，“今天我拉的屎特别臭，都是你那霸王别姬给闹的。”

然然对着水池上的镜子开始挤眉弄眼。

“你这是干嘛呢？”李建问。

“我想，哪一天我当了公主，你就是一个破大夫，我在台上，你在台下。因为咱们俩的社会地位太悬殊了，我不能跟你随便说话，只能眉目传情，所以现在我得先练练。”

“别练了，姑娘。你这一辈子肯定当不了公主。”

“为什么？我长得不好看？”

“好看，可公主的爸爸得是国王才行。”

“那我就当王后吧。”

“希望不大。据我所知，现在世界上的国王都有媳妇儿了。”

然然泄了气，回到卧室在床边坐下。

“公主殿下，你还是跟我这个破大夫共进早餐吧。”

“公主殿下出事故了，”然然指指头上的绷带，“这儿不好，一点儿也不白，还有血。”

李建想了想，“这样吧，咱们还有没用过的绷带，我再给你缠上两圈，不就什么都看不出来了？”

“你真聪明。”然然转过身亲了李建一下，“那现在就缠吧。”

李建从柜子里找出一卷绷带，这本是当初他和然然玩儿捆绑游戏时买的，后来然然从网上买了那些瑞典货，剩下的两卷绷带就没用了，不想今天却派上了正经用场。

李建让然然坐在床边，在她头上又缠了两圈绷带，用胶布固定好，“怎么样？”李建问。

然然对着镜子端详了一会儿，“确实比刚才好多了，”她说，“那你说我该配什么样的衣服才合适？”

李建想都没想：“那当然是军装了，伤兵嘛。”

“咱们家有军装吗？要有我一定穿，我一直觉得伤兵特别酷。”

“尤其是女伤兵。不光酷，还非常性感。”李建说，“女人要吸引男人的眼球，有三个最简单的办法：一，抽烟，二，穿军装，三，受伤。”

“你是不是跟哪个穿军装的女伤兵有过一腿呀？瞧你那念念不忘的样儿。”

“有过一腿又怎么样？这就叫战地春梦。”

然然转过头来，瞪大了眼睛，“老实交待，是谁跟你一块儿做的战地春梦？”

李建故作回忆状，“名字实在想不起来了，就记得姓肖。”

一个椅垫扔在了李建头上。

李建笑着把椅垫放回原处，“我看你穿这件睡衣就挺好。”

“那军装呢？”

“楼下保安小崔有一身迷彩服，你非穿不可，我去问他借两天。”

“算了吧，那些保安又不能天天洗澡，小崔的衣服八成也有味儿，你就是借恐怕也来不及洗了。

可我怎么办？”然然问，“总不能霍燕来了我还光着屁股吧。”

“你们俩还那么生分？”

“她不是嫁人了么。”

“那你把睡裤穿上吧。”

“太热。”

商量来商量去，最后然然还是在睡衣里面穿了一条三角裤。

上午十点，霍燕来电话了。然然按了免提，让李建也能听到她们的通话。

“我刚到机场，还没过关。”霍燕的声音略有些沙哑。

“你今天都有什么安排？”然然问。

“中午卫生部有个宴请，之后签合作协议。估计下午三点就没事了。我住王府饭店，你能带李建一起来吗？”

然然看看李建，李建赶快摇摇头。

“霍燕，我出了个小事故，受了点儿伤——”

“怎么回事？严重吗？”

“我没什么，真的没什么，就是大夫一定要我卧床——”

“那我去看你，你把地址告诉我。”

“这样吧，下午我让李建去饭店接你，好吗？”

“那也好，你把他的手机号发过来，下午我们在饭店大堂里碰头。三点半，行吗？”

结束了通话。然然躺在床上，呆呆地望着天花板。

下午三点一刻，李建开车来到王府饭店，停车场里，停着各种型号的豪华轿车，相形之下，李建那辆开了五年的捷达显得格外寒酸。

李建来到饭店大堂，找了张沙发坐下。

大堂里坐着不少人，其中不乏衣着光鲜的美女。李建一个个看过去，没有找到霍燕的身影。

过了不到十分钟，从外面进来一群人。七八个西服革履的男人簇拥着一位身着白色西服套装的女士走进大堂。李建一眼就认出那个身材高挑的年轻女士正是霍燕。

虽然然李建已经看过照片，可是霍燕真人的出现，还是不由得让他眼前一亮。

霍燕几乎吸引了大堂里所有人的目光。

还没容李建起身，霍燕身边的一个男人就走到他面前。

“老李，好久不见了。”说话的是李建当年在军医大的同学许柱国，现任的卫生部副部长。

两人握握手。这时，霍燕也走了过来。

“你是李建先生吧？”霍燕说着，向李建伸出一只手。

这是一只手指修长而又相当骨感的手。

"你好，我就是李建。"

"认识你很高兴。"霍燕彬彬有礼。

"陈太太，您要等的客人就是他？"许柱国似乎多少有些诧异。

"是啊。你们认识？"霍燕问。

"何止认识，"许柱国笑得十分爽朗，"我们是四十年的老朋友了。"

霍燕看看许柱国，又看看李建，淡淡地一笑。

"许部长，我们再见了。"霍燕和许柱国握握手，"李先生，我上楼去拿点东西，请您在这儿等我一会儿。"说罢转身离去。

许柱国亲热地搂住李建的肩膀，"你老兄名堂不少啊，从实招来，你和这位陈太太是什么关系？"

"她是我爱人的老同学。"

"你爱人？"许柱国先是一脸的疑惑，随即拍拍脑门，"看我这记性，你跟黄圆离婚了，又娶了个新太太，没错吧？"

许柱国的话，李建听着实在别扭，可又不能否认，"有这么回事。你怎么知道的？"

"刘克告诉我的。他还说，你的那位新太太可是个大美人儿。哪天给我们引见引见。"许柱国说着看看手腕上的金表，"时间不早了，我还有个会，先告辞了。"说完便在那些部属的簇拥下出了饭店。

李建重又在沙发上坐下来。与许柱国的邂逅让他心里不大是滋味。李建自认为对名利看得很淡，可刚才面对着人模狗样的许副部长，却好像真是少了点儿底气，心里只想着："我要是当上院士，也是副部级……"

就在这时，大堂里又起了一阵轻微的骚动。

李建站起身来，只见霍燕从电梯里出来。她换了身装扮。刚才披散着的长发在脑后松松地挽了个髻，身上是一件浅灰色的连衣纱裙，脚上穿着一双同样颜色的坡跟皮凉鞋，正向李建走来。

李建心里觉得，霍燕与其说是走过来，不如说更像是飘过来的。

李建领着霍燕来到停车场，打开了前后两个车门，“不好意思，霍小姐，我这车破了点儿。”

“你还是叫我霍燕吧。”霍燕边说边把手里的一个做工精美的皮包和一个纸袋扔在后座上，关上后车门，自己则坐到前面副驾驶的位子上，系上了安全带。

李建发动了车子。

十八

“李建，我叫你李建行么？”霍燕问，“然然平时怎么叫你？”

“她就叫我李建，或者吆喝一声‘喂’，我就知道是叫我了。”

“然然到底是怎么回事？伤到哪儿了？严重吗？”

“还好。”李建把然然受伤的经过讲了一个大概。

前面红灯，李建乘着停车的瞬间，看了看身边的霍燕。

霍燕的头靠在椅背上，双眼紧闭，咬着嘴唇，一言不发。

绿灯亮了，车子继续前行。

“你爱然然吗？”霍燕问。

前面又是红灯，李建踩了一脚刹车。初次见面还不到半小时，霍燕居然就问出这样的问题，李建实在是有些猝不及防。

“爱吗？”霍燕追问。

“爱，当然爱。”

“你确定？”霍燕穷追不舍。

“霍小姐，不，霍燕，”李建直视着近在咫尺的霍燕，“我非常爱她！”

霍燕仿佛松了一口气，重又把头靠在椅背上，“希望你能记住你现在说的话。”

“我会的。”李建说。

虽然四点刚过，马路上却已经开始堵车了。

问过了那个关于爱的问题，霍燕就不再主动说话了。李建只好自己寻找话题。

“你这次来得好像有点儿突然？”李建问。

“没错，本来这个合作协议应该是陈国义来签的。可是临时公司里出了点儿问题，他脱不开身，才让我来的。明天上午我还得飞香港。”

“你现在也在他公司里任职吗？”

“当然，我是公司研发部的经理。”

“研发什么？”

“药物，器械，都搞。”

“那这次的合作项目是什么？”

“是一种针对老年痴呆症的药物的研发。”

“你不是学妇科的吗？为什么不干临床？”

“临床太累了，而且经常会发生一些意外情况，很容易让人精神紧张。再说，我女儿现在才六个月，我的主要精力得放在她身上。——你和然然有什么计划？”

“计划？你是指哪方面的？”

“当然是孩子啊。”

“我们暂时还没讨论过这个问题。”

“那也好，再过个三五年，等然然长大点儿再说。”

“看你说的，好像然然还是个孩子似的。”

“然然就是个孩子。”霍燕轻轻地拍拍李建的腿，“你得好好照顾她才行。”

“那是一定的。”

“话别说得这么绝对，”霍燕说，“然然有时候是很烦人的。”

“这我倒没觉得。”

“那你和然然在一起有什么感觉？”

这个问题让李建一时难以回答，主要是因为他不知道霍燕对自己和然然共同生活的内容到底了解多少。

“然然跟你说过什么吗？”李建问。

“她说和你在一起很幸福。”霍燕的口气淡淡的，“我想知道你的感觉。”

“我想我和然然的感觉是一样的。”李建说。

“男人和女人的感觉不可能是一样的。”霍燕的声音比车内的空调更冷，“想必你也知道我和然然过去的关系，我问的是你对她的身体的感觉。”

李建活了五十八年，还从来没有人向他提出过这样的问题。

想了好一会儿，李建才说，“我不是没有感觉，可我不知道怎么说。你这个问题让我想起上小学的时候，只要是命题作文，我就从来没有及过格。”

“那我可以给你一些提示，从小学到高中，我的作文一向都是满分。”霍燕说，“我的裸照然然给你看过吧？你有什么感觉？”

前面大概是出事故了，马路上的车流彻底瘫痪在热浪中。

李建摸出一支烟，“可以吗？”

“请便。”

“你的身体很美，非常美。”

“和然然比呢？”霍燕提的问题总是那么咄咄逼人。

“不太一样。”

“不一样在哪儿？”

“我觉得——”李建搜索枯肠地寻找着合适的字眼，“你是个女人，然然是个女孩儿。”

“这不就是感觉吗？而且感觉得不错。是这样，女人有爱情的时候就是个孩子，爱情没了才会变成女人。”霍燕说，“这一次你及格了。”

“你先生不是很爱你吗？”

“也许吧，可我不爱他。”

李建不说话了。心想：再问下去，然然那头还没旧情复燃，霍燕这边只怕要先烧起来了。

李建的手机响了。

“你接到霍燕了吗？”然然问。

“接到了，我们正在回去的路上，现在堵在四元桥上。”

“你让霍燕听电话。”

李建把手机递给霍燕。

开始霍燕只是听，过了一会儿才说了一句：“还不错，……我也是，待会儿见。”说完就合上了手机。

“然然一定着急了。”李建说。

霍燕没说话。冷不防地，她一把抓住了李建的手腕，她的手劲很大。还没容得李建作出反应，霍燕已经把他的手按在了自己光滑的大腿上。

李建尽力让自己保持镇定，“你这是干什么？”

“别紧张，我没有勾引你的意思。”霍燕面无表情，“我只是想让你比较一下我和然然的皮肤有什么区别？”

李建好不容易才把手从霍燕腿上挪开，“区别不是很大，手感都不错。不过然然的皮肤不像你的这么凉。”

“废话，你把这破车里的冷气开得这么足，我能不凉吗？”

就在时候，车后座上响起了手机的铃声。

霍燕探过身去拿起后座上的皮包，从里面取出手机。

霍燕说的是一种西北方言。

当霍燕结束通话，合上手机时，李建问：“是你家里人打来的？”

“我妈妈。”

“你为什么说你女儿在睡觉？”李建问，“他们不知道你回国了？”

“这是我自己的事，你别打听那么多行吗？”霍燕把手机放回包里，“你怎么会听得懂甘肃话？”

车流终于开始移动了。

李建发动了车子。“我当兵的时候，我们排长是个甘肃人。”

“是么？哪个县的？”

“河西。”

“我老家就是河西。”

“这么巧？我们排长姓王，长得人高马大的，大家都说他八成有匈奴血统——”

前面一辆现代突然一个急停。李建赶快一脚刹车，总算没撞上前车，却被后面一辆车顶了个正着，自己的车也顶到了前车。

李建懊恼地捶了一下方向盘，“对不起，霍燕，恐怕咱们又得耽误一会儿了。”

三辆车上的驾驶员都下了车。

前车下来的是一个年轻姑娘，她看看自己车的尾部，对李建笑笑：“没事儿。”

李建看看自己的车，后保险杠被撞出一个坑。他苦笑着对那姑娘说：“你没事儿我可有事儿。”

后面撞上来的是一辆挂着“晋”字头牌照的奥迪，上面下来一胖一瘦两个年轻汉子。那胖子打量了一下李建，冲过来一把揪住他的衣领，“你他妈怎么开的车？”

李建也火了。“把你的爪子松开！”

“老不死的，还敢骂人？”那胖子说着就是一拳。

李建到底年轻时当过两年侦察兵，他左手一把抓住胖子挥来的拳头，右手狠狠的一个勾拳，正中那胖子的下巴。胖子一个趔趄，摔在了地上。那瘦子看到这情景，自知不敌，连忙打电话报警。

旁边两条车道上，一辆辆车缓缓驶过，不时有人放下车窗，冲着李建伸出大拇指，还有人大声喝彩：“打得好！”“打丫B养的！”

瘦子扶起胖子，胖子靠在车上，喘着粗气，眼神儿都散了。

一个交警骑着摩托赶到现场，把三辆车都引导到紧急停车带。简单地询问了事情经过，又看了三个人的驾照。“你是后车，要负全责。”交警对那瘦子说。

瘦子指着李建，“可他打人！”

“你说得不对！”那姑娘抢在李建前面，指着胖子说：“是他先动手的！”

“你们都听我说！”交警有点儿不耐烦了，“我只负责处理交通事故，至于你们到底是谁先动的手，找治安警察说去！姑娘，这儿没你的事了，你可以走了。”

“我不走，”姑娘说，“我是目击者，我要作证。”

“谢谢你。”李建不无感激的看看姑娘。

那姑娘中等身材，长发披肩，眉清目秀，一副墨镜架在脑门上，穿着白色的短袖T恤和牛仔短裙，看上去也就是二十四五岁。

没过两分钟，一辆警车呼啸而至。车里下来两个警察，其中一个，正是然然受伤那天在医院里跟李建套近乎的那个。

“李主任，怎么是您哪？出什么事了？”

听见警察这么跟李建说话，奥迪车上的那两个小子只能自认倒霉。胖子乖乖地在一张纸上写下了一个手机号，“这是我的手机号，您给我一个您的帐号，修车花了多少钱，您告诉我，我给您打过去。”

李建不耐烦地推开了胖子的手，“拉倒吧，你也算了吃点儿苦头，咱们两清。”

奥迪瘪着鼻子开走了。交警和后来的警车也走了。李建正要上车，那姑娘叫住了他，“李先生，您是姓李吧，我刚才听警察叫您‘李主任’，能和您交换一下名片么？”

李建摸摸口袋，恰好到五院后新印的名片还有两张，就和姑娘交换了名片。

李建回到车里，还没来得及关车门，手里的名片就被霍燕一把夺了过去。

“粟小怜，真是个可人儿疼的名字。”

"叫'小莲'的多了，怎么就可人儿疼了？"李建发动了车子。

"不是'莲花'的'莲'，是'可怜'的'怜'！"霍燕继续唸着名片上的字，"'《电影评论》杂志社编辑'，行，你收好了，"霍燕把名片塞进李建衬衫胸前的口袋里，"肖然然有接班人了。"

十九

出乎李建的意料之外，然然和霍燕见了面，完全没有李建意想中的拥抱、亲吻乃至眼泪，两个人甚至连手都没握一下，只是互相说了一声"嗨"，霍燕就坐在然然床边开起玩笑来。

"你可得小心了，然然，"霍燕把路上发生的事给然然讲了一遍，"你男人那一拳打得那叫专业，连我都爱上他了。"

"你疯了，"然然靠坐在床上，对李建说，"打人打到马路上去了。"

"怎么？"霍燕问然然，"他在别处也打人吗？"

"那倒没有，"然然知道自己说漏了嘴，连忙往回找补，"他老跟我吹他当年如何如何英勇，我还不信，没想到——"

"你没想到的事还有呢，"霍燕说，"他这一拳给你打出两个情敌来。"

"两个？哪两个？"然然一脸的茫然。

"一个是我呀，"霍燕说，"还有一个，你让他自己说吧。"

"我说霍燕，"李建一屁股坐在了地毯上，"然然受了伤，你我也都累了，消停一会儿，行吗？"

霍燕嫣然一笑："那我就放你一马。"

李建隐约感觉到，霍燕见了然然，好像就不那么冷了。

霍燕从纸袋里取出一条粉红色的丝巾，套在然然的脖子上，"送你的，德国的名牌。”

“有送我的礼物吗？”李建问。不知不觉中，他和霍燕之间的距离似乎拉近了许多。

“有啊。”霍燕说着拿出一个烟斗和两罐烟丝，“然然说你是个烟鬼。”

李建接过烟斗和烟丝，虽然他不认识德文，可从包装上就能看出，这份礼物价值不菲。

李建打开烟丝罐，异香扑鼻。他装了一斗烟，深深地吸了两口，“好，真好。”

“你要是喜欢，我以后可以保障供给。”霍燕说。

“不敢当，你的好意我心领了。你知道吗？霍燕，过去中国人有个说法，你要想害谁，就送他一双银筷子。”

“什么意思？”霍燕问。

“你想啊，有了银筷子就得银碗，有了银碗就要吃好的，吃得好了就要穿得好，穿得好了就要住得好，——以此类推，还有个头吗？最后把家败光为止。”

“你要是把家败光了，就把然然卖给我。”霍燕说，“然然，现在你知道什么叫‘以怨报德’了吧。”

然然不说话，光是笑。

这时，李建的手机响了，来电话的是徐小杰。

“今天晚上你能出来吗？我想和你一起吃个饭。”徐小杰的声音听上去有气无力。

李建略有些迟疑，“我现在有点儿事，过几分钟给你打回去。”

“谁来的电话？”然然问。

“徐小杰，他约我晚上一起吃饭。”李建说，“他好像有什么事要跟我说。”

“那你就去吧。”

“我走了，你们晚饭怎么办？你又不能下楼。”

“没关系，我们叫外卖。”

于是，李建给徐小杰回了个电话，两人约定复兴门外南礼士路的烤肉宛见面。

“抱歉，霍燕，我少陪了。”李建说。

“不用抱歉，”霍燕笑着说，“我正嫌你碍事呢。”

“早点儿回来。”然然说，“别喝酒，晚上你还得送霍燕回去呢。”

“放心，我十点以前一定回来。”李建说着，走过去亲亲然然的额头，“你也乖点儿。”

“哎——，”霍燕的声音高了起来，“你们平时也这么肉麻吗？还是专门表演给我看的？”

李建笑着出了门。

在地铁上，李建想到，现在家里只有然然和霍燕两个人了，她们会不会……，李建的脑海里浮现出一个又一个色情场面。可连他自己也没想到，他居然没有丝毫的嫉意，甚至在幻想中，欣赏着然然和霍燕的性爱……

进了餐厅，只见徐小杰坐在角落里的一张桌子后面，面前的一瓶啤酒已经喝掉了一半。

李建在徐小杰对面坐下。

“我不请然然来，她没生气吧？”徐小杰的声音有气无力。

“没有。正好她的一个朋友从德国回来看她，你就是请她她也来不了。”

一个服务员走过来，徐小杰点了一斤烤肉、盐爆散丹和一个素菜，又要了三瓶啤酒。

“再要一瓶就行了。”李建说，“我晚上还得开车，不能喝酒。给我来壶茶吧。”

徐小杰看看李建，没说话。

等服务员离开了，徐小杰问：“你还记得胡一萍吗？”

“当然，她当年就跟我住一个院。”李建说，“贺芸的同学。”

“就是她。”徐小杰说，“今天中午我接了她一个电话，她告诉我，上个星期贺芸自杀了。”

李建吓了一跳：“为什么？”

“人死如灯灭，这时候再问为什么一点儿意义也没有了。”

菜上齐了。两个人却都是食不甘味。

李建知道，当初在美国，因为徐小杰和一个台湾去的女学生有了婚外情，而且认了真，不管不顾地就跟贺芸离了婚。本来徐小杰是要和那个女学生结婚的，可那女学生又跟一个美国小伙子跑了。徐小杰鸡飞蛋打，一气之下，去了英国。离婚后的贺芸却一直未再嫁，也曾有过几个男朋友，都比她年轻，不愿意娶她这个带着孩子的女人。

前些年，胡一萍也去了美国，看到贺芸和徐小杰都还是单身，曾经想撮合他们两个复婚，两个人也都动了心，偏偏就在这时候，孩子出了车祸。在这个巨大的打击之下，贺芸彻底垮了，复婚的事也就此作罢。

“去年我在美国的时候，还跟她一起吃过一次饭。”李建说，“那时候我看她精神还可以。”

“贺芸是个要强的人，心里再苦，也不会在别人面前表现出来。”徐小杰说着又倒了一杯酒，“想当年，那么多人追她，她却偏偏跟了我这个最没出息的人。”徐小杰叹了口气，“我这一辈子，最对不起的人就是贺芸了。”徐小杰端起酒杯，一饮而尽，“李建啊，你现在有然然这样的女人，一定要珍惜，千万千万。”

“然然受伤了。”李建说，他想转移一下徐小杰的注意力。

“怎么回事？”徐小杰果然激动起来。

李建把然然受伤的经过详细地给徐小杰讲了一遍，他也不知道，自己是不是在用一个伤口抚慰着另一个伤口。

二十

李建回到家，霍燕和然然都在客厅里。客厅里所有的灯都开着，霍燕坐在长沙发的一端，然然躺着，头枕在霍燕腿上，手里拿着一包薯条，正在一根接一根地往嘴里送。

餐桌上，放着几个麦当劳的食品袋，大概这就是她们的晚饭。

她们身上的衣着和李建离开时没有什么两样，李建显然是想多了。

看到李建进来，两个人都没有动。

“李建，”然然说，“我想留霍燕在咱们家住一晚上，你睡沙发行吗？”

“当然。”李建话是这么说，可心里还是多少感到有些紧张。

“委屈你了。”霍燕说。

“你明天几点的飞机？”李建问。

“九点。”霍燕说，“明天早上我从这儿直接去机场。”

“那你怎么退房？”李建问，“还有，你在饭店里的东西怎么办？”

“这些事都可以交给我的助理去办。”

“你还有助理？我怎么没看见？”

“下午签完字我就放她去逛北京了。一个德国姑娘，从来没来过中国。”霍燕说，“我现在就给她打电话。麻烦你把我的包拿来，就在卧室里。”说着她摸摸然然的头发，那意思是这个样子，她站不起来。

霍燕在电话里用德语对她的助理吩咐了几句话。随后合上手机，笑着说：“这小丫头，现在还在三里屯的酒吧里泡着呢。待会儿再带个小伙子回来，那可真要耽误事了。”

“德国人那么随便吗？”然然问。

“那得分人。”霍燕说，“不过跟我来的这一位，可是个真真正正的花痴。”

听到“花痴”两个字，然然和李建不禁相视一笑。

李建计算了一下时间，对霍燕说：“明天你六点钟就得起床，最迟六点半出发，我开车送你。”

“谢谢你。”

“你们早点儿休息吧，”李建说，“霍燕，你需要什么东西就问然然。”

然然站起身来，对李建说：“亲亲我。”

李建亲亲然然的面颊。

“你们不这么肉麻会死吗？”霍燕站起身，捶了捶被然然枕麻了的腿，拉着然然的手进了卧室。

李建也感到有点儿累了。可冲了个澡之后却又精神起来。他穿上短裤走进书房，坐在电脑前，调出了那张当年跟贺芸和徐小杰一起拍的照片。然然在这张照片下面加了一行字：ONE DAY WHEN

WE WERE YOUNG。

想到贺芸，李建的鼻子不禁有些发酸。他不想继续沉浸在这悲哀之中，于是就调出那篇才写了一半的论文，继续写下去。正当他又完成了一个章节，打算抽支烟，休息一会儿的时候，然然轻手轻脚地走进来，在他额头上亲了一下。

李建摸摸然然光溜溜的大腿，“你怎么还不睡？”

然然双手摆弄着衣角，撅着嘴，小声说：“我有跟话你说，你听了不许生气。”

“你说吧，我不生气。”

“我把上课的事跟霍燕说了。”然然可怜巴巴地说。

李建又气又怜，他伸出一只手轻轻地捏了捏然然的鼻子，“你怎么总也管不住你这张嘴呀？”

“我不是故意的，霍燕问咱们俩平时怎么过日子，我说着说着就说漏嘴了。”

“说了就说了吧，霍燕也不是外人。”李建拍拍然然的屁股，“快去睡吧。”

然然却站在那儿没动。

“还有事吗？”

然然把嘴凑到李建耳边，悄声说：“霍燕想看看你给我上课。”

这简直是匪夷所思。李建愣在那里，半天没说话。

然然推推李建的肩膀，“行不行，你倒是说话呀。”

“你愿意让她看？”李建问。

“我愿意。”然然说得很认真。

李建心里很乱，一时半会也理不出个头绪来。

“既然你愿意，那就让她看吧。”

李建拉着然然的手进了卧室。

霍燕靠坐在床上，然然那套粉红色的睡衣穿在她身上，显得略有些短。

“我坐这儿不碍事吧？”霍燕问。

“碍事。”李建没好气地说，“你得往边上挪挪。”

霍燕挪了挪身子。然然从衣柜里取出鞭子。

“让我看看。”霍燕说。

然然把鞭子递给她。

霍燕看看鞭子手柄上的商标，“这个牌子在欧洲可是非常有名，你们哪儿弄来的？”

“我买的。”然然说。

“你什么时候贱成这样儿了？”霍燕拍拍然然的面颊，把鞭子递到李建手里。“别愣着了，上课吧。”

然然迟疑了片刻，脱下内裤，趴在了床上，两只胳膊放在霍燕的腿上。

霍燕撩起然然的睡衣，“然然，你的屁股还是那么漂亮。”

然然羞红了脸。

李建开始鞭打然然的光屁股。

霍燕一只手抓住然然的胳膊，另一只手搂着然然的头，眼睛始终盯着然然那在皮鞭下不断颤动的屁股。

打了二十多下，李建放下鞭子，“好了，今天就到此为止。”

霍燕摸摸然然被打红的屁股，“疼吗？”她问。

平时这话都是李建问的。

“有一点儿。”

霍燕把然然搂在怀里，泪水顺着她的面颊缓缓地淌落下来。

“你们快点睡吧，明天还得早起呢。”李建说完就退出房间，关上了门。

李建躺在沙发上，想着刚才的一幕，心里的感觉怪怪的。

二十一

和平日里一样，李建四点钟就醒了。他完成早上的例行程序，刚想坐下来抽支烟，卧室的门开了。霍燕蹑手蹑脚地走出卧室，随手轻轻地关上房门，悄声对李建说，“听见有声音，我想一定是你起来了。”

李建看看表，还不到五点。他坐起来，点了一支烟，“你睡得还好吗？”

“我根本就没睡。”

“怎么回事？不习惯？”

“大概是时差没倒过来吧。”霍燕在李建身边坐下，“再说，我已经很久没有和然然在一张床上睡觉了，有点儿兴奋。”霍燕说，“你别想歪了，我没对她做什么。”

“谢谢你，霍燕。我知道，你曾经很爱她。”

“我现在还是很爱她。”

“你是什么时候发现自己有这种性取向的？”李建有点儿好奇。

“不知道为什么，我从小就不喜欢男人。十三岁那年，我学会了自慰，自慰的时候，我脑子里幻想的都是女人。所以，上大一的时候，一个英语老师刚给了我一点儿暗示，我就上了她的床，感觉好极了。”

“后来你怎么会想到去勾引然然？你应该知道她原来是有男朋友的。”

“那个英语老师告诉我，这种性取向可以是天生的，也可以是后天培养的。然然在这方面，是一个可塑性很强的女孩儿。所以，我很庆幸那个姓楚的小子甩了她。”

“你呢？”李建问，“你有可塑性吗？”

“我想我是天生的，所以我没什么可塑性。”

“那你和陈国义睡觉不难受？”

“还好，女人在床上可以被动地接受她不喜欢的东西，何况现在还有各种品牌的润滑剂。再说，他人还不错。而且他有钱，有那么多钱，具备这种优点的男人不多。”

李建无话可说了，他确实不具备霍燕所说的这种优点。

“昨天在路上，你说起你当兵的时候，排长姓王，他叫什么？”霍燕问。

“王放明。你认识他？”

“不认识。”

“我想你也不可能认识他，他一九七九年打越南的时候就牺牲了，当时他是副营长。”李建说，“那时候你还没出生呢。”

“是没出生，所以我不认识他。”霍燕说，“可他是我舅舅。”

李建一惊。看看霍燕，只见她面无表情。

“我外爷和我外奶——就是然然他们上海人说的外公外婆——就他和我妈两个孩子，我妈叫王放羊，他叫王放马，王放明是他参军的时候改的名字。”

“他们从小是放羊放马长大的？”

“那是我外爷希望他们能有羊有马可放。”霍燕的声音始终是平平淡淡的，“从小我就老听我妈说：‘要是你舅舅还在就好了。’那时候我总以为‘舅舅’是一种东西，一种食物。直到我六岁，才知道‘舅舅'是一个人，一个曾经存在过的人。——我舅妈是个好人，带着我两个表姐改嫁的时候，还把我外奶也一块儿带到酒泉去了。现在他们还在那儿。我外奶今年八十五岁了，一直是我舅妈在伺候她——你怎么了？”

“没什么，”李建抹了抹眼睛，“你大概不知道，你舅舅就死在我眼前。”

霍燕愣住了。

于是，李建把他亲眼目睹王放明牺牲的经过讲了一遍。

那是一九七九年三月里的一个下午，李建跟刘克和几个轻伤员坐在一辆卡车里回撤，大概是因为前面出了事故，卡车停在路边。

一天前，李建左侧小臂中了一块弹片，这时吊着一只胳膊，坐在车上昏昏欲睡，身边的刘克把受伤的一条腿架在李建身上。

朦胧中，李建听见有人在叫他的名字，他睁开眼，只见卡车边上站着一个胡子拉碴的彪形大汉，“怎么？小子，不认得我啦？”大汉摘下钢盔。李建这才认出这就是阔别九年的王放明。

当初李建的爸爸眼看着独养儿子整天在外面打架斗殴，回到家就看一些乱七八糟的书，实在放心不下，就托关系走后门让他当了兵。李建入伍不到半年，就跟着排长王放明来到越南，不过那一次他们是来帮越南人打美国人的。

王放明点起一支烟，拍拍李建的肩膀——李建疼得一缩，“你小子不是上大学了吗？怎么也到这儿来了？”他的声音还像当年一样底气十足。

李建把自己的近况说了，王放明说：“不就是擦破点儿皮儿吗？你就烧高香吧。我这个营，走着回来的还不到一半儿。”说到这儿，这个铁打铜铸的汉子，竟也红了眼圈。李建把话题岔开，“你现在是营长了？”

“副营长。”

这话要是从别人嘴里说出来，李建肯定会非常得意，因为他现在也是副营级了。可是眼看着这个比自己入伍早七年，几乎自己所有当兵的知识都是从他那儿来的王放明，如今也只是个副营长，李建心里实在是得意不起来。

“那你老婆可以随军了吧？”李建问。

“按说是可以了。只是眼下部队减员这么多，一时半会儿的怕是顾不过来，我想先——”话没说完，只听见轻轻的一声枪响，王放明一头栽倒在地，就一动不动了。钢盔滚落到路边的水沟里，他后脑正中有一个小小的枪眼，鲜血在不断地涌出，那支烟还叼在他嘴上，没有熄灭……

“过去这么多年了，你还记得这么清楚。”霍燕说。

“这辈子我也忘不了，前后不到五分钟。”

“开枪的人抓住了吗？”

“没有。要是死的是个普通战士，这事就算完了。可你舅舅不是副营长吗，所以，团长下了命令，一个连去搜山，最后只找到一个子弹壳和一个斗笠，斗笠里还有一个发卡。”

“发卡？女的？”

“大概是，不能肯定。越南人鬼得很，也有可能是故意留在那儿的，想转移我们的视线——你不知道，那一仗，我们的部队除了没强奸妇女，烧杀抢掠，一样也没落下。所以，越南人恨我们，也不奇怪。”

霍燕沉默了好一阵才开口：“这事你跟然然讲过吗？”

“没有，少儿不宜。”

“没错。在大学里，然然一向喜欢看电影，可就是从来不看战争片，她说她害怕。”

“别说她害怕，我都害怕。眼看着你舅舅倒在我面前，我觉得我再也干不了军医这一行了，所以一回国，我就递了转业报告。”李建说，“开追悼会那天，我见过你舅妈，个子不高，瘦瘦的，还带着两个小女孩儿，应该是你的表姐吧。——她们现在过得怎么样？”

“还可以，我舅妈现在这个丈夫原来是个跑长途的司机，后来在酒泉一家汽车修理厂当修理工。离过婚，没孩子，我舅妈给他生了个儿子，宝贝得不得了。这人还不错，对我两个表姐和我外奶也还说得过去，尤其难得的是滴酒不沾。你大概不知道，甘肃男人里不喝酒的少，喝了酒不打老婆的就更少。我从小就是一年年看着我爸打我妈长大的。”

李建听得心里怪不是滋味，“那现在他们还打吗？”

“现在我爸不敢了。陈国义给他们在兰州买了房，房产证上的名字是我妈的。我跟我爸说：你喝酒我不管，但是你要再敢打我妈，我就叫我妈跟你离婚。喝酒？你就等着喝西北风吧。”

“然然说，你有个瘫在床上的奶奶。”

“刚搬到兰州就死了，她享不了这福。”

“你是不是还有个弟弟？”

“没错。脑子有点儿毛病，上到小学三年级就上不下去了。现在在兰州大学当保安。今年年初还娶了个媳妇。照片我看过，一个挺水灵的女孩儿。”霍燕看看李建，“这有什么可奇怪的，他姐姐不是有钱吗？”

“那你就不怕委屈了人家女孩儿？”

“委屈？我买了两套房当彩礼，他们还有什么可委屈的？那女孩儿的爸爸在工厂看大门，她妈妈是捡破烂的。她要是不嫁给我弟弟，说不定现在正在哪儿卖呢。——再说我弟弟脑子不好心眼儿好，又不缺胳膊少腿。这就叫‘一个愿打，一个愿挨’，就像我跟陈国义一样——就像你跟然然一样。”

霍燕的话让李建很不舒服，“你能不能不拉扯上然然啊？我们可是两情相悦。”

“两情相悦？你大概跟然然一样，从小到大没受过穷吧？穷人不知道什么叫‘两情相悦’，穷人要是‘两情相悦’了，就得死！”

“别说得那么吓人，”李建说，“你和然然当初不就是两情相悦吗？”

霍燕沉默了片刻，“没错，我和然然是两情相悦，那是因为然然——”霍燕坐在沙发上，双手抱着头，“在认识然然之前，我从来不知道什么是‘两情相悦’，我只知道‘贫贱夫妻百事哀’。”

二十二

李建跟霍燕一起简单地吃了个早饭。李建看看表，已经六点一刻了。

“该叫然然起床了。”李建说。

“我去吧，”霍燕说，“我还得进去换衣服。”

霍燕轻手轻脚地走进卧室，关上了门。

没过几分钟，霍燕就出来了。她已经换上昨天来时的那身衣服，手里拎着那个白色的皮包。

“然然还在睡，我没叫醒她。”

李建多少有点儿奇怪，“你不跟她告个别吗？”

“不用了，还是让她接着做梦吧。”霍燕说，“咱们可以走了吗？”

天东花园距离机场不到三十公里，因为早高峰的时间还没有到，李建的车一路上走得很顺利。

“然然醒过来，发现你已经走了，八成会哭的。”李建说。

“不是八成，是一定。当年在学校里，然然会哭可是出了名的。那时候她们篮球队打比赛，输了她要哭，赢了她也要哭，恨不得蚊子叮一口她都能哭得雨打梨花。”霍燕说，“有时候，哭一哭其实也挺好的。自从三年前离开然然之后，我就没眼泪了，直到昨天晚上——”

车子驶进机场高速。

“然然在学校里最出名的一是会哭，二是能睡。”霍燕说，“然然上课老是睡觉，可老师把她揪起来一问，她居然能把老师刚刚讲过的内容说得八九不离十。我问她你怎么这么大本事？她说老师讲的早就印在讲义上了，上厕所的时候看两遍就能混个‘良’。”

“‘良’？她跟我说的可是门门都是‘优’。”

“她说的那是毕业的时候，那时候她确实都是‘优’。那一届毕业的女生只有我和然然是全优，其余的大都差在体育成绩上。”

“待会儿我回去，然然要问，我就说你叫她没叫醒，行吗？”李建说。

“随你便。反正要叫醒然然从来就不是一件容易的事，你没体会吗？”

李建笑了，“有体会。所以有时候我就纳闷儿，她一个人的时候是怎么过的日子。”

“她没跟你说过吗？她一个人住的时候，每天早上要六个闹钟一块儿响，她才醒得过来。”

“六个闹钟？我怎么没见过？”

“后来她想了个办法，到动物园里把狮吼录了音，放在手机里当作闹铃，这才把六个闹钟替换下来。”

“真的假的？这也太夸张了吧。”

“一点儿都不夸张，录音的那天就是我跟她一块儿去的动物园。然然举着录音笔，一直等了两个小时那狮子才叫，那一叫确实够吓人的，害得然然差一点儿毕不了业。”

“这又是怎么回事？”

“她没跟你说过吗？”霍燕也笑了，“论文答辩那天，她把手机放在口袋里，本来是打算设置成静音，不知怎么搞错了。答辩到一半，忽然狮子叫起来了，把在场的几个老师吓得——哎！方向盘！”

机场到了。李建看看表，七点刚过。他停好车，陪着霍燕一起来到候机大厅。

“咱们到早了，”霍燕说，“我跟艾玛说七点半在这儿碰头。”

“那边有椅子，要不我们过去坐坐？”李建说。

“你要是不介意，咱们就站在这儿说说话吧。”霍燕说，“认识你我很高兴。”

“这话昨天下午一见面你就跟我说过了。”

“那是开场白，这是结束语。”霍燕说，“你和然然一起生活，我又嫉妒又宽慰。嫉妒是因为我爱她，宽慰也是因为我爱她。过去我觉得，这世界上没有配得上然然的男人，不过跟你接触了这多半天，我想也许我错了——我希望我错了。”

李建似乎在霍燕身上看到了贺芸的影子。可这影子瞬间就消失了。

“冬天我可能还会回来一次，”霍燕说，“到时候我带个摄像机，把你给然然上课的整个过程都拍下来，行吗？”

“不行!”李建吓了一跳，“你拍了要给谁看哪？”

“谁也不给，就留给我自己。什么时候我想哭了，就拿出来放一遍。”

“你把我和然然当什么了？催泪瓦斯？”李建是真生气了，“你丈夫不是有钱吗？回去让他找两个职业模特，再雇一个一流的摄影师，拍上一段以供他太太不时之需。”

霍燕沉默了一会儿，“如果挨打的不是然然，我什么感觉也不会有。在德国，有很多夜总会都有鞭打的表演，我去看过，什么感觉都没有。可昨天晚上，我哭了。”霍燕的眼睛里闪烁着泪光，“你离开房间以后，我问然然：你喜欢这样？她说喜欢。我说你喜欢当初为什么不告诉我？我也可以给你上课呀。”

“她说什么？”李建有点紧张。

“她说她原来不知道她喜欢这样，是你教会了她。所以她——”

一声“嗨！”打断了他们的谈话，只见不远处一高一矮两个姑娘正向他们走来。

“艾玛来了。”霍燕说，“高个儿的那一个就是她。”

走到跟前，李建才发现，艾玛身边的不是一个姑娘，而是一个长发披肩的亚裔男孩。

艾玛大概是个纯种的雅利安人，金发碧眼，个子和李建差不多。她手里拖着一只行李箱，正在用李建听不懂的德语和霍燕在争论着什么。那男孩大概也听不懂德语，站在一边一脸的茫然。

争论终于告一段落。

“你知道吗？”霍燕对李建说，“这小丫头片子刚才跟我说，她不想回德国了，要跟这个小子一块儿去西藏。”霍燕说着转向那个男孩，“小伙子，你有去西藏的钱吗？你要是没钱去西藏，甘肃也挺好玩儿的。不过不管你们打算去哪儿，艾玛今天都得跟我去香港，明天跟我回德国。你要是真想和她一块儿玩儿，我劝你赶快学几句德语。现在你们告个别吧，要快点儿，我们没时间了。”

两个年轻人又是拥抱又是接吻，还用十分蹩脚的英语说了一些“我爱你”“你等我”之类的话。

“我们也告别一下吧。”霍燕对李建说。

李建伸出一只手，“再见。”

霍燕没有跟李建握手，而是给了他一个拥抱，并在他耳边轻轻地说了一声：“谢谢你。”

霍燕拉起艾玛的手，艾玛是一步一回头，进了安检通道。

李建和那个小伙子一起目送着她们的背影，直到消失。

李建回过头来看看那个小伙子，虽然个子矮了点儿，身材也略显单薄，但相貌还不错，十分清秀。

“就这样悄悄别离。”小伙子的声音里充满了悲伤，普通话说得很标准。

李建又好气又好笑，“就这样离我远去。”他拍拍小伙子的肩膀，“怎么还是老一套，我以为你们早就换词儿了呢。”

“词可以换，心不能换。”小伙子那一双忧郁的眼睛的眼睛里闪着泪光。

“你把身份证给我看看。”李建说，“我是警察。”

叶浩源，家住北京市东城区，一九八二年出生。

虽然李建对时下的年轻人所知不多，可眼面前的这个小伙子绝对是个精神病。

李建拉着小伙子上了自己的车，直接开到了安定医院。安定医院的张院长和李建是熟人，他陪着李建把那小伙子送进一位专家的诊室。那位专家李建也认识，“齐大夫，麻烦你，”李建说，“这孩子八成得吃点儿药，”李建翻翻小伙子衣服上的口袋，又看看自己的钱包，“药费你们先垫上，过几天我送来，有事给我打电话。”

张院长把李建送到停车场，“他是你亲戚？”

“我外甥。”李建想都没想，“也用不着把他全治好了，只要不杀人放火就行了，维稳嘛。”

二十三

“你外甥？”然然在床上笑得喘不过气来，“你怎么不说是你儿子啊？”

“我可不想有这样的儿子。”李建说，“再说现在看病是实名制。我姓李，他姓叶，说儿子就没人信了。”

“那可以是私生子啊。”然然还是笑个不停。

“我这么说也是想让他们给他看病的时候上点儿心。那孩子绝对有病。”

“你又不是精神科的大夫，凭什么说人家有病啊？”

“没吃过猪肉，还没见过猪跑？别看现在的年轻人一个个看上去疯疯癫癫的，可我看绝大部分都是装疯卖傻，真疯的没几个。可这小伙子是真有病，看眼神就能看出来。”

“你什么时候又成眼科专家了。那你看看我有病吗？”然然躺在床上，一双乌黑的大眼睛目不转睛地看着李建。

“不用看我就知道你有病，花痴。”李建注意到然然脸上的泪痕，“你哭过了？”

“我醒了一看，你和霍燕都不在，我就哭了。”

“霍燕叫过你，没叫醒。”李建说。

“你骗我，她才不会叫我呢。”然然说着眼睛圈又红了，“她每次都是不辞而别。”

李建不想让然然太伤心，于是就岔开了话题，“你吃早饭了吗？”

“昨天还剩一个汉堡包，刚才我吃了。”然然说，“厕所也上过了，屁股也洗过了。你要还想占我便宜，就给我擦擦身吧。”

李建给然然擦身的时候，看到然然昨天晚上“上课”后屁股上的那两片红晕已经消退了。

李建亲亲然然的屁股。

“你该刮胡子了。”然然说。

擦完身，然然穿上睡衣，重新躺在了床上。

“一会儿我想下楼走走，行吗？”然然说。

李建算算日子，这是然然受伤的第三天。

“就在屋里走走吧，外边挺热的。”李建说，“万一出点儿汗，对你的伤口可不利。”

“你觉得霍燕怎么样？”然然问，“你喜欢她吗？”

“说实话，我不怎么喜欢她。”

“为什么？她那么美！”

“她确实很美，可她身上有一种让人捉摸不透的东西，我不喜欢。”李建说，“不知道为什么，她时不时地会让我紧张。”

“哪天我也让你紧张紧张。”

“你这几天就让我够紧张的了。”

然然坐在床上沉默了好一会儿，“霍燕是有点儿心理阴影，她妹妹是自杀的。”

“她还有个妹妹？你怎么从来没跟我说过？”

“霍燕不让我跟人说。”然然用睡衣的袖口抹抹眼睛，“她妹妹叫霍英，比她小两岁，因为家里穷，高中都没上，就到县医院里去当清洁工，全家人供着霍燕一个人读书。霍燕上大二那年，他们县里一个局长的儿子看上了她妹妹，可霍英之前已经和医院里的一个保安好了。结果局长逼她，父母也逼她，非要她和那个保安分手，嫁给局长的儿子，她就跳楼了。”

“为什么要跳楼？她跟那个保安一块儿离开那地方不行吗？”

“他们是想要离开，可在长途汽车站就被截住了，那个保安还被关起来了。局长威胁霍英，说她要是不嫁给自己的儿子，就要起诉那个保安拐卖妇女，还要封了她父母的店——”

李建这时才明白了霍燕为什么会说“穷人两情相悦就得死”，也多少理解了霍燕乖张性情的由来。

“霍燕跟我说，她妹妹自杀以后，她因为没钱，甚至都不能回去见她妹妹最后一面。她常常会做噩梦，梦见死的是自己。一直到我们俩住一个宿舍，她才不再做噩梦了。”

二十四

吃午饭的时候，李建接到安定医院张院长打来的电话。他按了免提。

“初步诊断，你外甥有双相情感障碍……对，就是轻度的精神分裂。不，不用住院。齐大夫给他开了点儿药……他自己有钱，你当时大概没翻仔细，他身上有信用卡……怎么，你连他叫什么都忘了？他倒底是不是你外甥？他叫叶浩源！‘浩大’的‘浩’，‘源头’的‘源’。”

然然一开始笑得把饭都喷了出来，等到听见“叶浩源”这个名字。她一只手捂住嘴，睁大了眼睛。

“你怎么了？”李建问。

“我有一个高中同学就叫叶浩源！”

“这个叶浩源是北京人。”

“我那个同学就是北京人。他父母都在美国，他一直住在上海他舅舅家，”然然说着不禁又笑了起来，“那可是他正经舅舅，不像你是假冒伪劣。他们家阔得不得了，上下学都是车接车送。我们那个学校一个学期的借读费就要五万。”

“你跟他一直有联系吗？”

“没有。刚上高一的时候他还追过我。”

“你没看上他？”

“那时候我才十五岁，家里管得可严了。再说他总是神经兮兮的。就是早恋我也不会找他。他给我写了好多诗，我看不懂。后来被我妈妈发现了，我妈妈说那些诗写得确实不错，可是千万不能去招惹诗人。那时候你们北京的诗人顾城杀他太太谢烨的事情还没过去几年，谢烨也是上海人——”

“别扯这么远了，咱们还是核对一下你说的和我说的是不是同一个人吧。我这个外甥个子还没你高，瘦瘦的，眉清目秀——”

“那就不是一个人了，我那个同学个子挺高的。”

吃过午饭，李建强迫然然躺回床上去，“你昨天晚上睡得太少了。”

“我不困。”

“不困也得躺着，你卧床还不到三天呢。”

然然翻了个身，趴在床上，“摸摸我屁股，要不然我睡不着。”

李建在床边坐下，把手伸进然然的睡衣里，轻轻地抚摸她光滑的屁股。

不一会儿，然然就睡着了。

李建走出卧室，轻轻地掩上房门。

李建收拾了餐桌，把碗洗了，刚想抽支烟，就接到徐小杰打来的电话。

“我想去你们那儿看看然然，方便吗？”

“然然在睡觉。”李建看看墙上的挂钟，还不到一点，“你三点半来吧。”

李建合上手机，在长沙发躺下来，想休息一会儿，不料却迷迷糊糊地睡了过去。

当李建被一阵手机铃声惊醒时，已经三点了。

来电话的是朝阳公安分局预审科的一位女警察，声音很好听，“我们对打伤您爱人的凶手张强的预审已经基本结束。在报检察院批捕之前，想和您爱人最后核实一下案发的全过程。我请问您一下，您爱人现在的身体状况可以接受我们的讯问吗？”

又是“凶手”，又是“批捕”，李建完全没有心理准备。

“我爱人现在的身体状况还不太好。明天上午我要送她去医院换药——”

“那我们明天上午到医院和您爱人面谈，可以吗？”

“当然。”李建合上手机，心想这事该怎么跟然然说。

思来想去，李建决定明天上午去医院的路上再告诉然然。

这时，门铃响了，李建摘下对讲机。“我到早了，”徐小杰说，“然然是不是还在睡觉？”

“没关系，你先上来吧。”

李建轻轻推开卧室的门，只见然然趴在床上，头侧向一边，睡得正香。

李建把房门重新关好。回到客厅里。

徐小杰手里拿着一束粉红色的石竹花进了门。

李建小声说：“你先坐一会儿，然然还没醒。”

徐小杰把花放在茶几上，压低了声音问：“然然怎么样了？好点儿吗？”

“好点儿。你喝什么，茶？咖啡？”

“白开水就行了。”

李建从冰箱里拿出一瓶矿泉水。

“贺芸的事你没跟然然说吧？”徐小杰问。

“没有。你问这干什么？”

“没有就好。然然还是个孩子，这种事她知道的越少越好。”

“昨天晚上她有个朋友住在这儿，我就是想告诉她也没有机会。”

“朋友？男的女的？”

“废话，当然是女的，男的我能让他住吗？”李建说，“她是然然的同学，从德国来，上大学的时候，她们同住一个宿舍。”

“也是美女？”

“大美女。”

“比然然还大？”

“比然然还大。”

“你可真是艳福不浅，没来个 3P？”虽然说着荤话，徐小杰却好像前一天晚上没睡够，声音有气无力。

“我没受到邀请。”李建说。

李建知道，徐小杰一向对 3P 特别有兴趣，从年轻的时候就搞。要不是他 81 年就出国了，后来“严打”，闹不好真有可能像上海那几个哥们儿一样被枪毙掉。

李建知道自己不是什么正人君子，可他不喜欢的就是不喜欢。记得徐小杰结婚后不久，有一天晚上，他在徐小杰家喝酒。徐小杰喝多了，当着他的面，就把贺芸的衣服脱光了，按倒在床上，用皮带抽她屁股，贺芸忍受着鞭打，一声不吭。打过贺芸的屁股，徐小杰还要李建在他面前跟贺芸做爱。李建至今还记得那场面：贺芸光着身子站在床前，从容地梳理着那一头乌黑的长发，坦然地看着面前这两个男人。李建在那双美丽的大眼睛里，看到的却不是羞怯而是怜悯。结果，他碰都没碰贺芸一下，就转身离去。

这件事倒也并没有影响到他跟徐小杰和贺芸的关系。他们出国前，李建还叫上几个朋友，一起为他们践行。那张照片，就是饭后大家在餐厅门口的合影。

自然而然的，李建想起昨天晚上那一幕，不知道那是不是也算 3P？可惜这个问题他不能问徐小杰。

徐小杰点燃一支雪茄，对李建说，“今天上午胡一萍给我发了一个邮件，说想和大家聚聚。你有时间吗？”

“聚聚？她不是在美国吗？怎么聚？”

“她现在就在北京，我昨天没跟你说？”

“没说。她人在北京还发什么邮件，打个电话不就行了？”

徐小杰沉默了好一会儿，“贺芸临死前给她写了一封信，她发给我了，还让我转发给你，现在应该已经在你邮箱里了。”

李建刚想去开电脑，脖子上的铃响了。

“然然醒了，”李建说，“你先坐一会儿，我去看看。”

李建推开卧室的门，看到然然呆呆地坐在床上，头发乱蓬蓬的。“几点了？”

“四点。”李建到浴室里拧了一把凉毛巾，递到然然手里，“擦把脸吧。”

“你给我擦。”

“你小点儿声，徐小杰在客厅里。他是专门来看你的。”

这句话果然很管用，然然三下两下就把脸擦了，接着跳下床，对着镜子梳了梳头。

“你还没穿裤子呢。”李建悄声说。

然然伸手一摸，“你快把睡裤拿来！”

“跟你说了，小点儿声！”

李建从衣柜里找出当初自己的那条睡裤，扔给然然。

然然套上睡裤，把裤脚挽了好几圈，才把脚露出来。

然然照照镜子，“行了，我现在可以接见徐大哥了。”

看见然然和李建，徐小杰站起身，把茶几上的石竹花送到然然手里。

“真好看，”然然说，“这一次你又是从哪儿偷的？”

“这花儿可是我花钱买的。”徐小杰说得很认真，“我们老爷子的灵堂上星期就撤了，没地方偷了。”

“要是没地方偷了，你就来我们家吧，”然然说，“我们家欢迎小偷，我就是小偷。”

“你怎么会是小偷呢，”徐小杰问，“你偷过东西吗？”

“当然了，”然然指指李建，“他就是我偷来的。”

“然然，”李建说，“你要是实在是嘴上缺个把门儿的，我就给你戴上个嚼子。”

“嚼子是什么？”然然听不懂。

“嚼子就是口衔。”李建说。——卧室衣柜里就有口衔，瑞典货，没用过，因为然然“上课”的时候从来不出声。

“口衔是什么？”徐小杰问。

“口衔就是嚼子，嚼子就是口衔。”李建说，“咱们说点别的，行吗？”

“徐大哥，”然然说，“当初你跟李建是怎么认识的？”

“这你干嘛不问李建？”

“我问过他，他也说过。现在我想听你说，我老觉得他有事瞒着我。”

“得，李建，咱们俩忘了定攻守同盟了。”

二十五

“我们是七一年底认识的，”徐小杰说，“那时候，我在山西插队，回来过年，不想回去了，就在北京泡着——”

“什么叫‘泡着’？”然然问，“是‘泡妞’的意思吗？”然然问。

“‘泡着’就是待着，没工作，鬼混，当然也包括‘泡妞’。不过那会儿不叫‘泡妞’，叫‘拍婆子’——”

“‘拍婆子’？真难听。”然然说。

“当时我的‘婆子’叫胡一萍，是三零一医院的护士。有一天，她带来一个穿军装的傻小子，说是她的邻居，想跟我借书——”

“这穿军装的傻小子就是李建吧？”然然猜到了。

“没错，就是他。我问他想看什么书，他说他要看《金瓶梅》。我说我们家的《金瓶梅》抄家的时候被革命群众抄走了——然然，你知道什么叫‘抄家’吗？”

“这我知道，《红楼梦》里写过。”

“没错，就跟那里边儿写的一模一样，翻箱倒柜，见什么拿什么，最后扔下一个烂摊子，还得你自己收拾。”徐小杰说，“李建听我说没有《金瓶梅》，站起来就要走，还是胡一萍把他拉住了。我说我这儿还剩一套《鲁迅全集》，你要想看可以借给你，结果他就把《鲁迅全集》背走了。没过十天，他就把书背回来了。我问他你看了吗？他说看了，连注解都看了。我觉得这小子还挺爱看书的，就又借给他一本《凯旋门》。他第二天就还给我了，说这书不错，可惜都是编的，世界上根本就没有书里写的那种人。我一看这小子行啊，是块看书的料，就给他开了个书单，古今中外，只要是我看过我喜欢的，全推荐给他了。他至少看了一半多——”

“他哪儿来那么多时间？那会儿他不是还在上大学吗？”然然问。

“他当时刚从军医大毕业，就分在三零一医院——”

“可他跟我说，他七零年才上大学，怎么七一年就毕业了？”然然一脸诧异地看看李建，“你不是被开除的吧？”

“姑娘，”李建说，“那会儿军医大的学制就是一年。”

“一年？”然然简直不相信自己的耳朵，“一年能干什么呀？我上医学院可是上了八年呢！”

“一年能干什么？一年什么都能干！”李建说，“当时在部队里，头疼脑热，内科外科，麻醉开刀，就是我们这些学了一年就毕业的人全包了。”

“那还不得出人命啊？”

“出人命怎么了？那会儿的人命不值钱。”李建说，“我们那些人，谁手底下还没出过几条人命？人命出多了，我们也就慢慢学会了。”

“这不是拿活人来练手吗？”然然的眼睛瞪得老大，“那病人家属就不告你们？”

“告？怎么告？那会儿公检法都砸烂了，他到哪儿告去？再说了，不管是生病还是受伤，不治是死，治了最多也不过就是个死。而且，那时候的病人家属也不像现在怎么难缠，几乎就没有跟医院闹的。”

“李建说的没错，”徐小杰说，“我插队那地方，人死了就是死了，就连是得什么病死的都没人问。”

“你们俩这一唱一和的想干什么呀？”然然捂住耳朵，“求求你们，别再说了！”

“不说了不说了。”李建摸摸然然的头发，“我去洗点儿草莓咱们吃吧。”

徐小杰的手机响了。

“我收到了……我现在就在李建这儿，要不你跟他说？”

徐小杰把手机递给李建，“胡一萍。”

“李建，你好吗？”电话里传来胡一萍那熟悉的女中音，“我想哪天咱们聚聚，你这个周末有空吗？”

“应该有空，你说聚聚，都有谁呀？”

“就你，我，小杰，还有我男朋友。听小杰说，你现在有个小女朋友，你要是愿意，把她也带来吧。”

“这我得问问她。”

“那当然，她要是愿意来，星期六下午，你们就到我这儿来。小杰来过，地址他知道。”

还不等李建再说话，胡一萍就把电话挂了。

李建把手机还给徐小杰，“胡一萍现在住哪儿？”

“亚运花园，就在惠新东街。她姐姐的房子。”

“那倒是离这儿不远。”李建问然然，“胡一萍周六约我们聚聚，让我带你一块儿去，你愿意吗？”

“无所谓，去就去呗。三天没下楼，快憋死我了。”然然笑了，“我也去看看徐大哥的‘婆子’。”

“那是我当年的婆子，后来我的婆子是——换人了。”

“李建的婆子也换人了。”然然说。

“那就这么定了。”李建说，“只要你明天换药没什么大问题，周六咱们就一块儿去。”

“徐大哥，晚上在这儿吃饭吧。”然然对徐小杰说，“李建买了一大堆东西，都放在冰箱里，再不吃就浪费了。”

“谢谢你，然然，我心领了。”徐小杰说，“只是我们几个兄弟姐妹约好了，今天晚上要开个会，商量一下我们家里的事，就不叨扰了。星期六见。”

“星期六你还是先来这儿吧，”李建说，“我开车，你指路，咱们一块儿去。”

二十六

徐小杰刚一走，然然就忙不迭地脱掉了睡裤。“热死我了。”

然然在沙发上坐下，用牙签插着草莓，一个接一个往嘴里送。

“慢点儿吃，没人跟你抢。”李建说，“晚饭你想吃点儿什么？”

“我想吃牛排。”

李建想想，吃牛排对然然的伤口愈合或许会有些帮助，就答应了。

“‘华堂’边儿上新开了一家牛排馆，咱们去试试吧。”

“不，我要吃‘王品台塑’。”

然然一向是不吃则已，吃就要吃最贵的。

李建看看表，“现在正是晚高峰，到那儿至少得半小时，你受得了吗？”

“那有什么受不了的，课都上过了，还怕堵车？”

然然换上了一件白色的长袖衬衫，下面是一条灰色的裙子。（这本来是《罗马假日》里公主的装束，可《罗马假日》是黑白片，所以然然一直拿不准公主的裙子到底是蓝色的还是灰色的。最后认定是灰色，因为她自己就喜欢灰色。）

一路上还算顺利，二十多分钟就到了，两人下了车。从停车场走到餐厅，不少人驻足观看。然然十分得意。

两人在吸烟区找了一张桌子坐下，然然小声对李建说；“怎么样？回头率不低吧？”

“你以为人家是在欣赏你这位公主哪？”李建说，“他们是在看你脑袋上的绷带。”

然然一把抓起桌上的餐刀，左右看看，又放下了。

他们点了汤，沙拉和两份牛排，然然还要了一瓶红酒。李建因为开车不能喝酒，就要了一杯果汁。

在吃这方面，然然和李建的口味完全不同。然然偏爱西式，下至肯德基麦当劳，上至法国大餐，她样样都喜欢。可李建是从小在北京长大的，要喝豆汁儿，吃卤煮火烧。而这些东西，然然碰都不碰。她只能勉强接受李建对烤鸭和涮羊肉的爱好。

李建今天和然然一起吃牛排，基本上是“陪太子读书”。

看到然然吃得津津有味，李建也就觉得没白来了。

吃完牛排，然然意犹未尽，又要了一份香草冰激凌。

正当李建点起一支烟，看着然然吃冰激凌的时候，一对青年男女走进餐厅。

那个男的绝对称得上是个帅哥，个子至少有一米八，直鼻深目，颇有点儿明星的架势。

“他可真帅！”然然由衷地赞叹，连吃了一半的冰激凌都忘了。

或许是然然头上的绷带吸引了帅哥的眼球，他停住了脚步，他身边那姑娘却径直向李建和然然走来。

“李大夫，你好。”姑娘伸出一只手，“你不认得我了？”

李建站起身来，只觉得这姑娘似曾相识。

“昨天，在东四环上——”姑娘微笑着。

李建想起来了，连忙和那姑娘握握手，“对不起，你叫——”

“我的名片你丢了吧？”姑娘大大方方地说，“我叫粟小怜。”

“对对对，你是编辑。”

粟小怜还是昨天那身装束。

这时，然然也站了起来。

“这是我爱人，肖然然。”李建把然然介绍给粟小怜。“然然，昨天我接霍燕的路上，就是跟她撞了车。”

“你爱人可真年轻啊！”粟小怜和然然握握手，“你应该是 80 后吧？”

“我是 83 年的。”然然说。

“比我还小一岁呢。李大夫，你可真有福气。”

那个帅哥也走了过来。

“这是我男朋友。”

帅哥递给李建一张名片。

距离，野狼乐队，鼓手。

“你这衣服上是格瓦拉吧？”然然似乎对帅哥很有兴趣。

“对，格瓦拉，切。”

“我宁愿要李宇春。”李建说。

粟小怜笑了。她笑起来很好看。

“李大夫，我正在写一个剧本，里面的男女主人公都是医生，可我对医生的生活实在知道的太少，你能不能找个时间给我讲讲你们医生的生活？”

“那你为什么不写编辑或者艺术家的生活，这你应该比较熟悉。”李建说。

粟小怜撇撇嘴，“编辑和艺术家其实都挺没劲的。”

“医生也没多大劲。”

“这么说，你是不想帮我了？”粟小怜有些失望。

“那倒不是。不过我实在是太忙了，”李建说，“这样吧，然然也是医生，而且她最近因为出了点儿事故，在家休息。然然，你愿意给她讲讲医生的生活吗？”

“我无所谓，”然然说，“反正我在家闲着也是闲着。”

“那太好了！”粟小怜很高兴，“我什么时候可以去你们家？”

“明天我要去换药，如果没有什么大问题，我就给你打电话。”

“你来的时候别忘了把你的距离也一块儿带上。”李建说。

粟小怜拉着距离在另一张桌子坐下了。李建挥了挥手，“服务员，买单。”

“咱们炸单吧。”然然说。

二十七

回家的路上，然然在车里笑个不停。

“见个帅哥就把你乐成这样，”李建说，“至于吗？”

“至于。”然然把头靠在李建肩上，“我看你对那个粟小怜也很挺有兴趣的。我想起来了，霍燕说的情敌，就是她吧？”

“没错，我想把她娶过来当二房。”

“当三房吧，你在阳台上已经有一个二房了。”

“你就不怕引狼入室？”

“不怕。是我的谁也抢不走，不是我的没人抢也会走。再说，引狼入室的不是我，是你请他们来的。”

“我是怕你在家里憋出病来，想给你找点儿乐子。”李建说。

“他那名字确实挺好玩儿的，距离，野狼乐队。什么时候咱们去听听他们唱歌吧。”

“饶了我吧。”李建说，“你看过《智取威虎山》吗？样板戏。”

“没有，怎么了？”

“那里边有一个土匪就叫‘野狼嚎’。让杨子荣给枪毙了。”

“杨子荣是谁？”然然问，“再说‘野狼’是他们乐队的名字，他叫‘距离’。”

“跟野狼当然得保持距离。”

回到家，然然把“公主服”脱了，换上睡衣。

“高兴吗？”李建问。

“高兴。”

“趁着你高兴，我跟你说一件不高兴的事。”

李建把下午朝阳公安分局来电话的事说了。

然然的兴头一下子就没了。

“什么叫‘批捕’？”然然问。

“就是批准逮捕。”

“那是不是就要判刑啊？”

“一般来说是这样。”

然然呆坐在床边，默默无语。

“我认识市局的一个副局长——当年我给他爱人做过手术。朝阳分局来电话之后，我就给他打了个电话。他说上星期卫生部和公安部联合下发了一个文件，要求严厉打击伤害医护人员的行为。打伤你的那个人正好赶在点儿上，所以这一回他恐怕是在劫难逃了。”

然然闭上眼睛，喃喃地说：“本来好好的一家人，现在儿子死了，爸爸判刑，剩下那母女俩，怎么过呀？”然然说着泪水又涌上了眼眶。

李建点起一支烟，深深地吸了两口，他不知道怎么去安慰然然，更不知道如何去帮助那一对苦命的母女。

然然站起身来，用睡衣的袖口把眼泪擦干。“你看这样行吗？”她问李建，“明天警察问我，我就说他用血压计砸我的时候，我正要站起来，所以头才会被砸破了——我这么说行吗？”

李建默默无语。

“你倒是说话呀。”然然推推李建。

“当时现场还有没有其他人？”

“没有，就我们两个。”

“那你就这么说吧，也许能起点儿作用。”

然然搂住了李建，“我害怕。”

就在李建不知道该说什么的时候，然然的手机响了。

然然按了免提。

“然然，你还好吗？”霍燕问。

“我挺好的，你现在在香港吧？”

“没错，我现在就在酒店里，窗户外面就是海。你是不是又哭了？”

“没有。”

“别瞒我，你哭没哭我听得出来。出什么事了？”

“什么事也没有。真的。”

“没事就好。你听我说，别再耗着了，跟李建结婚吧。他这个人还不错，能打个七八十分。”

“那陈国义能打多少分呀？”然然总算是破涕为笑。

“陈国义也就是刚及格。”

“你昨天晚上还说他不错呢。”

“他是不错，所以我说他及格。现在的男人，及格的可是越来越少了，陈国义算一个，李建也算一个。再怎么说咱们俩也是‘邪门双姝’，真要弄个不及格的男人砸在手里，多没面子呀！”

“你让我再想想。”

“别想了，姑娘。你就不怕你想那功夫，别人就把他接收了？到时候，你哭都没地方哭去！——李建，我知道你听着呢，我说你七八十分，你也别太得意。一百分的男人不是没有，什么时候我高兴了，就给然然发一个过去。知道什么叫‘亡羊补牢’吗？到那时候可就晚了！”霍燕说完就把电话挂了。

然然合上手机，呆呆地站在那儿。

"女王下圣旨了，然然，"李建笑着说，"你是接啊还是不接？"

"接，"然然说，"咱们奉旨成婚。"

"真的？"李建喜出望外，"什么时候？"

然然想了想，"下星期一吧，那天正好是我二十七岁生日。"然然掰着手指算了算，"还有五天。我想这五天里，咱们假装从来没睡过，保持距离，不上课，不做爱，你忍得住吗？"

"你忍得住我就忍得住。"李建说，"这五天我可以睡沙发。"

"那不行，我一个人睡害怕。"

大概是因为吃晚饭的时候喝了酒，十点不到，然然就困了。李建给她擦了身，她很快就睡着了。

李建来到书房，打开电脑。

徐小杰早就把贺芸给胡一萍的信发过来了。胡一萍给徐小杰也写了几句话：

小杰：

这封信是贺芸半个月前写给我的。我想她之所以没有用电脑，而是手写并且用平信寄给我，估计是她在写信的时候还没有确定她生命最后的时间表。她不想让任何人有阻止她的机会。她自杀的时候，这封信还在路上。现在我把影印件发给你，你也可以转发给李建，我不知道他的邮箱地址。

另外，我想找个时间大家聚聚。

一萍

贺芸的信是手写的。李建已经有很多年没有看到这清秀的字体了。

一萍：

上星期，我妈妈在养老院里去世了，无疾而终。

现在我无牵无挂，我所有的亲人都已经在那一边，我也想去了。

下个月八号，大毛离开我就整整十年了。

现在我唯一留恋的就是我的朋友们，这是我一生中除去亲人之外最大的一笔财富：你，兰兰，何丽，刘齐，李建，小杰……

听小杰说，李建离婚了，现在跟一个比他年轻很多的姑娘住在一起。我一直觉得李建和黄圆的婚姻从一开始就是个错误。去年我在旧金山见到他，他还是那么讨人喜欢。我就是担心他受小杰的影响太深。

小杰很聪明，可他不懂事，从来不知道女人到底要什么，所以每一次都是买椟还珠。

何丽已经是外婆了，你呢？

就说到这儿吧，我有点儿累了。

希望你和林伟生活得愉快。

我爱你。

贺芸

二十八

虽然李建缝合过的伤口数不胜数，但是然然换药的时候，他还是等在走廊里。

然然和路斌一起走出换药室。然然头上新换了绷带，雪白雪白的。

李建还没来得及开口，路斌就说："伤口恢复得不错，如果不出意外，下星期二就可以拆线了。不过还是要注意休息——现在警察就在院长办公室里等着呢，你们快去吧。"

院长办公室分里外两间。里面一间是办公室，外面一间是会客室。两个警察就等在会客室里。

这两个警察一男一女，但不是案发当天来的那两个。

刘克把然然和李建介绍给两位警察。

“昨天下午给我打电话的是你吗？”李建问。

那个漂亮而且声音好听的年轻女警察跟李建握握手，“是我，我叫谢群。”

“你们谈，你们谈。”刘克和李建一起走出办公室。

两人来到走廊尽头的一个阳台上，一人点了一支烟。

“你小子嘴也忒快了，”李建说，“昨天我碰到许柱国，什么‘旧太太’‘新太太’的，全是你跟他说的吧？”

刘克笑着举起双手，“得，我低头认罪，你大人不计小人过，放兄弟一马。你的‘旧太太’‘新太太’，我都得罪不起。”

李建也笑了。不知怎么的，他越来越喜欢这个他过去一向看不起的刘克了。

李建把烟掐了，“你忙你的吧，我去看看明天要做手术的那个病人。”

“中午我请你和然然吃饭。”

“谢了，你的食堂比外面饭馆强多了。”

“你抬举我。”刘克说，“我也有点儿事，跟你一块儿下去。”

在楼梯口，迎面上来一个小护士。

“刘院长好。”

刘克亲热地拍拍那小护士的屁股，“小张儿，减肥也得悠着点儿。”

中午，李建和然然一起在医院食堂吃饭。

“你跟警察谈得怎么样？”李建问。

“他们让我把那天出事的经过再说一遍，我就说了。他们说我这次说的和出事那天说的有些地方不一样，我说那天我被打懵了，今天说的比较准确。他们没再多问，就让我在笔录上签字按手印儿。你看，现在这个手指头还是红的——我也给你按一个。”然然说着用一根手指在李建脸上按了一下。

“别闹了，”李建小声说，“人家都在看你呢。”

“你明天的手术几点开始？”然然问。

“九点。估计至少也得要五六个小时。刘克说明天上午让内科的路小芬去家里陪你——”

“我不用人陪。”

“那你明天中午吃饭怎么办？”

“我自己泡方便面，也可以叫外卖。”然然说，“对了，我想约粟小怜明天下午来咱们家，你有意见吗？”

“没意见。你别忘了让她把距离也带来。”

“那我现在就给她打电话。”

第二天下午，李建回到家，然然和粟小怜在客厅里说得正欢。

李建四下里看看，“距离怎么没来？”

“晚上有个演唱会，他下午要排练，”粟小怜说，“说实话，我也不想带他来，他这人挺没劲的。”

“没劲你还跟他谈恋爱？”然然问。

“谈什么恋爱，搭帮过日子呗。”

“他长得多帅呀！”

“帅能当饭吃吗？我看你们楼下那个保安也挺帅。”

“你真要是不喜欢帅哥，就把他送给我吧。”然然说，“我喜欢。”

“白送可不行，要不然咱们交换吧。”

“不换！”然然说得斩钉截铁。

“我就知道你舍不得。”粟小怜说，“我一个闺密跟我说，现在男人就像人参，越老越值钱，女人就是黄瓜，得顶花带刺儿才卖得出去。”

“老人参，”然然问李建。“今天的手术成功吗？”

“老人参的手术什么时候失败过？”

粟小怜问：“李大夫，我在网上查了你的资料，说你是国内知名的骨科专家。”

“不敢当。”李建嘴上这么说，心里还是很受用的。

“李大夫，”粟小怜说，“有件事想请教你，我最近肩膀老疼——”

“你得四点钟就起床去排队，挂一个特需专家号，三百块。”然然说。

“那大概是颈椎的问题，”李建点起一支烟，“坐办公室的人一般都会出现这种症状。你最好还是先拍个片子。”

“来我们医院吧。”然然说。

“对了，我还有个问题没弄明白，”粟小怜说，“网上说你是祥和医院的院长，可你给我的名片上印的是第五人民医院骨科的主任医师——”

“他犯错误了，”然然笑着说，“生活作风有问题。”

“肖然然！”李建瞪了然然一眼。

“我知道了，嚼子。”然然用手捂住嘴。

粟小怜看看李建，又看看然然，有点儿莫名其妙。

“你是哪个学校毕业的？”李建岔开了话题。

“电影学院。”

“表演系？”李建问。

“编剧系。考过表演系，一试就被刷下来了。”

“你写过剧本吗？”然然好奇地问。

“写过几个，没人要。”

李建倒是很欣赏粟小怜的坦率。这时他才留心到姑娘的相貌衣着。

粟小怜算不上大美女，但看上去还是挺顺眼的，五官端正，挑不出什么毛病，尤其是她笑起来很好看，很有亲和力。她身上穿着一件浅灰色的连衣纱裙，李建看不出和霍燕的那一件有什么区别。那天的披肩长发今天编成了一条辫子，垂在她丰满的胸前。

“粟小怜，”李建问，“医生的生活，然然给你讲了多少？”

“我们还没说到这上头呢。”粟小怜笑着说，“光顾着说衣服了。”

“然然买衣服就一个标准，不求最好，只求最贵。”李建说。

“我可是每个周末都要去逛动批，就是动物园服装批发市场。”粟小怜说，“那儿的东西特别便宜，我这件衣服，才二百块钱。”

“真的呀？”然然叫起来，“我一个朋友也有这么一件，八百欧元呢！”她对李建说：“我也想要一件。”

“我帮你买吧。”粟小怜说，“你多高？”

“一米六八。”

“三围？”

“没量过。”其实然然量过，而且不止一次。

“腰围总量过吧。”

“一尺八。”然然对自己的腰围还是很有信心的。

“那好，我明后天就会去动批。到时候我帮你看看。”粟小怜站起身来，“我走了，晚上还得给我们距离去捧捧场。”

“你对医生的生活还没有了解呢。”李建说。

“我还会来的。”粟小怜说，“只要你们不讨厌我。”

“不讨厌，”然然说，“放长线钓大鱼。”

二十九

“你这个三房比你的二房强多了。”然然说，“你觉得她长得好看吗？”只要一说到同性，然然首先关心的就是好看不好看。

“比霍燕差远了。”

“没人能跟霍燕比。”在然然心目中，天底下最好看的女人只有两个，一个是赫本，另一个就是霍燕。

“先别扯这些了，”李建说，“晚饭你想吃点儿什么？”

“中午在食堂吃多了，现在什么也不想吃。”

“多少吃一点儿。”

“那就喝点儿粥吧。”

饭桌上，然然问李建：“明天下午咱们是要去见胡一萍吗？”

“是啊，昨天不就说好了吗？你跟我一块儿去。”

“胡一萍好看吗？”

“我给你看过的那张照片上就有她。”

“你怎么从来没跟我说过？”

“没说过吗？”李建说，“一会儿吃完饭我就指给你看。”

“现在就看。”然然从来都是急性子。

李建只好放下饭碗，拉着然然进了书房。

“这个戴眼镜的就是胡一萍。”李建发放大了胡一萍的脸部，“怎么样，好看吗？”

“比贺芸差多了。”

听到贺芸的名字，李建只觉得心里一阵发紧。他想，明天要和然然一块儿去见胡一萍，难免会提到贺芸，还不如现在就把贺芸的事跟然然说了。

“霍燕来的那天晚上，徐小杰告诉我，贺芸自杀了。”

然然一下子就愣住了。可是她居然没哭。只是呆呆地站了好一会儿，才问，“为什么？为什么她要自杀？”

李建也曾问过同样的问题，但是始终没有一个令人信服的答案。

李建调出贺芸的信，站起身来，让然然在电脑前坐下。

然然看了半天，还是没有眼泪，还是一脸的茫然。

“什么叫‘买椟还珠’？”然然问。

“‘买椟还珠’是一个成语——”

“我知道是成语，我也知道是什么意思。可贺芸为什么说徐大哥‘每一次都是买椟还珠’？”

“我记得我跟你说过，去年在美国的时候，我见过贺芸一面。我请她吃饭，饭桌上，她对我说到徐小杰，她说徐小杰从来就不知道女人在身体需求和情感需求之外，还有精神需求。当时她就说过‘买椟还珠’这个词。”

李建说的然然似乎还是有点儿不太明白，“‘身体需求’我懂，就是你得跟我睡觉，‘情感需求’就是你得爱我。”然然说，“什么是‘精神需求'？看书？看电影？”

“这是一部分。”

“一部分？那别的还有什么？逛街算吗？”

李建想了想，“应该算吧。”

“那你为什么老不陪我逛街？不满足我的精神需求？”

然然的手机响了。

听到然然说起上海话来，李建就知道这电话一定是然然爸爸打来的。

父女俩在电话里说了足足有一个小时，李建一句也听不懂，只是觉得然然说上海话，声音非常好听。（听多了，李建总算能听懂几个字，知道“阿拉”是“我”，“侬”是“你”，“伊”是“他”或“她”）。

通话终于结束了。然然合上手机，一屁股坐在沙发上。

“你爸爸找你有什么事吗？过去你们从来没说这么久。”

“别提了，我哥哥整个就是一个混蛋！”

然然告诉李建，她爸爸想再婚，女方是他们家的老邻居，然然从小叫她“卢阿姨”。可是然然的哥哥坚决反对爸爸再婚，三天两头跟爸爸闹，非说卢阿姨是看上了爸爸的房子和他手里的那些字画，爸爸被他闹得没办法，才打电话向然然诉苦。

“你爸爸再婚为什么一定要你哥哥同意？”李建问。

“因为我爸爸的户口本在他手里。当初他结婚，我爸爸给他买了房。他拿着户口本去转户口，之后就一直没还回来。现在他跟我爸爸说：我早就防着你这一手了。”

“你哥哥确实有点儿过分。”李建说。

“太过分了！你知道他还跟我爸爸说什么？他说结婚也行，但是结婚前要我爸爸把那些字画全卖了，把卖来的钱分成两份，一份给他，一份给我。”

“他总算还想着你。”

“想着我？他是拿我当幌子！他心里只有他的老婆孩子，还有他那个破公司。他结婚的时候，我爸爸给他买房，他还没够，隔三差五就跟我爸爸借钱，说是借，从来就没还过。说实话，他原来还没那么坏，都是余菲——就是他老婆——闹的。余菲说起来还是书香门第，可小算盘打起来精得不得了，恨不能天下人都让她算计了去！”

“这是你们的家务事——”

“我们的家务事？”然然气呼呼地站起来，伸手点点李建的鼻子，“这也是你的家务事！别忘了，再过几天，你就是我们肖家的女婿了！”

李建笑了，然然也笑了。

“那你打算怎么办？”李建问。

“怎么办？我现在就给那个混蛋打电话！”然然说着又来气了，“臭骂他一顿！”

“你再怎么骂他，也解决不了问题。”

“那你说我该怎么办？”

“你看这样好不好？”李建说，“就按你哥哥说的，把字画全卖了。不过钱要分成三份，你和你哥哥一人一份，另一份留给你爸爸。这个方案我想你爸爸和你哥哥大概都能接受。”

“李建，你还没进我们肖家的门，就算计起老丈人的钱来了。”

“我是那样的人吗？”

“你是，你就是。”然然说着也笑了，“那我现在就给我哥哥打电话吧。”

“记住了，好好跟他说，千万别发火。”

然然在电话里细声细气地把李建提出的方案跟她哥哥说了一遍，她哥哥同意了。

然然又给爸爸打电话，听说哥哥同意这个方案，爸爸也很高兴。

事情总算是有解决的希望了，然然松了口气，躺倒在沙发上。

“我听你在电话里一会儿‘踢踢’？一会儿‘阿姑’，到底是什么意思？”

然然笑了“我哥哥叫肖天天，这是我妈妈给他起的名字，后来他说这个名字女气，就去了一个字，改叫肖天了。‘阿姑’就是‘阿哥’，‘阿哥阿妹情谊长’。”

“那你们两个人情谊长吗？”李建问。

“小时候还行。他比我大四岁，我被男生欺负了，他就帮我去打架。我上高中的时候，他去了日本。一去就是五年。我在北京读大三那年，他回到上海，开始做生意，后来又娶了余菲。我们俩一个在上海，一个在北京，见面的时候不多，我爸爸说他变化很大，我开始也没什么感觉。一直到去年春天，我们在电话里大吵了一架。当时气得我浑身发抖，把手机都摔了。”

“他说什么了？把你气成这样。”

“那天晚上，他给我打电话，要我星期天到长富宫去见一家日本公司的老板，那家公司正准备在中国开展业务。我哥哥说他想当那家公司在华东地区的代理。我说你要当代理，为什么让我去，我又不会日语。他说不会日语没关系，那个日本人会英语。我问他你自己为什么不来，他说他忙。我说这么大的事，你再忙也应该自己来呀。他说见那个日本人，他去不如我去，我去有效果。我问他什么效果，你猜他说什么？他说你是女的呀。我说余菲也是女的，干嘛不让她去。他说余菲没你漂亮。我说你干脆把我送日本去当慰安妇算了！当时气得我就把手机摔了。”

尽管然然“你我他”说得乱七八糟，李建基本上还是听明白了。

李建叹了口气，“如今这年头，真是什么样儿的人都有。”

三十

因为下午要去参加聚会，然然一上午都在琢磨该穿什么衣服。

然然也发现“公主服”有点儿过时了，太性感的又不敢穿着出门，和李建商量来商量去，最后总算选定了一件灰色的棉布连衣裙，上面还有几条粉色和白色的道道。

“好看吗？”然然问。

“不错。”李建说，“就是裙子稍微短了一点儿。”

“你不是说‘肥肥眼’吗？”然然说，“今天除了你和徐大哥，还有别的男人吗？”

“胡一萍有个男朋友，叫林伟，我没见过。”

下午，徐小杰到得很准时，他按了铃，“我就不上去了，你们下来吧。”

李建和然然下了楼，看见徐小杰正站在一棵树底下抽烟。

“怎么样？徐大哥，我这件衣服好看吗？”

“淑女，绝对是淑女。”

“我以前不淑女吗？”

“以前你是美女，今天是美女加淑女。”

“你看人家徐大哥多会说话，”然然对李建说，“学着点儿。”

“拍马屁谁不会。”

车子开出小区，然然和徐小杰都坐在后座上。虽然是星期六的下午，路上还是很堵。

“北京怎么周末还这么多车？”徐小杰问。

“周末不限号。”李建说。

“然然，”徐小杰问，“你会开车吗？”

“不会。”

“为什么不学？”

“我觉得没必要。北京现在出门坐公交很方便，尤其是地铁。两块钱，想去的地方基本上都能到。实在不行还有出租车。再说，李建不是有车吗？”

“李建这车实在是破了点儿。”徐小杰说，“然然，你去学车吧。等你学好了，我送你一辆宝马。”

“徐小杰，你可别打然然的主意，要不然别怪我翻脸不认人。”李建说，“你现在成天挤地铁。干嘛不先送自己一辆宝马？——是不是你们家的事有眉目了？”

“没错。现在基本上已经达成了协议，我们五个孩子一人拿八百万。其余的全归那个老太婆。”

“八百万？”李建问，“原来不是说一千万吗？”

“老太婆只肯给八百万，想要一千万就得打官司。这官司一打起来时间可就没准儿了。三年五年都是它。到时候就算是赢了，拿一千万，可那时候我都快七十了，一千万上哪儿花去呀？我又没孩子。所以那天晚上我们几个开会，最后决定接受老太婆的方案。八百万就八百万，剩下的让那老太婆买坟地去吧。”

“老太婆？”然然问，“李建说她跟你年纪差不多。”

“比我大一岁，不是老太婆是什么？”徐小杰兴致不错，“等我拿到钱，不说别的，先请你们好好吃一顿。然然，你想吃什么？”

“王品台塑！”李建和然然异口同声。

“你可真漂亮！”胡一萍拉着然然的手，久久不放，“你头上这是怎么了？”

“没什么，就是破了个小口子。”然然见了陌生人，还是有些拘谨。

李建已经有四年没见到胡一萍了。她没怎么变，乌黑的头发（估计是染的）烫得很漂亮，身材也保持得很好，一点儿不像一个六十岁的女人。

“这是林伟，现在我们一起工作。”

林伟个子不高，戴着一副金丝眼镜，文质彬彬，身体略有些发胖。

“你知道吗？李建，一会儿何丽也来，我昨天才跟她联系上。”

“何丽？”徐小杰说，“我至少有二十年没见她了。”

“我也差不多，”李建说，“我记得最后见她还是在一次朋友聚会的时候，那一次，好像刘齐也在。何丽不是一直在美国吗？这次回来探亲？”

“她早就没亲可探了。”胡一萍说，“她去年就回来了，正在中国推广心理咨询。”

“她干这个应该挺合适的。”李建说。

“没错。”徐小杰点点头，“何丽一向就是个‘六国贩骆驼的’。”

大家都笑了。

“然然，听小杰说，你是儿科的。”胡一萍显然是怕冷落了然然，她拉着然然坐到一张长沙发上。“我和林伟现在正在做一个课题——给一些特殊群体作心理辅导，其中就包括伤残儿童。你们医院有这方面的需要吗？”

“我们医院确实需要，我也跟院长提过，可院长说我们医院目前还没有这笔经费。”

“我们的服务是免费的。”

“那太好了！明天我就给我们院长打电话。”

正说着，何丽来了。

本来就不瘦的何丽又胖了很多。

“一萍，你先别说，让我认认。”何丽的嗓门倒是跟过去一样，高分贝。

“李建，我一眼就认出来了，你可真没怎么变——小杰，你变化也不大，就是胖了一圈儿，跟我一样。——刘齐，你也比原来胖了——”何丽握住林伟的手。

胡一萍在一旁笑了起来，“你什么眼神儿啊？他叫林伟，是我现在的男朋友。”

何丽上下打量了一下然然，“这是莎莎吧？你可是瘦了，什么时候回来的？听你妈说你离婚了？”

胡一萍笑倒在沙发上，“我说何丽，你别再认了，再认你得认出江青来。”

“这是肖然然，”徐小杰郑重其事地把然然介绍给何丽，“李建的女朋友。”

“然然你别生气，”胡一萍忍住笑站起身来，“莎莎是我女儿，她在美国。你确实有点儿像她——不过你比她漂亮多了。”

“李建，你行啊。”何丽说，“老牛吃嫩草。”

“何丽！”徐小杰好像是真生气了，“你不说话死不了！”

晚饭是胡一萍订的，在附近的一家烤鸭店。

席间的气氛多少有点儿不那么自然。林伟话不多，然然因为初次见到李建的这些老朋友，也不大开口。李建和徐小杰各有心事。幸亏有何丽，她滔滔不绝，古今中外，说个没完没了。胡一萍到底是个细心人，一直在跟然然说些悄悄话，还不时地摸摸然然头上的绷带。

“刘齐怎么没来？”何丽问。

“他来不了了，”徐小杰说，“他去年就走了。”

“走哪儿去了？美国？”

“他死了，胰腺癌。”李建说。

回到家，然然一头躺倒在沙发上，“累死我了！”

“有吃有喝的，怎么就累死了？”

“你们说的话多一半儿我都听不明白，真没意思。还不如在家看电视呢。”

“吃饭的时候，胡一萍一直在跟你嘀嘀咕咕，都说什么了？”

“说你好呗。我看你跟她关系不一般，”然然坐了起来，注视着李建，“你跟她睡过吧？”

李建迟疑了一下，还是说了实话，“睡过。”

“给我讲讲。”然然说。

胡一萍和贺芸是同班同学，就是她没心没肺地把贺芸带到徐小杰家。徐小杰很快就甩开胡一萍，加入了贺芸追求者的队伍里。最后凭着靠不住的“满腹经纶”，和更加靠不住的甜言蜜语，居然把贺芸勾引到手。

胡一萍在和徐小杰分手后不久，就跟三零一医院的一个药剂师结了婚。文革结束后，胡一萍考上了北京医学院，当时她已经有了一个一岁的女儿。大学还没毕业，她丈夫就因为和医院里的一个小护士搞上了，要跟胡一萍离婚。胡一萍同意了，她唯一的条件就是女儿莎莎要归她。

那一年，她过得很辛苦，一边要带女儿，一边还要准备毕业论文。当时李建已经认识了黄圆，只要李建和异性接触，黄圆都要干涉。然而李建还是背着黄圆帮了胡一萍不少忙。为她的毕业论文查找资料，给莎莎联系当时北京最好的北海幼儿园。就在李建和黄圆结婚后不久，一个星期天的晚上，李建陪着胡一萍把莎莎送到幼儿园，之后就进了附近的一家小吃店。几杯酒下肚，李建对胡一萍诉说了婚后的烦恼。当时胡一萍正在吃一碗汤圆，她头都没抬，只是轻声说了一句:“你要是愿意，就跟我睡吧。”

李建跟胡一萍的这种关系整整保持了九年，一直到她带着莎莎一起出国才结束。在这期间，他们的关系是很松散的。一般来说，只要李建打电话给胡一萍，胡一萍总是会给他留门。但是她自己却从不主动邀请李建。

胡一萍的父亲早在文革中就去世了，她母亲则一直活到零六年。所以母亲在世的时候，胡一萍每年都会回国探亲，都会和李建见面，但是两人再也没有上过床。

然然默默地听完了李建的讲述。

“你跟她上床是什么感觉？”然然问。

跟胡一萍上床，李建的感觉一直不怎么好。和李建做爱的时候，胡一萍基本上没有反应，总是默默地躺在那里，有点儿心不在焉，听任建摆布她赤裸的身体，仿佛是在尽一种义务，一种她不那么喜欢的义务。有一次事情做到一半，她居然从床头柜上拿起一本书来看。

胡一萍唯一喜欢的事情就是做爱之前让李建打她屁股，这种习惯大概是来自她的前男友徐小杰。而李建本来没有这种爱好，但是时间一长，竟也迷上了这种前戏。在胡一萍出国后。李建陆续和不少女性有染，每一次他都要试一试她们对打屁股的反应，结果他惊讶地发现至少一半以上的女性在不同程度上喜欢他这么做。当然也有不少人是没有反应，不愿意，甚至坚决拒绝的。不过李建知道，这个比例肯定不适用于广大的良家妇女。跟他上床的女性几乎无一例外地知道自己是在跟一个有妇之夫偷情，或许正因为如此，她们之中的多数人才会对这种刺激中的刺激情有独钟。

所有这一切，李建当然不敢对然然吐露半个字，所以他只能敷衍了事。“还行吧，她是个挺随和的人。”紧接着又加了一句，“当然，谁也不能跟你比。”

“肉麻。”然然撇撇嘴，但还是忍不住得意地笑了。

三十一

星期一下午，走出婚姻登记处，只见一对青年男女正在大门外的台阶上拥抱亲吻。

“我们也抱一下？”然然说。

“免了吧。”

“你不好意思？”然然指指那对青年男女，“你看人家。”

李建笑了，“你再好好看看，他们手里拿的是什么？”

那两个正在亲吻的男女手里拿的不是红色的结婚证，而是棕色的离婚证。

然然吐吐舌头，拉着李建上了车。

“我们这样是不是太快了？”然然问，“我是说结婚。”

“这你应该去问霍燕”

“那什么时候去拍婚纱照？”

“等你头上的绷带没了再说吧”

“婚礼呢？”

“听你的。”

“现在去哪儿？”

“听你的。”

“听我的听我的，你就没点儿主意呀？你现在已经是我丈夫了。”

“我当然有主意，一二三四五，全想好了。”

“一是什么？”

“王品台塑。”

“你真好！”然然在李建脸上亲了一下。

进了餐厅，还不到五点，里面空无一人。

“我订了一个房间。”李建对服务员说。

“李先生吧，这边请。”

李建和然然进了一个只有两张椅子的包间。窗户上拉着厚厚的窗帘，房间里只亮着几盏壁灯，光线幽暗。

一个年轻的女服务员把两个精美的纸盒放在桌上。李建打开纸盒，一方一圆两个蛋糕出现在然然眼前。

李建说：“圆的是生日蛋糕，方的是结婚蛋糕，你想先吃哪一个？”

“都吃。”然然拿起刀叉，小心翼翼地把两个蛋糕都切成小块。平日里喝粥都会喝一脸的然然，这一次居然完全按照法国人的标准进餐方式，把一小块蛋糕叉不沾唇地送进嘴里。

回到家，李建关上所有的门窗，打开空调。

然然意犹未尽，又开了一瓶红酒。

两人碰碰杯。

“这会儿该说点儿什么吧。”然然说。

“白头偕老。”

“俗。”

“百年好合。”

“更俗。”

“有你，我就什么都有了。”

“这句还行。就是听着有点儿耳熟。”

“没错，这是徐志摩说的。”

“徐志摩还说过什么？”

“‘我将在茫茫人海中寻访我唯一之灵魂伴侣，得之，我幸，不得，我命。’”

“行了，甜言蜜语到此为止，下一个节目是什么？”

“你说呢？”

然然看看李建，伸出双臂，紧紧地搂住李建的脖子，两个人湿热的舌尖触碰在一起……

“接下来该干什么了？”李建问。

然然笑了，“明知故问。”

然然走进卧室，打开了所有的灯。

朋友的回忆

忆老李

（存在主义者李之林）

霜子

冰河将从背后冲来我不躲闪
深信只要原地不动就能变成岩石
（之后死亡会舍弃我继续他无底的里程）

——根子

和老李在莫斯科餐厅

一

五十年一路走来的朋友们都叫他之林，只有我叫他老李。他也如同那帮早年朋友一样，叫我双芹，而不是双子。我们从七十年代初相识以来，每个周日聚会，几乎从未间断过，即使在疫情最严重的时期。大家都闭门不出三个月后，他和妻子小刘是第一个来看我们的朋友，那时门卫甚至要我出示门卡，却出乎意料放他们进来了。

持续了五十年的聚会，老李是其中最核心的人物，只要有他，就足够了。这是在他 2023 年春天检查出结肠癌并立即做了手术时才体会到的。他的缺席使得我们很久没有心情再聚。他回病房那天我去看他，告诉他他对于我们有多么重要，他笑了一下：你帮了李小舟（正在床边劝他锻炼的儿子）。也许正是为了这个，他同意再努力活下去。

因为长久以来，死亡一直是他魂牵梦绕甚至向往之地，他的所作所为，心理学家兼社会学家小吉曾说，是在奔往趋向死亡的负面目标，他经常讲起加缪的一句话：真正严肃的哲学问题只有一个——自杀。而他自己始终强调，人不应当回避这个人生最重要的哲学问题。人也不应当回避痛苦，他认为痛苦自有其价值，直面痛苦才使得我们的人生有意义。回想我们几乎讨论了一辈子的这些话题，我想他是对我影响最深的人。

疫情期间朋友们都回不来，这几年里我们几乎是相依为命活过来的。每周日聚餐大家都离去后，我和他还要坐在一起聊一个小时，我会把我一周里看的所有书籍和电影，遇到的人与事以及由此而生的种种感悟讲给他，他几乎永远可以就我所关心的问题给出我所期待的回答，这让我觉得这一周的生活也是有意义的。由于上了年纪后，我们的视力都大大减弱无法再读纸质书，每当我发现什么有意思的电子版书，我也会想办法转换成他能在电视上放大阅读的文件格式，于是我们就可以共同讨论那些书。我们一起看了《二手时间》、《项塔兰》、纳博科夫的《文学讲稿》、毛姆的读书随笔等，我还为他下载了那些我们读了一辈子的世界名著，包括各种译本的《安娜·卡列尼娜》，还有他最喜欢的《契诃夫全集》，共 4000 多页，我说这够你看到生命终结了。很长一段时间，寻找这样的书和转换格式都是我热衷于做的事。

朋友们都公认他有非常好的文笔，“素描大师般”简洁而准确，用小吉的话说，就是可以把一件很复杂的事情说得很清楚。但他很少动笔写，除非真正有感而发。他写的最好的文章，除了回忆吴小彦，可能是他一直特别关注的顾城，小吉说有关死亡和非理性的问题是他的专利，以至于我一看到有关顾城的文章立刻转发给他。在法国的朋友小妹说那一组关于顾城事件彼此关联的文章具有律师辩文般严谨的逻辑。最后几年里，每当他想写时，会在手机上把一段段的文字发给我，然后由我转到电脑上最终汇集成文，他晚期的一些文章都是这样写成的。我开玩笑说我成了他的秘书。我以为这样的日子会一直过下去。

后来他经常肠胃不适，偶尔不能来，实际上他的身体越来越弱，只是我们觉得是他的正常状态，因为他从不停酒，也从不锻炼，老友彭刚说他是“强精神，弱身体”。本来还可以走到较远的一家餐馆，后来就只能去最近那家了。最后一次聚餐，他已经走不动了，是小刘用轮椅推着他去的。即使这样，我也没有想到，那是他最后和我们在一起的时光了。他是一个爱过很多的人，而且爱的深沉，充满激情。他热爱美食（即使只剩下四颗牙），热爱美女（尤其是中国美女），他对乌克兰跳高美女马胡奇克的热爱感染了身边的每一个人。作为真正怜香惜玉之人，他能深刻理解女性的痛苦，我开玩笑地说他是男性中少有的能和女性交流的“妇女之友”。他对人之大欲的热爱，如同他热爱那些形而上的事物，它们不仅是属于美学范畴的，也是属于真正生活的。我曾和他讨论什么叫生活，自己吃饭是生活，而和朋友吃饭也许就是文化。不管是生活还是文化，他是我认识的人里，最热爱朋友的。我相信，和朋友们一起吃饭，以及家人的陪伴，是最后唯一还让他有动力活下去的原因。

老李和美女们，小吉的画

由于住院期间感染了新冠，后来病情发展得很快。他从 ICU 出来后，曾给我写过一段住院经历，但没能写完，那是他留下的最后文字：

朋友的回忆

从6月6号到7月3号，我在新冠ICU病房里一共住了22天。

当我进入病房时高烧已达40度，所以后面的讲述和杂忆肯定是不准确的，混乱的，失实的，甚至是荒诞的。

当我完全清醒过来的时候，发现自己身处一个三十多平米的大房里，躺在一张床上，手腕和脚踝都被柔软的旧布条和床的四端捆绑在一起，捆得并不紧，但是却绝无挣脱的可能。

在这里工作人员两类，护士和护工。护士基本都是年轻姑娘们，护工则是临时从社会上招募来，多为四十来岁的女工。护士们的服装为天蓝色，护工则为絳紫色。

当一个七十三岁的老人被一个鸟鸣般的声音唤醒："爷爷，打针。" 眼前出现的是一张天使般的面孔，老人会以为自己真的误入了天堂。

每天四肢被捆绑式床上的我，很快就厌倦了眼前的莺歌燕舞，甚至每次大便都要由小护士来清理更让我觉得恶心。

我开始闹事。然而可闹的事实在少得可怜，我甚至没能毁坏任何一个完整的小物件。

不过，我还是几乎完成了一件近乎"舍身取义"的壮举。我花了不少时间，暗中用脚趾解开了两个关键的结，使我的双脚处于一定程度的自由状态。这天下午，我趁人不注意，两脚悄悄的挪到床沿上，尽全力站起身来，纵身一跃——我此生大概从未有过如此矫健的身姿——就在我的身体和一堆金属仪器即将相撞的瞬间，几个护士奋不顾身地把我扑倒在地。据她们说，我的额头距离一个金属架子只有两公分。

我从此一举成名，几乎人人都知ICU出了个"自杀未遂"的病人。

一个护士事后问我：你这到底是为什么？

为了自由！我大言不惭。

自由有那么重要吗.？没有自由，我不能呼吸。

护工的地位低于护士。护士们可以对护工颐气指使，而护工们则只能忍气吞声。而当一位名为浅浅的护工出现在工作岗位时，我不禁眼前一亮。她身材适中，面目姣好，她自己不说，谁也猜不到，她已经五十开外，还有一个六岁的外孙女。

浅浅对我这个唯一的病人似乎格外地关心。每天一进病房，总会先来到我的床头，说几句暖心的话，然后才去工作。或许是浅浅为人亲善，护士们对她也较为亲切。

ICU 病房有许多戒律，其中之一就是严禁任何人把手机带进病房。在网络时代，硬是把病房变成了北韩。

也有不守规矩的，浅浅就私藏了一部手机在身上。所以时不时可以看到她对自己的肩膀窃窃私语。“你就不怕被领导发现开除你？”我问。“那就再找个工作呗。”

我说：“工作哪儿那么好找？你又没有文凭。”浅浅说：“我没有文凭，可我有亲和力。”

“这话谁说的？”我问。浅浅指指我，“就是在你之前睡这张病床的人，一个大学生。”

我问：“男的女的？”

“男的。”

“他出院了？”

“他死了。”

二

尽管早知道他的情况不乐观，但仅仅几个月后就离开我们还是很突然的。新冠病毒彻底摧毁了他的整个身体系统。告别仪式上，挂满朋友们写的挽联，其中最醒目的是他早年写给自己的，让小吉为他用毛笔字写了出来：蹒跚足下疑无路，怅惘心中似有情。

“疑无路”是他自己的心路历程，而“似有情”却是我们可以感知到的。想起这一生我们在一起度过的日子，竟然比我唯一的婚姻和寥寥在一起的时间要长得多。

1972 年我们初次相识的场景留在许多当事人的记忆里。我和郭北阳在下午一道逆光中走进蛮子老久家的车库，见到所有这些老朋友，其中也包括老李（那时我还不认识寥寥）。之后我们共同参与了被称为“文革中地下沙龙”的所有活动，从传阅黄皮书，一起过生日，骑车去玫瑰谷，夜游玉渊潭，自新路的地下画展，文学和哲学社会科学讲座，到自办的《桥》杂志，和“狗头金“文学有奖竞赛，每一次聚会，每一个地方都留下了老李的身影，因为他是这个持续了五十年的沙龙最忠实的参与者。

宫小吉、鲁燕生、张寥寥、老李

1989 年我和寥寥搬到南池子的小四合院后，他也是我们最经常，最忠实的访客。每周日他都会骑自行车从北大赶到城中心，和我们一起坐在客厅的沙发或者大香椿树下的石桌石凳上喝酒聊天，会见聚在这里的各种各样的人，那是中国社会经历重大变革的时期。他几乎和我同步见证了我的全部生活。他对我是如此重要，是 2010 年我获悉他病重时意识到的。他坐在桌旁吃饭，骨头竟然就断了，医生诊断是脊柱压缩性骨折，谁都知道这是他长期酗酒严重骨质疏松的结果。

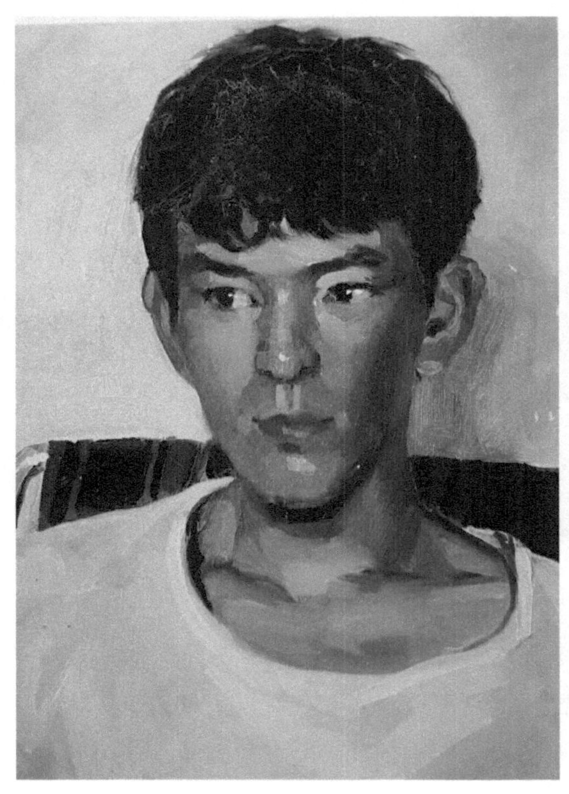

青年时代的李之林，李宗津作品

燕东园，李宗津作品
年轻时我们曾在这座浓荫遮盖的小楼里一起画素描

老李是我们中间的智者，一张有些像保尔.柯察金的脸，大奔儿头，尖下巴，一双深邃聪明有些玩世不恭的灰眼睛，年轻时在我家的一次讲演后得名“卡夫卡”，没有什么能比这个绰号更准确地诠释他了。他说他第一次读卡夫卡的时候，就有一种亲切熟悉，宾至如归的感觉，像文革中一首歌里唱的：毛主席的书我最爱读……只觉得心里热乎乎。卡夫卡说出了他的心里话。他的父母都是大学教授，外祖父是中国用庚子赔款建起的最高学府第一任校长，母亲曾就读全美最著名的女子学院。父亲出身江南世家，叔公是最早赴欧学西洋美术的先驱者，大伯李宗恩是协和医学院第一任华人院长，父亲是新中国第一代油画家，我和哥哥七十年代初学画时都曾向他讨教过。老李的显赫知识分子家世在这个共产党国家长期以来却被忽视，就连我自己也是在清华百年校庆纪念展上才得知。他的父母一代也极度低调和朴素，母亲不但临终前捐献了遗体，甚至连家里的沙发也在多年前就换成了木箱子。当我们在他的小屋里高谈阔论时，他的母亲敲门进来，轻声细语地要求他为她去邮局取什么东西，用的是令我们深感吃惊的“请”这个字，在那个一切纲纪和礼仪都被毁坏殆尽的年代，她是我见到的最矜持文雅的女人。少年时的老李体弱多病，内向敏感，天生的忧郁气质，终其一生，都和现实生活保持着审慎的距离，他最为投身于这个世界的行动，就是插队回来后进了一个绕无线电线圈的工厂干了几年。他在哪里都是局外人。他说如要他描绘自己，就是冬天坐在燕东园老房子炉边遐想的那个男孩儿。三十年前他给自己诊断为抑郁症，并且从此一直在服药。抗抑郁药、安眠药和酒构成他的生活。当各路酒鬼都已经日渐衰老喝不动的时候，老李却开始进入他最佳最巅峰的状态。每天晚上，当全家人吃晚饭的时候，他坐在自己小屋的书桌前，摆上精心准备好的酒菜，通常是四两白酒（用量杯精确倒出的）或三瓶啤酒，再后来是四分之三瓶红酒，菜是蒜泥拌猪头肉或酱腌鸡脖子，白菜粉丝汤或酸辣萝卜皮，翻看一本关于“末日”的书。他经常读的是《安娜·卡列尼娜》里最后安娜自杀的那段，要不就是《希特勒暗堡》或《追忆似水年华》，像他来回重复的那几样下酒菜一样，他不再到书店去寻找新的书，而是反复读喜欢的老书，高高地堆在他的书桌上，根据当时的心情从中抽出一本，开始一天里真正属于自己的时刻。他说只有在这个时候，他才算是真正活着，是他拥有“自我意识”的时刻。当酒喝到恰到好处时，他说自己就会有《钟为谁鸣》里游击队长描述两个人做爱时“地动”的感觉，这种感觉可不是哪个人一生中都能体验到的，令我羡慕不已。过去他经常边喝边写些东西：日记或诗——他自己嗤之以鼻的“诗体文字”，后来那些歪歪斜斜的字他自己也认不出，索性不写了。他这个时期的思想结晶曾写进一篇名为《上帝与死亡》的“散文诗”里，经过漫长的岁月，稿纸几乎粉碎掉，可惜我翻箱倒柜再也没能找到。我很长时间才去拜访他一次，搬新家前最后一次在中关园见到他时，他指着小书桌上已经塌陷下去，刻痕累累的桌面，说如果他死了，会把这块木板锯下来送给我。我回答说我会无比珍惜这个礼物，就像看见了他本人一样。后来在他家再次看到这个已经成为艺术品的桌面，我一下子就体会到了“地动”的感觉。

那天老李住院的消息让我心头一紧，生怕真的就此见不到他了。路上我禁不住泪流满面，心里不住地对自己说，要是有一天他不在了，我将会何等地寂寞啊。看见他，我放心多了。他担心自己的消瘦是肠子里长了什么东西，经过一系列检查，排除了这个可能性（而后来问题还是出在了这里）。现在他要面对的只是他的骨折了。老李一直用一种不要命的方式活着，安静地，不显眼地过着惊心动魄的内心生活，不顾任何人的劝诫和警告，长期滥用大量精神类药剂和酒精，尽情享受着“地动”的感觉，直到它们终于一步步摧毁他的健康。在医院住了一阵儿之后，被老婆儿子接回家，他竟然完全改变了以往的生活方式，停了烟酒，不但好好地一日三餐，还听话地服下老婆买来的各种补品，一家人多年来第一次可以坐在一起吃饭了。

时光荏苒。从那幅七十年代场景里走出来的人，早已经天各一方，走上不同的人生道路，但我们经常会在当年的老房子，也就是被称为"地下沙龙"的地方重聚。

小吉从不抽烟。从 1976 年加入这个沙龙后，他一直是反对各种麻醉剂的斗士，长期以来的冷眼旁观令他对寥寥和老李的酒精依赖及滥用深恶痛疾，他说，这两个人为此沙龙不计回报地贡献了一生，眼看着他们喝酒烧坏了脑子，爱莫能助。几十年下来，只有他还在写文章，保持着清醒健全的理性。有次老李突然停用了服用多年的抗抑郁药，变得从未有过的亢奋，动作明显增多，每天要走至少五公里，手腕上戴着计步器，过马路等红灯时都不能停下来，弄得习惯了他的抑郁症的朋友们都无所适从。妻子抱怨说他每天要去农贸市场买回各种无用的东西，一个月下来已经胡乱花了三千多元了。他还突然萌发了无数想要干事的念头，不知为什么一心想做文化衫，为此去找了在美国发了财的蛮子，要他资助他买印图案的机器。这是他躁郁症发作最厉害的一次。他最终没能做出文化衫，因为不久后他自己就忘记了。但是在这次发作期间，他开始写了一部长篇小说，用他自己的话说，任何一个喜爱文学写作的人，最终都要尝试一下情色小说，因为这是最难写的。他也没能完成，因为当他按照医嘱继续服药后，就再也没有写下去的冲动了。他戏谑地说只能等到下一次发作了。

三

2018 年春天我去高加索旅行前，一天接到老李的一个电话。他的声音非常不寻常，激动、颤抖、急切。他有些语无伦次地说，上周日他和妻子从我们家的周末聚会回去后，他就服下了早上掰开的一千片积存多年的安眠药，不知道为什么他把那些药片全都掰成半片，他做事一向认真理性，一丝不苟，尤其是有关数字方面。他用温开水吞下了那些药片，花费了不少时间，然后合衣在自己的床上躺下。第二天凌晨，他竟然醒了过来。这时他才感觉到难受，我问他究竟什么感觉？他说痛不欲生，或者说生不如死，他奔到阳台，想要跳下去。妻子这才意识到出了什么事，叫醒了儿子，把他送到医院。医生也没采取什么抢救措施或者洗肠，因为已经过了吸收和中毒的时效，只是连输了两天液。他此时已经回到家里，被妻子和儿子时刻严密监视着。我愕然，不知道说什么好，问："脑子没有受到损伤吗？"他在电话那边笑了一下，"要是脑子坏了，你不是能听出来吗？"是啊，他不但能细细地叙述整个过程，声音还格外清晰，有条理，妻子抢过电话和我诉说时，他又把话筒抢过来，坚持要自己说。我意识到这件事的意义。妻子说他从天没亮时就等着要给我打这个电话。他要告诉我他做了这件事。这个念头多少年来一直在他心中，他和我探讨过无数次自杀的方式和意义，或者说自杀对于他的诱惑，大概从来也没离开过他。这是属于他的专利，小吉说老李和寥寥，都是违反人类进化规则，目标负态的典型，充满负能量。多年前，他曾和一位女友尝试过打开煤气自杀，当然没有成功。而这次，他几乎成功了。事情是多么荒诞、残酷，简直像是一个玩笑。没有人相信他吃下了这么多药而没产生作用，朋友们都问药是不是过期了？老李特别郑重地回答，他仔细核对过药的有效期，扔掉了以前囤积的旧货。从他家的饮食习惯上可以看出，他们对于食品的有效期多么在意。这件匪夷所思的事可能的结论是：一.现在的精神类药物已经比过去安全了很多。二.老李长期大量服药使得他有了非同一般的抗药性。在我严格地为他保守秘密的期间，有天竟然从美国一个朋友那里听到这个消息。我问谁告诉他的？朋友说是纽约那边的人传来的。这消息从地球上转了一圈，又传了回来。

虽然没有伤到脑子，但是在停了所有的药物后，包括抗抑郁药、安眠药和酒，他突然陷入一种极度亢奋的状态，就像当年躁狂时的反应。他感到浑身发冷，不停地哆嗦，无法控制自己的身体，每过一阵就给我打个电话，于是又被妻子和儿子送去了医院。经过一个短时间的治疗，他现在已经平静下来，如数恢复了过去吃的所有药物，并渐渐地又开始喝起酒来。唯一不同的是，现在全部药物都由在家闲赋的儿子掌管，每天的酒也被严格控制，绝不能多喝一口。出了这件事，一家人变得从未有过的团结和彼此关心，老李也更加珍惜生命。他的状态似乎比过去任何时候都更好。人们怕他再有这样的念头，都对他格外关注，每次聚会时，想方设法给他机会让他说话，时刻注意着他的情绪变化。坏事变了好事。也许他终于摆脱了多年来纠缠着他压迫着他的那个念头，也许唯有行动才能化解哲学上的虚妄？不管怎样，他行动了。我表示明了并肯定了它的意义。一场虚惊后，大家如释重负，但愿他会好好地生活下去。

果然从那以后，他好好地活了下来。他自己都说，他从没想到自己会活这么久。因为我们认识的那些喝酒的人，都早早离开了。他们大概都是某种虚无主义者，用对酒当歌，纵情声色对抗人生的荒诞和虚空。老李也自命个人主义者和唯美主义者，然而老李的一生，绝不仅仅是沉溺于酒精和药物，而是像西西弗一样，在做着一种持续不懈的努力，寻找着真和美，包括他的读书、思考、言语、写作，也许他比我们任何人，在这些领域所花费的精力，所做的挖掘都更多。个人主义大概才是他真正的起点，从这里他做出自己的判断而不去追逐任何潮流。

我们有过很多次关于"意义"的讨论，当他离去时我曾怀疑，我们所信奉的这些抽象价值，到底有什么意义？当死亡消解了一切时，面对这彻底的虚无，还有什么值得我们去追求吗？我的人生和那些只活在此世及时行乐的人，又有什么区别？荣格说过一句令人深思的话：MAN LIVES BY SYMBOLS. 这些看起来虚无缥缈的东西，如很多宗教里让人匪夷所思的大规模祭神仪式，其实人能从中得到的是非常重要的东西，几乎是活下去的力量，与他人之间的连接感和认同感，和对日常生活累积起来的巨大压力的抒泄和释放。荣格还说："人一旦与神话王国疏远，随之而来的，就是人的生存状况被降到纯粹的事实层面——这就是心智疾病的主要原因。"人不是脱离了现实才精神错乱，而是完全陷入现实才导致了各种心理疾病。我们需要有超越现实的力量。

"美拯救世界"。在所有的形而上价值中，他认为美是最高的价值。他在《美人》里写到：爱情的最高境界，是爱上一个根本配不上他或她的爱的人。而且，真正的爱情是要死人的，没有尸体的爱情算不上伟大的爱情。背后的含义可能是黑格尔所说的：美即非功利。他曾经连续几天骑车几十公里从中关园到北兵马司青艺剧场，去看他喜爱的女演员吴越主演的《恋爱的犀牛》："明明——一位深爱着一个不爱她的诗人的漂亮女孩，对马路——一位深爱着明明的犀牛饲养员——说：'去，找个女人和你作伴吧，但不要说爱’。”（摘自《美人》）。

而顾城事件所揭示出来的复杂人性正是他最深厚的兴趣所在。在所有当事人都已死去，对众口谴责的著名杀妻案做出极为冷静客观的分析（并为三人关系中处于劣势的英儿做了辩解）后，他由衷的感叹：“为神所爱的人死得年轻 (WHOM GODS LOVE DIE YOUNG)。”，“哥特人的头颅在被击碎后才显得更美。”

我不止一次问到他喝酒的原因，他说因为只有在喝了足够多的酒后，才能不在乎平时在乎的那些东西，那些时刻压迫他的东西——大概是所有人不得不遵循然而有悖人性的社会规则吧，他和寥寥一样，是特别敏感的人，因此他们所感受到的压迫也远比别人更强烈，加缪认为荒诞即产生于人的必死性，产生于人的呼唤和世界不合理的沉默之间的对峙。他们终其一生，都是在反抗这个荒诞的世界，用世界认为是荒诞的方式——无论如何，他们最终按照自己的方式度过了一生，并在某种程度上实现了弗洛伊德说的：“有机体希望以自身的样式死亡”。解读老李有个重要的词，即他自己说的：自我边缘化。小吉说他是“撸者”中的赢者。大概是说他主动地选择了自己的命运。他所坚持的东西，从未改变过。他有很强烈的批判意识，并认为当我们写纪实文章时，选择回避就是粉饰。法国小妹在读了《林中建日记》后说，文字对他来说不光是肉做的，甚至是一块块内脏做的。他对自己的坦诚，直接把自己赤裸裸地剖析，她觉得不是文学性的勇气，而是活着的需要。他本能的危机感把生命压缩了，他通过“自我意识”追问和抵达的是生命的本质。多年后他终于为那首自挽联找到了合适的横批：**吐半口血**。正如一位了解他的朋友所说的：“他翻起每一块石头，去寻找人生的意义，人间的真善美，以此来支撑他的精神生活。”

朋友的回忆

我经常会想起他，当我坐在沙发里（每周聚会时，这个位置是属于他的），面对着窗外那棵大核桃树，当阳光透过模糊的玻璃射进我每日的冥想之海，搅起一波波微弱的涟漪时……说实话我是有一点怪他的，为什么没有和我做最后的告别？为什么没有告诉我，当他窥见永恒之光时，我们一直在探讨的那些终极问题到底应该有什么样的答案？我们的人生究竟有什么意义？留下我独自在寂寞和迷茫中……不过我也感到了一丝宽慰，那就是不用很久，我就会找到属于自己的答案——正是死亡使我们的人生有意义。

2024-2-4

附记

吉翁

老李的父亲叫做李宗津，是著名的常州李家的后代。李宗津的大哥是协和医学院的院长——李宗恩，也是本书编者的祖父。我父亲 1950 年代也曾在协和医学院工作。后来我父亲，老李的爹，和李宗恩院长，都在 57 年被打成右派。老李的爹发配到农场劳动，李宗恩去了云南。他在抗战时期去过云南，对那里印象不错。但是作为右派再去云南，生活更为艰苦，而且因为年老，有了各种病痛，就死在云南。我父亲后来去云南，听说李院长的书籍都捐给了图书馆，我父亲还去看了一次，发现库房下雨漏水，一部分书泡在水里。

老李的爹是画家，50 年代初期，在美院当教授。为什么被打成右派，据说是因为他强调画画的基本功是素描，被扣上“崇洋”的帽子，他是画油画的，当时在美院教素描。据说他的实际罪过是站在了当时美院院长江丰的一边，江丰是延安老干部，还是鲁迅那一派的，努力引进西方文化。我们知道鲁迅那一伙在解放之后，就被逐步消灭。一开始就是胡风，57 年江丰这个延安老干部也落马。李画家被美院院长徐悲鸿，称为“中国第一肖像画家”。他家挂着一幅他画的鲁迅像，是我看到的最好的肖像，背光扬头。后面是晴天白云，但是前面似乎相当黑暗。

当时总理周恩来急招在巴黎的张仃回国，处理画家右派问题。据李画家说，张仃对他们的处理，还是比较宽容。李画家也去劳改，但是去一个葡萄园，工作比较轻松，比去团泊洼的右派好得多。张仃又是老李好朋友双芹的公公。双芹的丈夫叫做张寥寥，是这一伙朋友中最先被酒害死的。老李喝酒应该受寥寥影响。不过他们不认为喝酒是坏事儿，反而认为有益身心。老李活了 73 岁，死因和酒也有密切关系，但是比他爹多活十年。他爹死于文革后期。到底严酷的整肃，比酒精更有杀伤力。

文革中的老李，好像比其他人更适应那种高压环境。在这伙朋友中，不屈不挠，和社会抗争的，是张寥寥。但是他受的打击也更多。这让我想起一系列的故事：在苏联电影【白比姆黑耳朵】中，最后小狗白比姆和他的朋友阿黄，被抓狗队抓上卡车。白比姆的人类朋友紧急救援，但是白比姆已经死了，只有阿黄活着。人类朋友说，白比姆太向往自由了，他拼命地挣扎，很快就力竭而死。我想，老李有点像阿黄。张寥寥有点像白比姆。另外，张寥寥的哥哥张郎郎说，他在北京看守所的时候，听见女监那边，孙维世声嘶力竭地叫喊。看守对他说，那人活不长。就像一只鸟，你老是撞笼子，能活几天呢。

所幸老李活得比寥寥长，写了不少东西。

老李是我的好朋友

竺风

老李的文笔极好。我称之为“文学素描大师”。他擅长用最简练的、简单、明确的文字，把很复杂的事情说清楚。而且因为有条理和动态，也很吸引人。

他的这些文章，有一半和顾城有关。说实在顾城的行为让我反胃。我想探讨一下，为什么老李这么在乎顾城?

或许性格相似吧。什么地方相似? 在压力和限制的状态中，他俩都能比较自在。比如顾城在文革中，在干校放猪。干校那种环境，早请示晚汇报，天天读时时听。有人受不了，他的诗却很恬静。虽有淡淡的伤感，却能欣赏花草风云。但是在文革后，在激流岛，最自由的地方，却感受各种巨大的压力。

干校里你能想的事儿不多。吃，有食堂，食堂做啥你就得吃啥。住，大家都住分配的简陋的宿舍。你想改善也没用。也就是说，那是个有压力，但是低竞争的环境。

一旦有了自由，也就有了很多可能。也就有了比较和竞争。你如果不努力，或者没运气，或者没“才能”。就被人家比下去，你就成撸者(loser)。女人说“撸者”这个词的神态，很可怕的。这就是压力。

在干校大家都是撸者。撸者之中的赢者，就是能在撸的状态下恬然自得。因为只有这样才能活得长。你要成天愤恨或痛苦，死得很快。你就是撸者中的撸者。

顾城就是撸者中的赢者。

老李在这方面和顾城类似。

2

另外，老李和顾城在心理上还有相似之处。就是“母系眷恋”。这个概念需要解释：

人类进化过程，大约几百万年。其中前几百万年处于母系社会状态。就是群居，混交，这时候人少地广，人类互相没啥可争抢的，倒是必须有其他部落和自己婚配。这是和平的世界，也是共产主义的原型。

这也是个低竞争的环境。部落成员都吃一锅饭。住差不多的帐篷。或者，混住在山洞里。

几百万年的母系社会，让人的心底里，都有对这种生活的向往。当然，如果母系社会，还能有好吃好喝，那就更好，那就是共产主义。

大约七千到四千年前，人类进入父系时代。这个时代竞争激烈，而且残酷，其内容就是杀男抢女。其代表人物就是成吉思汗。他说人生有三大乐事：破人城池，夺人财宝，奸人妻女。他少说一句，就是”杀人父子”。我们父系祖先，都是大小成吉思汗。因为其他人都被这号人杀掉了。

所以每个人的心理，从遗传上就有“父系、母系”双重特性。体现在现实生活中，就是家里女性说了算，在外面男人互相竞争。当然现在女性也参与竞争。所以，对男人更难。

也在近几百年间，人类对社会主义，共产主义，十分向往，甚至为此付出生命，可以看成是对“母系社会”的向往被复活了。之所以被复活，是因为父系社会的竞争太激烈，也相当残酷。

激流岛实际很像顾城放猪的干校。他进驻激流岛，可能以为那是个低竞争环境。那里确实是这样。他们几个过着好像母系社会的生活，混交，吃喝不愁，但是，可惜，并不能躲过世界范围的竞争。

顾城在干校写诗，写出了国际声誉，外国给他签证，大学请他讲课。他在当时，应属于中国最成功的人，也就是说，他赢了。赢了才能去激流岛。

但是渐渐他的赢面在减少。因为出去的很多中国人，上学挣钱。也发达了，另外，外国人也和他竞争。他可能不在乎，但是其他人在乎。

也就是说，在第二轮，或第三轮竞争中，顾城输了。敏感的他，听到了别人没说出口的“撸者”。

我们说过，人心底里有两种东西，母系倾向和成吉思汗。激烈的竞争环境，会激发人们的成吉思汗倾向。

所以竞争失败的他，做出了成吉思汗那会儿很牛 X，现在很反胃的行为。

3

老李在激烈的竞争环境中，也输了。说实在，连耶稣都是被钉死的，谁能不输。笔者也是撸者。但是，现在吃穿不愁，家庭和睦，和共产主义就差一个“混交”。据查，即使在母系社会，混交也是年轻人的勾当。笔者已经老了。

所以，老李活得不错。虽然也有一度躁动，一度酗酒。但是，我们知道很多成功人士和高级将领，也喝死了。所以，酗酒和撸不撸没大关系。

所以老李是成功者。他活着并学习着，而且进步着。不停地写作。练就了大师级的文笔。过着“茶羌变马”（酥油茶和青稞酒轮着喝）的生活。我看过顾城的英儿，并不喜欢。那是个“桶形的故事”。那就是在桶里哗啦哗啦，翻滚打转，然后库隆隆，都进去了。这是以前村社生活的故事。而现在已经全球化。人们的生活是发散的。顾城和朋友的生活实际是发散的。但是他不能理解，更不能掌握，承受、描写这种发散。

但是对于老李来说，顾城那种故事的结局，和结局之后的伸延，和伸延之后的衍生品，和那些轰隆隆，哗啦啦，都看到了。所以，老李要写的东西又多，又深，关系错综复杂。能写明白而且吸引人，实属不易。

他曾是生活的撸者中的赢者。如今是写作中的赢者中的撸者。赢是因为他写得好，撸是因为没被“世人承认”——要那玩意儿做什么?

鸣谢

在这里，我要感谢几位朋友。

首先是我的老朋友薛必群先生，是他鼓励我再次写出对往事的回忆。

还有就是宫竺风先生，他写的《后记》（老李是我的好朋友，编者注）使这本小书有了一条豹尾。

另外还有李银河女士，是她把《我对顾城事件的解读》一文放在了她的博客上，引来了数百条评论，才会有我之后的四篇回应文章。

最后，我要特别感谢李维华女士，这本小书能和读者见面完全得力于她的辛苦劳作。顺便提一句，她就是当年那个“除了吴彰外唯一亲眼看到死去的小彦的女孩子。”

李之林 2020 年

《回忆与散论》

封面油画 李宗津

封面设计 李维华

冬园漫笔

李之林

亚美出版社出版 Asian American Today, Inc
Indianapolis, Indiana, United States of America
www.yamei-today.com
IngramSpark
Amazon.com & whlee@iu.edu
印张 5.83 X 8.27 英寸 字数 190,696
2024年10月第二版，2024年10月第一次印刷
ISBN：978-1-942038-17-7
LCCN：2024918513

定价：$20

www.ingramcontent.com/pod-product-compliance
Lightning Source LLC
Chambersburg PA
CBHW061617210726
48287CB00001B/166

9781942038177